義僧軍
사명대사

활안 한정섭 저술
법왕궁 박현재 편찬

佛教精神文化院

서 문

인진왜란과 정유재란하면 우리나라 사람으로 서산대사와 사명대사, 이순신 장군을 모르는 사람은 거의 없을 것이다. 그러나 사명대사가 밀양 출신으로 일찍이 부모를 잃고 직지사 신묵스님의 상좌가 된 일이라든지, 봉은사에 올라가 선과에 급제하고 문정황후의 신임을 받고 나라를 위해 희생봉사한 일을 깊이 있게 이해한 사람은 드물다.

한 시대의 승려로서 유생들의 핍박 속에서 나라를 사랑하고 백성들을 구하고자 이리 호랑이처럼 무서운 적진을 두 세 번씩 드나들며 그들에게 불심을 일으키고, 깨달음을 주어 마침내는 한일외교를 성공적으로 이끌어 많은 포로들을 구해온 일은 어느 누구도 감히 할 수 없는 일이다.

3일 벼슬로 그 공로를 모든 승병들과 국왕 대신들에게 미루고 발우 하나, 가사 한 벌로 다시 산승으로 돌아 간 그 모습은 오늘 명이와 직위를 위해 몸부림치는 모든 사람들에게 큰 귀감이 될 것이다.

나는 밀양 표충사에서 나온 "임진왜난 서난록"을 읽고 2·3일 동안 잠을 설쳤으며, 스님께서 분전고투하신 전지(戰地)와 외교선상에 올라 일본 승려들을 교화했던 장소를 둘러보고 싶은 충격을 일으켰다.

　말로 한다면 열권의 책을 쓴다 해도 스님의 충신과 호국사상은 다 말할 수 없으며, 또 스승을 사모하고 제자들을 보살피며 불교를 외호, 내호한 공을 생각하면 부끄러워 고개를 들 수 없다.

　그래서 외교관계의 글이나 나라 임금님께 올린 글을 서뿔리 고쳐 쓰지 않고 뒤에 부록으로 실어 누구나 친히 읽고 뼈 속에 사무치도록 한 것이니 이 글을 읽는 사람은 사명(四溟)에 나부끼는 파도소리를 듣고 솔바람 속에 이는 구름(松雲)을 생각해 볼 지어다.

불기 2553년 부처님 오신 날

활안 한 정 섭

머릿말

사명대사의 역사는 낱낱이 기록하기 어려우므로 송운대사분총록에 나타난 것을 여기 그대로 소개하겠다.

사명대사는 1544년(甲辰) 10월 17일 경남 밀양군 무안면 고라리에서 풍천임씨 수성(守成)공과 어머니 달성 서씨 사이에서 태어났다. 속명은 응규(應奎)이고, 자는 이환(離幻)이며, 15세에 직지사 신묵화상(信默和尙)을 은사로 득도하였으며, 법명은 유정(惟政)이요, 법호는 송운(松雲), 종봉(鐘峰), 사명당(四溟堂)이며, 시호와 탑호는 자통홍제존자(慈通弘濟尊者)이다. 32세에 선종의 수종찰인 봉은사 주지에 천거되었으나 사양하고 묘향산 보현사에 주석하는 휴정(休靜) 서산대사를 찾아뵙고 선리를 참구하는 법제자가 되었다. 그 후 강원도 금강산과 오대산 각림사 등에서 두루 주석하였으며, 특히 오대산 월정사 영감난야에 주석하면서 5년 동안의 월정사 복원불사 중에 정여립(鄭汝立)의 기축옥사에 연루되어 강릉부의 옥에 갇혔으나 지방 유생들이 그 억울함을 상소하여 무고로 풀려나서 월정사 중창불사를 회향하였다.

임진년(1592) 4월에 임진왜란이 일어나 천년보찰에 주석하여 수행정진하던 서산, 사명, 기허, 뇌묵 등 모든 의승(義僧)들이 호국승병으로 동참했으며, 또한 사명스님은 은사 서산대사로부터 선교양종 팔도도총섭(禪敎兩宗 八道都摠攝)을 제수받았다.

　정유년(1597, 丁酉) 왜장 가등청정(加藤淸正)이 조선에 국보가 있느냐고 묻자 가등청정 당신의 목이 바로 조선민족의 국보라 하고 "할"을 하여 적장의 간담을 서늘하게 하였다. 갑진년(1604) 2월 오대산에서 스승이신 휴정 서산대사의 부음을 받고 묘향산으로 가던 중 선조의 국서를 받들고 그 해 8월 일본으로 가서, 8개월 동안 각고의 노력으로 다음해 4월 포로로 잡혀간 동포 삼천여 명을 데리고 귀국하여 그 해 6월에 선조에게 복명하니 임금께서 그의 품계를 가의대부(嘉義大夫)로 승급시키고 석장과 옷감 등을 하사하였다. 그리고 그해 10월에서야 스승 서산대사의 영전에 참배하였다.

　이후에 대사께서는 나이가 더욱 많아지자 사직하고 치악산에서 가야산 해인사로 이석(移錫)하여 경술년(1610) 8월 26일 입적했으니, 세납은 67세요 법랍은 53세이며 시호는 자통홍제존자(慈通弘濟尊者)이다.

　이같은 거룩한 스님의 역사를 함께 공부하게 해 주신 활안 큰스님께 감사드립니다.

2009년 5월 20일

편집자 삼각산 문수원 법왕궁 합장

일러두기

1. 이 글은 사명대사 유정의 역사를 간추려 정리한 것이다.

2. 제1편에서는 사명대사의 생애와 역사를 정리하고 제2편에서는 분충서난록을 정리했으며 제3편에서는 전백시와 만사와 진병찰들을 정리하였다

3. 역사적인물의 가족은 사회적 배경에 중심이 되어야 하기 때문에 당시 조선시대의 역사와 인물에 대한 깊은이해가 없이는 안된다.

4. 그러나 이것은 다 정리하기에는 더 많은 시간과 원고를 작성해야하므로 스님의 충성심과 구도정신을 바탕으로 간단히 정리하였다

5. 전문적인 연구인은 조선사와 비변사기 그리고 스님의 역사를 보고 들은 사람들의 글을 참고하기 바란다.

목 차

제1편 의승군 사명대사 / 11

밀양 서쪽 괴나루마을 ·· 13
기쁨과 슬픔의 인생살이 ··· 14
세상무상을 느끼고 출가하다 ······································ 20
직지사 신묵스님의 제자가 되다 ································· 22
승과에 급제하다 ·· 32
유생들과 자웅을 겨루다 ··· 35
도고마성(道高魔盛) ·· 40
보우스님의 순교 ·· 51
서산대사를 만나다 ··· 58
비구니스님들의 신선공부 ··· 64
서산스님께 법명을 받다 ··· 70
임진왜란의 발발 ·· 78
금강산 도인 ··· 92
서산대사의 구국운동과 의승군들의 활동 ··················· 94
바다의 영웅 이순신장군 ··· 99
사명대사의 외교활동 ·· 121
정유재란(丁酉再亂) ·· 134
마지막 외교 ··· 147
본 자리로 돌아가서 ·· 161

제2편 松雲大師舊忠紓難錄 / 167

1. 가등청정(加藤清正)의 진영을 탐색하다. ·················· 169
2. 왜적의 정세를 별도로 아룀 ································· 189
3. 갑오년(1594) 5월 유독부를 가서 만나다. ················ 193
4. 갑오년(1594) 7월에 두 번째로 청정을 만나다. ·········· 200
5. 유도록첩문(劉都督諭松雲帖)(1594. 5.) ··················· 255
6. 유제독의 답서(劉都督答 清正三書) ························ 256
7. 을미(1595) 파병(罷兵)에 대하여 ··························· 259
8. 을미년(1595) 상소(上疏) ···································· 260
9. 원광원길(圓光元佶)스님 장로에게 보낸 글 ··············· 270
10. 왜승 승태(承兌) 서로장로(西笑長老)에게 보낸 글 ····· 271
11. 왜승 현소(玄蘇)에게 보낸 글 ····························· 273
12. 왜승 숙로선사(宿蘆禪師)에게 보낸 글 ···················· 275

제3편 사명대사에게 전별시(戰別詩) / 281

1. 白沙 李公 ·· 283
2. 漢陰 李公 ·· 283
3. 月沙 李公 ·· 284
4. 鵝溪 李公 ·· 285
5. 芝峯 李公 ·· 286
6. 東岳 李公 ·· 287
7. 澤堂 李公 ·· 287
8. 東溟 金公 ·· 288
9. 碧梧 李公 ·· 289

10. 東溟 鄭公 ································· 290
11. 都元帥 權公 ······························ 291
12. 孤竹 崔公 ································· 291
13. 竹陰 趙公 ································· 292
14. 玉山 李公 ································· 294
15. 右 詠松 ····································· 294
16. 右 詠雲(上人以松雲自號故云) ········ 294
17. 蘆灘 郭公 三吉 ·························· 295
18. 鳴皐 任公 錪 ····························· 295
19. 眞巖 孫公 起陽 ·························· 297
20. 挽詞. 眞巖. 孫公. 起陽 ················ 298
21. 眞贊 豊原君趙 顯命 ···················· 298

제1편
의승군 사명대사

밀양 서쪽 괴나루마을

밀양에서 서쪽으로 40여리 떨어진 곳에 괴나루(塊津)라는 곳이 있다. 거기서 동남으로 10여리 나아가면 노송 왕대밭에 매화가 활짝 핀 3군자 마을이 있으니, 이 마을이 사명대사가 태어난 곳이다.

아버지의 이름은 수성(守成)이고, 어머니는 달성 서씨 이다. 원래 증조부는 풍천 임씨(豊川 任氏)이고, 이름이 효곤(孝崑) 이다. 문과에 급제하여 장악원정(掌樂院正)으로 있었다.

그런데 제11대 중종이 연산군을 몰아내고 임금이 된 뒤 기묘사화를 일으켜 조광조. 김안국. 김식. 김정. 한충 등 점필재의 후인 75명을 몽땅 잡아 죽이는 것을 보고 성종 임금께 청하여 대구 도호부 부사로 왔다가 영남 71주의 정기가 한데 모인 영남루에 내려와서 보고 밀양에 자리 잡게 된 것이다. 그때는 사문동 율리에서 살았는데, 선전관 박영(朴英)이 귀향하여 연산군의 아버지 성종이 애지중지 기르던 사슴이 자기 발 뒤꿈치를 핥았다고하여 죽였다는 말을 듣고 "장차 짐승만도 못한 사람들이 나라에 큰 변을 일으킬 것 같아 낙향하였다"는 말을 하자 임처사는 더욱 깊은 골짜기로 피난처를 마련하여 왔던 것이다.

그런데 효곤씨는 그 뒤 3년 있다가 죽고, 그의 아들 종원(宗元)씨가 집을 지키고 살았는데 아버지께서 "너희들은 장차 무슨 일이 있어도 밖에 나가지 말고 이곳에서 숨어 살아라. 머지 않아 큰 변이 생길 것이다"하여 거의 문밖 출입을 하지 않고 이곳에서 살아왔던 것이다.

아니나 다를까. 효곤씨가 돌아가신 그 이듬해 남이장군을 역적으로 몰아 죽인 유자광이 점필재를 사사로운 혐의로 그의 아버지까지 부관참시(剖棺斬屍)하고, 그의 제자 김일손과 전오복 등 10여명을 잡아 죽였는데, 그들이 모두 영남학파로서 고려 정포은선생의 맥을 이은 사람들이었다. 이것이 저 유명한 무오사화(戊午士禍)이다. 그뒤 또 5년을 지나 일어난 것이 갑자사화(甲子士禍)로서 정여창. 김굉필 등 48인이 참화를 당했던 것이다.

그렇기 때문에 효곤씨는 이런 일을 미리 예측하고 아들 종원에게 깊은 산골에서 벗어나지 말고 살아라 하였던 것이다. 종원도 아들 수성을 달성 서씨와 결혼시켜 아들 둘, 딸 하나를 낳았으나 큰 아들 응기(應基 : 進士)는 단명하여 일찍 죽고 오직 둘째 아들 응규와 딸 하나를 데리고 살았다.

기쁨과 슬픔의 인생살이

그런데 응규 나이 열네살 때 밀양부사 주최 하에 소년 백일장을 열었는데, 정자관(程子冠)에 천익(天翼 : 선비옷)을 입은 생원들과 동파관(東坡冠)에 유복을 입은 선비들, 호박풍잠에 죽영(竹纓)을 쓴 학자들, 와룡관(臥龍冠)에 도포를 입은 처사,

유건(儒巾)에 복두(㡤頭)를 두른 사람들, 원유관(遠遊冠)에 원삼(元衫)을 입은 생원들이 줄을 지어 모였다.

 이렇게 이생원, 김석사, 박진사, 정산림, 손천사, 좌수, 풍헌, 향교직원인 장의(掌議), 도유사, 감역, 첨지 등이 모인 가운데 검은 각대를 맨 사람들이 사인교를 매고 오니 6방 관속과 사령들에게 둘러 쌓여 들어온 원부사가 유촌 황여헌(柳村 黃汝獻)선생께 인사를 드리고 몇몇 선비와 의논하여 진시 정각(오전 10시)에 그내 놀이를 구경하는 "관추천희(觀鞦韆戲)"로서 시제(詩題)를 내리고 일영표(日影標)를 내세운 뒤 미시(未時 : 오후 2시)를 마감시간으로 선포하였다.

 사람들은 각기 촛불시계를 앞에 놓고 포서(鋪敍)·포두(鋪頭)·포항(鋪項)·첫 목(初頭), 둘째 목, 셋째 목, 목 받침, 나림 목, 들림 목 식으로 24구가 각기 자기 자리를 정하여 시를 짓는데 몰두했다. 급기야 미시초가 되어 15·6세 소년으로부터 17·8세 소년들이 각기 지은 바 시축(詩軸)을 시함(詩函)에 던졌다.

 드디어 그 함이 시험관 앞에 놓여지자 포두. 포항의 규격에 맞지 않는 시들은 골라 떨어트리고, 합격된 시 하나가 높이 루대에 걸렸다.

　　　春風上巳垂楊裏에 雨後長空彩虹掛로다
　　　　춘 풍 상 사 수 양 리　　우 후 장 공 채 홍 패

　　　雙雙玉女乘雲來하고 陣陣花容弄蝶戲로다.
　　　　쌍 쌍 옥 여 승 운 래　　진 진 화 용 농 접 희

봄바람 상사절 수양버들 숲속에
비온 뒤 먼 하늘에 채색 무지개 걸렸구나
쌍쌍이 선녀들이 구름타고 오시는데
떼 지어 꽃 같은 얼굴은 나비춤을 희롱하네

桃花一點落來儀오 燕子三春飛去態로다
도 화 일 점 락 래 의   연 자 삼 춘 비 거 태

非天非地半空中에 綠水靑山自進退로다.
비 천 비 지 반 공 중   록 수 청 산 자 진 퇴

복숭아꽃 한 송이 떨어져오는 거동이요
제비새끼 봄바람에 날아가는 태도로다
하늘도 아니고 땅도 아닌 허공 속에
녹수청산이 오락 가락 하는구나

이 글의 장원은 곧 임응규(任應圭)였다.
"중종 39년(1544) 6월 17일에 태어난 지금 나이 14세 된 밀양부 괴나루 골(지금 武安面 三綱洞) 임수성의 아들 응규가 장원이다."

윤부사의 선언이 끝나자 꾕과리 장단에 춤을 추는 농악들이 앞장서고 청춘남녀들이 응규의 연 뒤를 따라 영남루를 두세바퀴 돈 뒤 춤을 추고 노래를 부르며 한 바탕에 연회가 벌어졌다. 그네를 타던 처녀들은 쌍쌍이 모여 멀리 응규를 바라보며 침을 삼켰다.

저녁 나절 집에 돌아 온 윤부사는 외동 딸 동옥이에게 "내 이제서야 배필을 얻은 것 같아 기쁘다"하고 응규에 대한 이야기를 하니 동옥이 또한 그 동안 영남루 앞의 유록화영(柳綠畵影)을 그림으로 그려 수를 놓아 또 그 화제에 "桃花一點落來儀 燕子三春飛去態"를 붙였다.

실로 응규는 열두살때부터 조부 종원에게서 4서(대학·중용·논어·맹자), 3경(詩·書·易)을 중심으로 당송 팔대가들의 부(賦)를 배워 능란한 솜씨를 가지고 있었다. 또 그의 스승 유촌선생은 충청도 충주사람으로 정3품 이조참의(吏曹參議)를 거쳐 홍문과 대제학(정2품) 벼슬을 지내다가, 중종 14년 기묘사화 때 금산군수를 거쳐 울산군수로 왔다가, 산수가 좋은 밀양에 초당을 짓고 서재를 꾸며 "응천서재(凝川書齋)에서 학동들을 가르치고 있었다.

일찍이 진나라 도연명이 평택 골사리를 버리고 고향에 돌아와 뽕나무 버드나무를 심고 시상부(柴桑賦)를 읊으며 "유촌"이란 호를 지어 부르듯 자신도 죽지사(竹枝詞)를 지어 노래 부르니 그 노래가 중국에 까지 퍼져나갔다.

  세사는 검삼척(世事劍三尺)이요
  인생사는 주일배(生涯酒一盃)라
  시상부 읊으며 오류촌에 누었으니(唱柴桑臥五柳村)
  처사의 높은 풍류 고금이 다르리오(處士風流古今同)

이렇게 자작시를 읊다가 도연명의 시를 읊는다.

응천강에 목욕하고 영남루에 바람쐬니
세상락사가 이만함이 또 있으랴!
이 밖에 세상살이야 내 알바 아니로다.
값없는 풍월이요 임자없는 강산이라
이 강산 이 풍월을 다투는 이 그 뉘이리
아마도 이 강산 풍월은 내 차지인가 하노라

강촌에 봄이 오니 모래위에 조는 백구
춘곤을 못이겨서 너의 잠이 깊을세라
어쩌다 일성어가 남의 잠을 깨누나

그런데 응규는 이렇게 경국제세의 도학자이면서도 자연을 즐기는 풍유객이 아니라 대자연을 꿈꾸는 해탈자였으니, 시렁 위에 매달려 있는 매를 보고 이런 시를 읊었다.

　　金眸玉爪劒精神인데　天際心膽架上身이로다
　　금모옥조검정신　　　천제심담가상신

　　萬里雲霄終一擊이언만　有誰爲我解租人가
　　만리운소종일격　　　　유수위아해조인

금 눈동자 옥 발톱에 칼날 같은 정신인데
하늘가에 마음 두고 시렁위에 매인 이 몸
구름 만리 저 하늘을 날개 펴고 가련마는
뉘라서 나를 위해 잡아 맨 끈 끌러주리

이것이 열 세 살때 지은 시이다. 그런데 유촌선생에게는 현옥이란 딸이 있었는데 늘 응규를 대하면서 "네가 내 사위가 되어야지"하고 속마음을 먹고 있었다.

 그러나 백일장 이후 윤부사가 자기 딸을 응규에게 시집 보내려하자 이를 눈치 챈 유촌선생이 응규 나이 16세 되던 해 부모님끼리 언약을 맺고 약혼하기에 이르렀다. 윤부사는 그 내용도 모르고 응규를 자기 집에 불러 동옥이와 상면하게 하였으나 마음이 움직이지 않자 상사병에 들고 말았다. 어머니도 없이 자란 딸이 깊은 병중에 신음하자 유모에게 부탁하여 그 마음을 달래 주도록 하였다. 그런데 그 유모는 일찍부터 동옥을 옆에서 호위해주고 있는 주기(朱旗)라는 군인이 짝사랑하고 있는 줄을 알고 그의 교사에 못이겨 달 밝은 날 밤에 영남루 부영당에 놀러 갔다가 그에게 납치되어 목숨을 잃고 만다.

 윤부사는 창피하여 사표를 내고 서울로 올라가고 새 사또가 오기만 하면 하룻 저녁 사이에 시체가 되어 나가기 3·4명이나 되었다. 그 때 동혼 이진사가 그 소리를 듣고 별과에 응시하여 밀양부사를 자원하니 나라에서는 흔쾌히 승낙하여 밀양부사가 되어왔다.

 그는 일찍이 불교에도 밝아 금강경, 원각경에도 능통한지라 "若以色見我 以音聲求我 是人行邪道 不能見如來"라는 글귀를 외우면서 밤을 새고 있는데 입에 피를 먹음은 산발여인이 나타나 "나를 죽인 장본인은 주기라는 사람이고 지금 안목(鴈鶩)에 가 있다"고 일러 주면서, "이 억울한 죽음을 하소연 하고자 나타나면 모든 부사들이 놀라 죽었으니 심히 죄송한 일이다" 하였다. 이에 이진사는 주기를 잡아 처형하고 억울하게 죽은 영가를 천도한 뒤 비명에 간 동옥아씨를 위해 아랑각(阿娘閣)을 지으니 나라에서는 "정녀(貞女)"의 호를 내렸다.

세상무상을 느끼고 출가하다

그런데 응규는 그해 사랑하던 어머니를 잃고 이듬해에는 아버지까지 잃어 1년 동안 시묘를 하고 무상을 절감하고 있었는데 어떤 스님이 지나가다가 "받은 몸은 어쩔 수 없이 죽게 되어 있다. 죽지 않으려면 도를 닦아야 한다" 하고 책 세권을 주었다. 이 말을 들은 응규는 밤낮없이 금강경·원각경·반야심경을 외우다가 발심하여 1년 시묘가 끝나는 대로 약혼자 현옥의 부모님들의 간절한 만류에도 불구하고 집을 떠났다.

무일푼으로 집을 나온 응규는 2일 동안 발길 닿는 대로 먼 길을 가다가 배도 고프고 지쳐 더 이상 걸을 힘이 없었다. 염치 불구하고 주위를 살피다가 큰 기와집에 들어가니 반갑게 맞아 주었다.

"어디 사는 누구인가?"

"유촌에 사는 임처사의 아들입니다."

"아, 내 자네소식은 진작부터 들어 알고 있네."

하고 지극히 대접한 뒤 몇 일이고 묵어가라 하였다. 알고 보니 아버지께서 일찍이 들은 바 있는 불산댁이었다. 주인은 그의 딸 보배(寶貝)를 시켜 시봉하도록 하였다. 권유에 못이겨 하룻밤을 더 자고 가려하니 떨어진 짚신을 바꾸어 신겨 주고 새 버선에 손수건과 노자 돈과 점심까지 준비해 주었다. 너무 감사하여 송별시 한 수를 지어 주었다.

曉星曜碧眼이요 秋月凝精神이로다
효성요벽안　　　추월응정신

此日送君去하니 更期桃李春하도다
차일송군거　　　갱기도이춘

새벽별은 푸른 눈에 빛나고
가을 달은 맑은 정신에 서린다
오늘 그대를 떠나가노니
다시 복숭아 꽃 피는 봄을 기약하노라

얼마쯤 오다가 배가 고파 보자기를 열어보니 하얀 보속에 파란 명주가 들어 있고 그 속에 원앙새가 수 놓아진 빨간 비단보가 있었는데 거기에 시 한수가 새겨져 있었다.

敢將双鴛鴦하여 贈送意中人이로다
감장쌍원앙　　　증송의중인

向君一片心하여 寧謝身爲塵이로다
향군일편심　　　영사신위진

감히 한 쌍의 원앙새를 임에게 바쳐드리니
임 향한 일편단심 이 몸이 진토 된들 변할 수 있으리까

하는 글이었다. 세상은 가면 갈수록 가시 덤풀이었다. 세상 사람들은 이것을 즐기지만 한 번 얽히면 일생을 그 속에 빠져 헤어날 수 없기 때문이다. 그러나 그들 정성에 감사하고, 그 보자기로 옛날 묘지 앞에서 주신 스님의 금강경과 반야심경, 염주 하나를 싸고 또 버선과 노자 돈을 포장하였다.

그런데 또 몇 일을 가다가 돈이 떨어져 어느 촌집에서 하룻밤을 자고 밥을 얻어 먹었는데 밥값으로 소를 몰고 가서 나무를 해오라 하였다. 일에 경험이 없어 그냥 돌아오니 주인이 크게 노하여 매를 들고 때리려 하였다. 그래서 엉겁결에 시 한수를 지어 바쳤다.

　　　草草花孕胎하고 松松鶴架棲로다
　　　　초초화잉태　　　송송학가서

　　　携鎌無着處하여 騎牛下西溪로다
　　　　휴겸무착처　　　기우하서계

　　풀마다 꽃을 잉태하였고
　　소나무는 학이 깃드는 곳
　　낫을 들고 손 댈 곳이 없어
　　소타고 시냇가로 내려왔습니다

이 시를 본 주인은 이 사람은 애초부터 글 공부를 한 학자로서 소를 기르고 나무하고 일하는데 재주가 없구나 하고 놓아 주었다.

직지사 신묵스님의 제자가 되다

집을 떠난지 7일만에 황간에 도착하였다. 들으니 이 곳 황악산에 큰 절이 있는데 직지사라 하였다. 우리나라에 불교가 처음 들어 왔을 때 아도화상이 겨울에 복숭아 꽃이 피는 곳이 있다하여 그 곳에 절을 세운 것이 "도이사(桃李寺)"다.

다시 그 스님이 그곳에 와서 "저기 저 누루그레한 산, 안개 자욱한 곳에 복덕이 구름이 많이 일어날 것이다"하고 손가락으로 가리켜 그 자리에 절을 지은 것이 "직지사(直指寺)"라 하였다.

"황악통천(黃岳洞天)"이라 써진 큰 바위를 따라 올라가니 직지사 팻말이 있고, "이곳은 불입문자 직지인심 견성성불을 가르치는 곳"이라 하였다. 진여문, 해탈문을 들어서니 우화루(雨華樓)가 있는데, 주련이 참으로 멋있다.

雲空秋空月印潭 寒光無際與誰談
운공추공월인담 한광무제여수담
豁開透地通天眼 大道分明不用叅
활개투지통천안 대도분명불용참

구름 걷인 가을 하늘에 달빛이 못에 드리우니
끝없는 찬 빛 속에서 누구와 같이 이야기 할꼬
땅을 뚫고 하늘 눈을 활짝 열고 보면
대도가 분명하여 다시 생각할 여지가 없다

처다만 보아도 그만 가슴이 툭 트이는 것 같았다. 좌우로 집들이 수 십체 있는데, 동승당, 서승당, 설선당, 서래각, 대장각, 응진전, 정재소, 주랑(周廊), 승당, 객실 등이 연이어 있고, 그 한 가운데 대웅전이 있었다. 지금까지 마을에서는 전혀 보지 못한 화려한 단청집이었다. 5포 7포에 훤출하게 서 있는 이 집 주련에도 우화루에서 보던 것과 같은 주련이 빛을 발하고 있었다.

巍巍德相月輪圓 普廣光明照大天
외외덕상월륜원 보광광명조대천

塵墨劫前成正覺 爲度衆生現世間
진묵겁전성정각 위도중생현세간

위대한 덕상, 보름 달 같은 빛이
널리 천하를 비치고 있네
진묵겁전에 정각을 이룬 분이
중생을 제도코저 세간에 나타났다

  안에 무엇이 있는지는 알 수 없으나 그 글귀를 보건데 달덩이 같은 부처님이 계신 것 같았다. 그때 마침 한 행자가 나타났다.
  "어디서 오신 뉘이십니까?"
  "밀양에서 온 응규라 합니다."
  "무엇하러 오셨습니까?"
  "사람을 좀 만나러 왔습니다."
  "지객스님께 찾아 가십시오."
  지객스님을 찾아 가니 주지스님을 안내해 주었다.
  "무엇하러 왔느냐?"
  "중노릇 왔습니다."
  "중이 그렇게 쉽다더냐?"
  "아무리 어려워도 반듯이 해 보겠습니다."
  "안된다. 너 같이 속기가 꽉 찬 사람은 안된다. 지금까지 공부하러 왔다 간 사람이 한두 사람이 아니다. 조상의 맥이 끊어진다 해서 데려가고, 세속의 명리가 나타나서 나가고, 사랑에 눈이 어두워 나가고, 참고 이기기 어려운 고행 때문에 나갔다."

"저는 절대로 그런 것과는 상관 없습니다."

"그러면 이 경을 한 번 외워보라."

하시면서 금강경, 반야심경, 대능엄신주를 한 권씩 주었다. 금강경, 반야심경은 어머니 아버지 시묘 때 이미 다 외웠고, 대능엄신주를 하룻 저녁 사이에 다 외워 바쳤다.

"음. 머리는 참 좋은 놈이로구나. 그럼 후원에 나가서 공양주 채공으로부터 다각(茶角), 갱도(羹道)를 익혀라."

이것은 일찍이 해 보지 않았던 것이다. 상당히 힘이 들었다. 그러나 마음 먹고 해야 할 일이기 때문에 두 손을 걸어 부치고 바로 하니 익혀졌다. 하루는 신묵스님이 불렀다. 복장 단정히 하고 나아가니,

"한 사람이 3년 해야 할 일을 너는 할 달에 익히니 전생에 선연이 있는 사람이다. 고려 때는 자격시험을 거쳐 도첩을 내 주었으나, 연산군 때 이르러 불법을 폐지하고 4대문 안에 스님들은 들어오지 못하게 하며, 절은 대부분 기생의 놀이터를 만들고 중은 나라에 부역하는 사람들과 군역하는 사람이나 농사일에 종사하는 남의 집 종들로 대치되고 있다. 다행이 중종임금께서 돌아가시고, 명종이 즉위하면서 문종황후가 승과제도를 복원하여 시험을 통해 도첩을 내어주게 되어 있으니 경기도 광주에 있는 봉운사에 가서 자격시험을 보고 오너라."

하고 안밖채비를 다 해주셨다. 응규는 바로 광주로 올라가 그해 7월 10일부터 시행하는 시험(금강경과 반야심경, 대능엄

주를 외우는)에 합격하고, 15일 직지사로 다시내려와 계를 받았다.

① 모든 생명을 함부로 죽이지 않고
② 주지 않는 물건은 갖지 않으며
③ 이성에 생각을 갖지 않고
④ 거짓말을 하지 않고
⑤ 술 마시지 않는다.

이것은 모두 마음속에 있는 자비종자와 복덕종자, 청정종자, 진실종자, 지혜종자를 기르는 일이었다.

"오늘부터는 네 이름을 유정(惟政)이라 불러라. 그리고 선종사찰에서는 전래로 전등록(傳燈錄)과 선문염송(禪門拈頌)을 길잡이로 삼아 왔으니 틈틈이 이를 익히고 좌선하는 것을 업으로 삼아야 한다."

하시며 전등록 30권과 염송 30권을 주었다.

받아보니 전등록은 과거 칠불로부터 1701인의 역사가 기록되어 있고, 염송은 역대조사들의 견성, 제접방법을 염·송·가·대·찬·게·서(拈·頌·歌·代·讚·偈·書) 등 여러 가지로 정리해 놓은 것이었다.

시(詩)라 하여도 유교의 율시(律詩)와는 다른 격외시로서 일반인으로서는 전혀 알 수 없는 것들이었다. 그러나 이것을 통해서 정법안장(正法眼藏), 열반묘심(涅槃妙心)이 무엇인지, 어떤 것이 즉심즉불(卽心卽佛)이고 비심비불(非心非佛)인지 어느 정도 이해할 수 있었다. 그런데 한 가지 놀라운 일은 수 십년 선배되는 사람들이 와서 물으면 아는 데로 답하면 "유정은 보살의 화현이야. 어떻게 그렇게 알기 어려운 학문을 일시에 통달한단 말인가"하고 칭찬하였다.

이렇게 중으로서 거쳐야 할 과정을 마치고 나니 어느새 가을이 되었다. 기러기 소리가 나 밖에 나가보니 한 무더기 기러기들이 남쪽 하늘을 향해 내려가면서 소리를 지르는 것이었다.

"허허. 벌써 10년 세월이 지났구나. 유촌선생은 어떻게 되었으며 현옥이는 어떻게 되었을까!"

신묵스님께서는 다시 세속생활을 하지 않겠다 맹세했으나 자신도 모르는 사이에 이런 마음이 났다. 그래서 다음과 같은 시를 지었다.

山寺秋深不勝愁한데 堪聞天外雁南歸아
산 사 추 심 불 승 수   감 문 천 외 안 남 귀

松杉古里眼中碧한데 一望家響淚滿衣로다
송 삼 고 리 안 중 벽   일 망 가 향 누 만 의

산사에 가을이 깊으니 이내 수심 가이 없네
울고가는 저 기러기가 내 마음을 더욱 소란케 하누나
소나무 옛 마을이 눈 속에 풀렸는데
고향 한번 바라보니 눈물이 옷깃을 적시는 구나

밤은 고요하여 벌레소리는 어지럽고, 빈 산에는 달 빛만 가득하다. 성근 발(簾)에 스며드는 찬바람 어찌 이리 남의 애를 끊는가. 유정은 이렇게 고향 하늘을 바라보며 우수에 젖었다.

"유촌선생은 어떻게 지내고 계시며, 사모님과 현옥은 어떠한지."

궁금하기 짝이 없었다.

그런데 현옥이는 강촌에 가을빛이 늘어가니 지는 잎이 빈 뜰에 가득 차는 것만 같아 원앙새를 수놓은 베개를 바라보며 한없이 눈물만 흘리고 있었다. 가는 기러기 소리만 들어도 한스럽고 두견새 바라보는 마음이야 더 말할 수 없다. 목에서 피가 넘어오는 것 같았다.

"견우성 직여성은 저렇게 또렸한데, 어찌하여 우리에겐 오작교가 없는가, 무심한 양반!"

구름 밖의 컴컴한 산만 바라보며 한 없이 가슴 아파하였다. 이렇게 애태우고 있을 때 밖에서 사람소리가 났다. 문 밖을 바라보니 회색옷 자락이 눈에 뜨였다.

"무슨 소식인가?"

아버지께서

"들라 여쭈어라."

하니 심부름꾼이

"황악산 직지사에서 도윤스님이라는 분이 오셨습니다."

"응규의 소식을 전하기 위하여 왔습니다."

너무나도 반가워서 유촌선생이 뛰어 나가니 스님은 바랑에서 편지 두 장을 꺼내주었다. 정신없이 떼어보니 응규는 이미 스님이 되었고, 삭발할 때 머리카락까지 증거물로 가지고 왔다.

"허허. 다 틀렸구나. 에따, 이 편지 현옥에게 전해주어라."

현옥이는 조심스럽게 편지를 뜯어 보았다.

"옥낭자 용서하세요. 삶의 뒤에는 죽음이 있기에 그 죽음을 벗어난 다음 나는 낭자와 함께 영원히 살고 싶소. 그러나 이 세상은 그것을 용납하지 않기에 나는 어머니 아버지의 혼령을 깨우쳐 주고 나 또한 영원히 해탈의 길을 찾아 왔으니 용서해 주시오. 그리고 이 머리카락은 괴나루골에 살고 있는 나의 누나에게 전해주시오. 그래서 그것을 부모님 옆에 묻어주게 하세요. 불효자의 눈물입니다."

현옥은 더 이상 편지를 볼 수 없었다. 돌아 앉아 울다가 답장을 썼다.

"이 세상 죽음은 성인도 피할 수 없다 하였습니다. 석가세존은 죽지 않았으며, 달마대사는 영생하였습니까. 인정과 의리를 배반하면 부모에게도 큰 불효자가 됩니다. 생각을 돌리십시오. 6도윤회를 함께 하는 한이 있더라도 저는 낭군을 떠나고 싶지 않습니다."

이 편지를 받은 유정은 일파재동만파수(一波纔動萬波隨)였다.

"깨닫고 보니 깨달음도 한 가닥 꿈인 것을!"

그러나 이것을 잊기 위해 원각경을 들고 읽어가기 시작했다.

"무명이 행을 낳고, 행이 식을 낳고, ... 일체 중생은 애욕으로 인해서 생사의 근본을 삼는다."

그렇다. 태어나지 아니했다면 어찌 이런 고통이 있으리. 한 생각 어리석음 때문에 천지에 고통이 한 없이 파도치고 있는 것이다.

"용서 하시오. 용서 하시오."

할 말은 이것 밖에 또 다른 것이 없었다.

유촌선생은 더 이상 기다려 보아야 소용이 없으니 새로운 배필을 구하기로 하고 이곳 저곳의 청혼을 검토하고 있었다. 그런데 날을 정해 선을 보기로 한 날 방안에서 나오지 않아 들어가 보니 현옥은 가위로 제 머리를 싹둑 싹둑 잘라 버리고 어디론가 사라져 버렸다.

이듬해 3월 응천은 아버지 대상을 치르기 위해 고향을 찾게 되었다. 응천강은 여전하고, 강가의 버들도 옛과 다름이 없었으나 달라진 것은 유촌선생의 집이었다. 잃어버린 딸을 찾기 위해 온 동내가 소란하였다. 유촌선생은 반겨 맞았으나 사모님은 원망 반 기쁨 반 희노(喜怒)가 엇갈렸다.
"용서하십시오. 내 현옥을 찾아 오겠습니다."
하고 부모님 묘소로 갔다. 누나가 산 모퉁이에서 나무를 하다가 응천을 보고 통곡하였다.
"이제 아주 망했구나."
"누나는 정한 배필(靈圭)이 있지 않습니까?"
"그런 소리 하지 말라. 나야 남의 집 종, 시집을 간들 어떻게 이 집안의 피를 계승하겠느냐. 차라리 죽어 없어지는 것이 낫지."
그때 마침 영규가 찾아왔다. 두 사람은 손을 잡고 죽마고우의 정을 나누었다.
"나는 이미 출가하였으니 자네는 우리 누나를 위해 출세해 주게. 그리하여 이 불쌍한 누나를 반듯이 구해주기 바라네."
"나도 그렇게 생각하고 있네."
"그렇다면 이번 우리 아버지 어머니 제사는 직지사에 가서 지내고, 혼례도 치르기로 하세."
하고 옛날 누이에게 맡겨 놓았던 보따리를 찾아 끌러 보니 증조할아버지 효곤 때부터 대대로 물려받은 보물들이 꽉 차 있었다. 장악원정으로 계실 때 임금님께서 하사하신 비취옥에 호박풍잠, 밀화단추 - 값으로 치면 수천만원 어치가 되는 것이지만 이곳에서 처리하는 것 보다는 절 부근에 가서 처리하기로 하고 누나 채운이와 유정 두 사람은 길을 나섰다. 돌아보니 모두가 정든 물건 뿐이다.

兩親靑塚委塊津하고 透向雲山獨去身이로다
양친청총위괴진   투향운산독거신

回顧凝川春水綠한데 千絲烟柳正惱人이로다
회고응천춘수록   천사연류정뇌인

부모님 푸른 무덤 괴나루에 버려두고
구름 산 바라보며 홀로 가는 나그네여
응천강 돌아보니 봄 물결 푸르른데
천 줄기 실버들이 마음 더욱 괴롭히네

누나 채운이도 한 수 읊었다.

無藥可醫鶯舌老 有香難返蝶魂歸
무약가의앵설노   유향난반접혼귀

꾀꼬리 노래소리 명랑하여도 늙음을 치료할 약은 없다
아무리 좋은 향 있다 해도 나비의 넋은 되돌리기 어렵다

두 사람은 도중에 불산댁에 들려 옛정을 다시 한 번 나누고, 일편단심으로 기다리겠다 한 그집 딸 보배의 마음도 삭발염의로써 단절시켜 주었다. 그리고 직지사에 와서 하루 밤 하루 낮을 지극 정성으로 재를 올려 조상들을 천도하였다. 주육다과로

세상에서 지지고 볶는 것 보다 채소향기 속에 어산범패가 들려오니 부모님들께서도 생소하지만 좋아 할 것 같았다.

신묵스님이 법문하였다.
"나고 죽는 것은 세속적인 인연 때문이다. 불법 가운데는 나고 죽음이 없다. 생사를 보는 것은 범부이고, 나고 죽음이 없는 것을 보는 것은 지혜인이다. 본마음에는 생사가 없건 마는 허망한 생각 때문에 생사가 생기는 것이다. 허공 속에 일어났다 꺼지는 구름은 생사의 내용이고, 언제나 푸르고 끝도 갓도 없는 마음은 바로 저 하늘이다."
누나 채운의 마음이 확 트이는 것 같았다. 재가 끝난 뒤 채운이 신묵스님께 말씀드렸다.
"나도 여기 온 길에 생사 없는 곳에서 살고 싶습니다."
"그대의 마음이 진정으로 흔들리지 않는다면 출가케 하여도 무방하리라."
그리하여 누나 채운은 서쪽 산 능여암(能如庵)에 들어가 보운(寶雲)이라는 비구니가 되었다.

승과에 급제하다

그런데 신묵스님이 유정에게 말했다.
"너는 승과(僧科)에 나아가 이 나라 불교를 살리도록 하라."
때는 조선 제13대 임금 명종 16년 신유년이었다. 문정황후가 불법을 재생시키기 위해 부활한 승과제도가 그해 5월부터 시행하기로 되어 있었기 때문이다. 이제 겨우 18세 밖에 되지 않는 유정이지만 스님의 말씀을 듣고 경기도로 올라갔다. 선과는 광주 봉운사에서 보고 교과는 양주 봉선사에서 보게 되어 있었다.

그런데 그날 봉운사에 모인 숫자가 자그만치 3천명이 넘기 때문에 원래는 각 절 주지스님의 추천장 하나로 입시하게 되어 있었던 것을 나라의 시험과 마찬가지로 몇 차례(初場・後場)로 나누어 시험을 치르기로 하였다.

먼저 금강경・원각경을 읽고 문답을 거쳐 1천명을 뽑고, 거기서 다시 200명, 100명, 30명을 뽑아 대선(大選)을 뽑기로 하였다. 예비시험에 합격하니 전등・염송을 가지고 200명을 뽑았다. 그리고 종장시험에서는 문답이 중심이 되었다. 시험장에는 예조랑관이 총지휘를 맡고, 선종판사, 장무(掌務), 전법(傳法) 세 사람과 증의(證義) 열사람이 배열해 있었다. 오늘의 문답자는 보우대사였다. 문정황후도 옆에 나와 있었다.

유정은 당돌히 나아가 절도 하지 않고 고개를 쳐들고 섰다.
　　"어떤 사미가 이리 거만한고?"
　　"법사 가운데는 주객이 없고 노소가 없거늘 거만한 자가 누구입니까?"
　　"어디서 왔는고?"
　　"갈 곳이 없거니 올 곳이 어디 있습니까?"
　　"지금 그대 서 있는 곳이 어디인가?"
　　"제 마음에 있습니다."
　　"그 마음이 어떻게 생겼는고?"
그때 보우대사 앞으로 나아가 절을 넙죽 하였다.

"교활한 소년이로구나. 함부로 원숭이의 재주를 자랑하지 말고 어떤 것이 불법인가 말해보라?"
"지금 스님과 제가 묻고 답하는 것이 불법입니다."
보우는 머리를 끄덕이며 다시 물었다.
"불법 아닌 것은?"
"알고 보면 모두가 불법이고 깨닫지 못하면 모두가 불법이 아닙니다."
"청정본연커늘 어찌하여 그 속에서 산하대지가 일어 났는가?"
"청정본연커늘 무엇 때문에 산하대지를 일으키십니까?"
모든 사람들이 크게 놀랐다.
"용이 한 마리 잡혔군."
"대비마마의 덕입니다."
문정황후는 어쩔줄을 몰랐다. 이에 유정이 갑등으로 당선되었다. 문정황후는 친히 유정을 불러 그 가계를 확인한 뒤 "진짜 갸륵한 소년이로구나" 하고 "호국안민의 동량이 되소서" 격려해 주면서 손에 걸고 있던 염주를 목에 걸어 주었다.
"오늘부터서는 나를 어머니라 불러도 좋다."
"예. 이 염주는 돌아가신 어머니 몫으로 바치고, 국모님과 만민을 위해 헌신하겠습니다."

문정황후는 장악원에 명하여 화동 화녀 90명을 동원 영산회상을 울리게 하고 유정에게는 연화보관에 녹라의상과 황금가사를 입히고 청사초롱 홍사초롱을 단 꽃가마에 태워 180명이 맸다. 문정황후는 보우대사와 함께 높은 망루에 앉아 이 장엄한 행사를 보고 불법이 죽지 않았음을 확인하였다.

"장엄합니다."

"혼자 보기는 너무도 아깝습니다."

이렇게 꽃가마가 광주 봉운사 승과평(僧科坪)을 다섯 바퀴 돈 뒤 월인천강곡(月印千江曲)에 육바라밀 정진도를 그리며 해인삼매도(海印三昧圖)를 만드니 진실로 영산회상이 재현된 것 같았다. 유정은 축하연이 끝난 뒤로 바로 직지사로 내려 갔으나 당시 조선을 대표하는 8재사 아계 이산해(鵝溪 李山海), 고죽 최경창(孤竹 崔慶昌), 제봉 고경명(霽峰 高敬命), 백호 임제(白湖 林悌), 사암 박순(思庵 朴純), 하곡 허봉(荷谷 許篈), 고봉 기대승(高峰 奇大升) 등이 유정을 만나 문장을 한 번 겨루어 보겠다 하니 하는 수 없이 보우대사는 사람을 보내 바로 올라오도록 하였다.

신묵대사는 말했다.

"불법은 도이기 때문에 세속 문장이나 이기(利己) 승패(勝敗)를 가지고 따지면 아니된다."

"잘 알았습니다."

돌아온 유정은 보우대사에게 말했다.

"그들이 불법을 배우기 위해 오는 것은 관계하지 않겠으나 세속 문장을 가지고 기봉을 다툰다면 이것은 중이 할 일이 아닙니다."

"알았다. 내 그들에게 일러 주리라."

유생들과 자웅을 겨루다

첫 번째 나타난 사람이 토정 이지함의 조카 이산해였다. 다섯 살에 5경을 띠고, 여섯 살에 쓴 병풍이 임금님께 올려져 비단 100필을 받은 수재다. 20세에 진사가 되고 23세에 문과에 급제하였다.

"중 대가리는 둥글 둥글 말 불알 같네."
(僧頭圓圓汗馬閬)
"선비의 상투는 뾰쪽 뾰쪽 앉은 개 자지 같구나."
(儒首尖尖坐狗脣)

하니 옆에 사람들이 손벽을 치며 크게 웃었다. 아계가 다시 말했다.

"푸른 산 그림자 속에 노루가 알을 품고 있구나"
(靑山影裡獐拘卵)
"푸른 바다소리 가운데 개가 꼬리를 치는구나."
(碧海聲中蟹打尾)

이것은 없는 것을 있는 것처럼 꾸며댄 시다.
"쥐뽕이 잎이 피니 괴누에가 나온다."
(鼠桑葉發描蠶出)
"개살구꽃이 피니 범나비가 오도다."
(狗杏開花虎蝶來)

유정을 쥐에 비유하자 아계를 짖는 개에 비유한 것이다. 그러니까 먼저 시는 상대방을 서로 욕한 것이고, 두 번째 시는 없는 것을 있는 것처럼 꾸며 수사한 것이며, 세 번째 시는 고양이와 쥐, 개와 범을 들어 상대방을 꺾어준 것이다.

다음에는 최고죽이 나섰다. 고죽은 해주사람으로 인물이 빼어나고 활 잘 쏘기로 유명한 사나이었다. 나이는 당년 24세였다.
"우리는 대구(對句)로써 시를 한번 지어 봅시다."
"좋소."
책을 펴니 지경역(域)자가 나왔다.

"나라 가운데서는 왕이 제일이다."
(域中王爲大)
"천하 가운데서는 부처님이 제일이다."
(天上不爲尊)
"산은 옛절을 감추나 경쇠소리는 감추지 못한다."
(山藏古寺難藏聲)
"비는 강촌을 적시되 연기는 적시지 못한다."
(雨濕江村不濕煙)
"가죽나무가 부러지니 누대위에서 달을 맞이하게 된다."
(假僧木折樓迎月)
"참며느리 나물이 향기로우니 뺨에 봄이 가득하다."
(眞婦華香顔滿春)

다음은 임백호가 대신 왔는데 찰만자(滿)와 물수자(水)가 나왔다. 백호가 먼저 읊었다.

"절 안의 대나무 소나무는 스님들의 부귀로다."
(滿院竹松僧富貴)
"한강의 연기와 달은 절의 풍류로다."
(一江煙月寺風流)
"물에 흐린 물이 흐르는 물을 갈아 희게 하는구나."
(水恐濁流磨石白)
"산은 온전히 푸른 것이 싫어서 꽃을 놓아 붉게 하는구나."
(山嫌全翠放花紅)
모든 사람들이 여러 선비들의 기특한 재주에 놀랐다.

다음은 허하곡이 귀재를 자랑하였다. 글자는 그림자영(影)자가 나왔다.
"그림자는 푸른 물에 잠기어도 옷은 젖지 않네."
(影沈綠水衣無濕)
"꿈에 청산을 밟아도 다리는 아프지 않네."
(夢踏靑山脚不勞)

다음에는 오를등(登)자가 나왔다.
"산에 오르니 새가 쑥죽하네."
(登山鳥來羹)
"물에 이르니 고기가 풍덩하네."
(臨水魚草餠)

그때 박순이 말했다.
"입만 놀리지 말고 혀로 토론하세."

"좋습니다."
"그대의 재주 매우 기특한데, 어찌하여 청운의 뜻을 버리고 고적한 생활을 하시오."
"소생과 같은 사람이 감히 청운을 꿈 꿀 수 있습니까?"
"앞길이 만리 같은데."
"이 세상에는 불법보다 더 큰 도가 없기 때문입니다."
"그래 불법을 배우면 무슨 도가 되지요."
"천상천하에 제1도가 될 수 있습니다."
"부처는 부모도 모시지 않고 임금도 섬기지 않는데?"
"위로 네 가지 은혜를 갚고, 아래로 3도의 고통을 구제하는 것이 불법입니다."
"흥. 말은 좋으나 실제로 그렇지 않는데!"
"그것은 불법을 모르는 탓입니다. 부모은중경과 호국인왕경을 보십시오."
"그렇다면 주자, 주염계와 장횡거가 불법을 잘못 알았단 말이요."
"공자님은 인간세계만 가르쳤고, 불법은 미래세상까지 통한 것이나, 그들이 미래 보다는 현세에 충실코자 한데 원인이 있습니다."

그때 기고봉이 말했다.
"그렇소. 불법은 3세에 다 통했는데, 유교는 현실에만 충실하기 때문에 살줄만 알았지 하고 죽는 것은 모르고 있는 것입니다."
"도가 먼데 있는 것이 아니라 우리의 생활 속에 들어 있다."

강조하였다.

고제봉이 말했다.

"도가 같지 아니하면 서로 꾀히지 말라 하였는데, 서로 다른 길을 가면서 시비하면 되겠오. 중의 머리는 둥글고, 선비의 머리는 뽀쪽한데……"

이렇게 토론이 있은 뒤로 천하의 유정이 8재사를 꼼짝달싹 못하게 했다 하자,

"숟가락은 숟가락의 능이 있고, 젓가락은 젓가락의 능이 있으니 이것을 가지고 승부를 따지는 것은 학자의 도리가 아니니 애초부터 없던 것으로 돌아 갑시다"

유정의 인격은 더욱 더 높아져 그 해의 장원급제한 간이재 최립(簡易齋 崔岦), 3년전에 급제한 황정욱(黃廷彧), 월정 윤근수(月汀 尹根壽), 그해(명종 16년)에 급제한 홍성민(洪聖民), 김명원(金命元) 등 뛰어난 수제들이 봉운사로 연달아 찾아와 유교와 불교가 형제처럼 더욱 다정하게 지내게 되었다.

도고마성(道高魔盛)

보배 아가씨는 밤낮으로 유정을 생각하다가 유정이 직지사에서 중이 되어 있는 것을 알고 직지사로 찾아갔다. 절에서는 남녀가 유별한 까닭에 면회가 불가능한 것을 알고 능여암으로 들어가 보운(채운)을 의지하여 여러 날을 보내면서 기회만 보고 있었다.

하루 저녁은 자정이 넘은 뒤에 화장실에 나왔다가 일주문 밖에까지 내려오니 마침 유정이 고민하는 마음을 달래기 위해 그도 문 밖에 나와 있었다. 잘 됐다 싶어 유정의 옷소매에 얼굴을 묻고 흐느끼니 유정은 깜짝 놀라 물러섰다가 달래서 보냈다.

그때 마침 유정과 함께 사는 사형 혜인이 눈을 떠보니 유정이 없어진 지라 해우소(화장실) 부근에 와서 보니 유정이 보배와 막 헤어져 집으로 돌아오고 있었다. 혜인은 평상시 자기가 선배인데도 뒤에 들어 온 유정이 자루 속의 송곳처럼 들어나 빛나므로 시기 질투하는 마음이 있어 이를 대중에게 알리고자 가장하고 보배 뒤를 따라가 까무러치게 하였다.

일이 이쯤 되자 산중 회의가 벌어지고 보배의 고백을 받아 유정은 곧 산문출송을 당하게 되었다. 보배의 생각은 유정이 절을 나가면 의지할 곳이 없으므로 곧 집으로 데리고 가 살면 되겠다. 생각하였는데 유정은 더욱 생각이 강해져 어디론가 가버렸다.

생각해보니 유정에게 있어서 3월은 매우 잔인하면서도 영광스런 달이었다. 열두 살 3월에 황유촌선생을 만나 공부하게 되었고, 열네 살 3월에 윤낭자가 죽고, 열여섯 살 3월에 부모상을 당하고, 열여덟 살 3월에 승과에 응시하였으며, 열아홉 살 3월에 절에서 빈척을 당해 천지에 홀로 있는 신세가 되었으니 말이다.

현옥이 영축산 백연암에 이르러 중이 되어 있다는 말을 들었으므로 한번 만나보고 갈까 생각하고 절문에 이르러 편지를 전했으나 현옥은 이미 스님이 되어 있는지라 "외간 남자를 만나지 않는다"고 단호히 거절했다. 하는 수 없이 영축산 봉우리에 이르러 천지를 한번 도리켜 보니 사람보다는 대자연이 부모이전의 부모처럼 느껴져 큰 바위에 앉아 석가부처님 6년 고행하는 식으로 깊은 참회와 사색에 들어갔다.

"옛날 이곳 서쪽 반고사(磻高寺)에서 원효대사는 초장관문(初章觀文)과 안신사심론(安身事心論)을 짓고 동쪽에 계신 낭지스님을 만나 인증을 받았으며, 의상대사는 그의 제자 지용의 안내를 받고 법제자가 되고, 낭지스님은 이곳에서 중국에 까지 다니며 지엄화상 법문을 들었다. 그런데 나는 이곳에 와서 세속생각만 하고 있으니 되겠는가."

이렇게 생각하고 나니 배가 고프고 목이 말라 둥글레(黃精), 삽추뿌리(蒼求), 더덕(沙參), 칡뿌리(葛根)를 케어 먹으며 원효대사 초장관문에 나타난 것처럼 참회, 발원, 관행을 거듭하였다.

"세상의 모든 고통은 애욕이 근본이다. 아버지 어머니가 애욕에 의해 나를 낳고, 윤낭자는 애욕 때문에 죽었으며, 현옥이와 보배의 인연도 모두가 애욕 때문이었다. 이 애욕을 끊지 않고는 다시 해탈이란 있을 수 없다."

하고 시방삼세 부처님을 향해 발원하였다.

"무량겁의 인연을 끊게 하고 푸른 하늘과 같이 맑고 깨끗한 생각으로 도를 닦을 수 있게 해주십오."

그런데 갑자기 주위가 훤해지며 그 가운데 불보살님들이 나타나 이마를 만져주며 말했다.
"어 착하다 유정아. 이제부터 네가 참된 길을 찾을 수 있게 될 것이니 열심히 정진하라."
"예, 부처님. 미래세가 다하도록 딴 생각 없이 도를 닦겠습니다."
하고 선정에 들어갔다. 제법몽환관(諸法夢幻觀)에 의해 이 세상 모든 것이 몽환인 것을 깨닫고 제법무생관(諸法無生觀)을 통해 법신은 본래 생명이 없음을 깨달았으며, 제법무애관(諸法無碍觀)을 통해 일과 이치가 걸림이 없다는 것도 깨달았다.

한편 백련암 보련은 유정의 편지를 받고 놀라 까무러쳤다가 은사 신월스님의 안내로 직지사 능여암에 이르러 채운(보운)과 보배(보월)를 만나 응규(유정)의 일을 물으니,
"어제 서울에서 선종판사 보우대사가 사건 전말을 심판하기 위하여 내려왔다."
고 하였다. 그래서 이튿날 전 대중이 우화루에 모여 사건의 전말을 심사하다가 문제의 발단은 보배에 있고 유정과 함께 지내던 선배행자 혜인의 작난인 것을 알고 유정의 무죄를 판단, 유정을 찾아 오도록 하였다. 그래서 전 산중이 찾아 나섰으나 전혀 알 길이 없었다.

제법무생관으로 부모미생전의 본래 면목을 발견한 유정은 법희선열 속에서 삼매경을 맛보다가 나무꾼들이 통도사 대중들에게 알려 여러 사람이 와서 지키며 괴롭게 함으로 그들을 피해 어디론가 가버렸다. 통도사와 직지사 대중이 나무꾼의 말을 듣고 반고사를 다 뒤져 보았으나 있던 자리는 있는데 사람은 없

어졌다.

보우대사는 빨리 찾아 올 것을 부탁하고 봉운사로 올라갔다. 신묵스님은 보운, 보련, 보월에게 화엄경 53선지식 가운데 관음대사를 찾아 남해 보광산으로 갈 것을 명령하고 그 길로 신월 비구니스님과 사노 두 사람을 따라 가도록 하였다. 거창·안의·함양·산청·하동에 이르러 쌍계사에서 몇일 묵은 뒤 남해 관음굴에 이르니 파랑새 한 마리가 길을 인도하였다. 산 봉우리에 올라 보니 진짜 신선이 사는 도량이었다. 동쪽으로는 통영·두미·욕지·연화·사량·한산·비개·대좌·소좌도가 연이어 있어 이곳을 드나드는 배들이 3천포, 노량진, 구포, 영등포, 순천, 여수를 향하고 있는데 너무도 아름다워 사랑하던 애인 생각까지도 다 잊어 버렸다.

그런데 보리암에는 4·50대 정도로 보이는 긴 수염이 달린 노인이 있었다. 직지사 신묵스님도 잘 알고 있었는데 노인이 매우 다정하게 매사 일을 도와주었다.

"딴 생각 할 것 없어. 오직 관세음보살만 부르면서 지성으로 정진하면 반듯이 길이 열릴 것이다."

그래서 이들 네 비구니들은 딴 생각 없이 오직 관세음보살만 찾았다. 6·7일 동안 기도하니 갑자기 옆 산이 무너져 버리고 평원 광야가 나타나는 것을 보았다. 바로 업장산이 무너지고 불법의 대평야가 나타난 것이다. 다시 7·7일을 정하고 정진하니 모든 의식이 질식해 버린 진공상태가 나타났다.

"아, 이것이 일념부동·만상부동의 경계로구나."

그러나 아직도 현재 의식은 계속 활동하고 있었다. 그때 그 노인이 말했다.

"이제 겨우 법신대사의 진공상태를 보았을 뿐이다. 차차 정진하면 여래자재삼매속에서 관세음보살의 4부사의덕, 14무외력이 나타날 것이며, 중생따라 나타내는 32응신도 이해할 수 있을 것이다."

노사의 가르침대로 3·7일을 정진하니 모든 번뇌망상이 다 소멸되고, 5·7일을 이르니 모두가 천진동자와 같이 되었다. 여기에 무슨 시기·질투·모략·중상이 있을 수 있겠는가. 다시 더 정진하니 괜히 눈물이 마구 쏟아졌다.

"아, 세상은 진짜로 불쌍한 세상이로구나."

6·7일이 되었을 때 그들의 음성은 천지에 감동하였다. 그 때 파랑새 한 마리가 꽃 한 송이를 물어다가 불단위에 떨어트렸다. 7·7일이 지나니 정진하는 굴속이 대낮처럼 밝아지면서 호화찬란한 관세음보살이 나타나 연꽃 한 송이씩을 주며,

"나는 항상 너희 중생들을 어여삐 여기는 어머니다. 너희들은 아직도 이 세상에 진 빚이 많으니 부지런히 갚도록 하여라."

그때 노사님이 또 나타났다.

"보아라, 관세음보살이 불길에 타오르고 있지 않느냐!"

처다보니 구름 같은 관세음이 이내 불길에 다 타버리고 성스러운 그림 한폭이 나타났다.

"우리 세 사람은 이곳에서 연화도인을 모시고 공부하고, 그 감격을 이기지 못해 여기 관세음보살 한 분을 모시고 다음 생에 다시 또 오기로 한 것을 밝힌다.

정덕 무인 9월 연화도인 제자 성운·성연·성월"

이렇게 써져 있었다. 비로서 그들은 연화도인이 유정이고, 보운, 보련, 보월이 성운, 성연, 성월인 것을 깨닫고 다시는 세상의 욕심에 의해 사람을 만나지 않을 것을 다짐하였다.

그런데 그때부터 이 세 사람에게 과거에 없던 것이 나타나기 시작하였다.

첫째는 귀와 눈이 밝아지고, 코와 입에서는 이상한 향기가 나타났으며,

둘째는 정신이 명랑해지고, 지혜가 열려 일상생활이 꿈속임을 알게 되었고,

셋째는 끝없는 대비심이 나타나 일체중생을 어여삐 여기고,

넷째는 3세인과를 확연히 알아 다시는 인과인연에 끄달리지 않게 되었고,

다섯째는 불법의 인연이 소중한 것을 깨닫게 되었던 것이다

그때 앞 바다를 내려다보니 마치 산 사람처럼 움직이고 있었다.

"저 속에도 사람이 살고 있겠지."

"한 번 가볼까!"

그리하여 신월비구니에게 승낙을 받고 배 한 척을 빌려 타고 세존도, 두미도, 욕지도를 돌아 연화도에 이르니 더 이상 가고 싶은 생각이 나지 않아 사공에게 물었다.

"이곳에 절이 있는가?"

"옛날 이곳에서 연화도인이 세 여승을 데리고 살았는데, 죽을 때가 되어 '내 몸은 저 바다에 던져 고기밥이 되게 하라' 함으로 죽은 뒤 시체를 바다 가운데 던졌더니 그 자리에서 연꽃이 피어나 이 산이 되었으므로 이 섬 이름을 연

화도라 합니다. 지금도 그 굴에는 연화도인이 앉았던 자리가 있습니다."

그래서 올라가 보니 이것이 왠 일인가. 그렇게 찾고 찾던 유정이 그 곳에 앉아 있는 것이 아닌가.

"이것이 왠 일입니까, 유정스님?"

하며 모든 사람들이 우르르 달려들며,

"전생의 인연으로 오늘 다시 이렇게 만났으니 얼마나 기쁩니까. 꿈속에 사는 중생들을 위해 꿈속을 헤매고 있었으니 참으로 희안한 일입니다."

하고 그곳에 세워 놓은 "연화도인 입적처" 비석까지 확인하게 되었다. 보련스님이 물었다.

"스님, 어떻게 이곳까지 왔지요?"

"그때 영축산에서 나무하는 사람들의 말을 듣고 통도사 스님들이 나를 지키느라 고통을 받고 있었으므로, 나는 무상삼매속에서 창령, 진주, 단성, 지이산, 쌍계사, 청학동, 불일폭포를 지나 이곳까지 왔지 지금도 나를 응규로 보는가?"

"아닙니다, 스승님. 우리는 전생에 이곳에서 스님을 모시고 도를 닦던 성운, 성련, 성월입니다."

"그래. 이제 우리는 세계와 중생을 위해 이 몸을 바칠 생각을 해야한다."

"감사합니다, 스승님."

하고 보운이 먼저 시 한수를 읊었다.

滄溟一粟渺吾身인데 三世因緣恐不眞이로다
창 명 일 속 묘 오 신   삼 세 인 연 공 부 진

　　　　數尺短碑金在此하니　寶雲蓮月豈他人이리오
　　　　　주 척 단 비 금 재 차　　　보 운 연 월 기 타 인

　　　창해는 한 낱 좁쌀알, 아득한 이 내 몸이
　　　삼세인연 진짜 아닌 것 알고 새삼 놀랐네
　　　두어자 짧은 비석 이곳에 있어
　　　보운 보련 보월 옛 인연을 확인했네

보련이 시를 지었다.

　　　　蓮華道人入寂處에　三浪何故淚沾襟고
　　　　　연 화 도 인 입 적 처　　　삼 랑 하 고 루 첨 금
　　　　逢君欲說前生事하니　遺恨滄溟却不深이로다
　　　　　봉 군 욕 설 전 생 사　　　유 한 창 명 각 불 심

　　　연화도인 잠드신 곳에
　　　세 낭자 무슨 일로 옷깃을 적시는가
　　　그대를 만난 자리에 전생을 말하자니
　　　가련할손 지친 원한 바다보다 깊어라

다음은 보월이 목청을 돋구어 읊었다.

　　　　此生逢別暗消魂인데　隔世因緣更莫論하소
　　　　　차 생 봉 별 암 소 혼　　　격 세 인 연 갱 막 론
　　　　傾盡滿境滄海水하여　洗除胸裡恩與冤을
　　　　　경 진 만 경 창 해 수　　　세 제 흉 리 은 여 원

　　　이생의 만남과 인연 몰래 혼을 녹이거늘
　　　딴 세상 인연일랑 다 말하지 마세

창해물을 다 기우려
이 내 가슴 은원을 씻고지고

유정스님도 그냥 있을 수 없었다.

仄身天地人皆粟이오 皺面恒河劫已沙로다
축신천지인개속　　　추면항하겁이사

恨海情天更莫說하소 大千世界眼中花로다
한해정천갱막설　　　대천세계안중화

광막한 천지 좁쌀 같은 인생이여
나고 죽고, 나고 죽기 모래알 같은 세월인데
한의 바다, 정의 하늘은 다시는 말하지 마세
대천세계도 눈 속의 꽃이거니!

그때 어디선가 뱃노래 소리가 났다.

에야 데야, 에야 데야
봄이면 꽃놀이, 가을이면 달놀이
여름에는 물놀이, 겨울에는 섬놀이
삼신산 불사 약 캐고 또 캐 천년 만년 살고 지고

15·6세된 동자가 노인 네 사람을 모시고 올라왔는데, 그 가운데는 보리암에서 만났던 노인도 있었다.
"노사님, 여기는 어쩐 일이십니까?"
"우리는 늘 이렇게 다니며 노는 사람들이오. 그리운 사람들끼리 만났으니 그냥 갈 수 있나. 어 애야, 찬 한잔 가져오너라."

말이 떨어지자마자 푸른 자기 속에서 맑은 이슬이 방울방울 넘쳐 흘렀다.

"자, 한잔씩들 합시다. 이런 좋은 날 안마시고 언제 마시겠오. 이것은 술이 아니라 하늘의 단 이슬이오."

하고 쭉 마셨다.

"인생의 희·로·애·락이 바로 이런 것이여."

하고 한 노인이 거문고 줄을 고르니, 또한 노인은 비파를 타고, 다른 노인은 피리를 불었다. 이때 보리암 노인은 퉁소를 불면서,

"천년에 한번 만나기 어려운 도반들이다."

유정도 하는 수 없이 퉁소를 들고 관산융마(關山戎馬 : 당나라때 두보가 안록산 난리를 걱정해 지은 시)를 부니 보월은 거문고를 타며 소상팔경(瀟湘八景)을 읊었다.

"정악원정의 손자들이니 저만큼은 탈수있지."

"우조(羽調), 계면조(界面調), 장가(長歌), 단가(短歌)가 모두 보통이 아니다."

그때 보련이 거문고를 받아 평조(平調)로부터 우조(羽調), 성조(聲調), 초중대엽(初中大葉), 후정화(後庭花) 등에 이어 남훈전태평가(南薰殿太平歌)를 타고, 다시 옥수후정화(玉樹後庭花)를 탔다. 모두들 무릎을 치고 감탄하였다.

"유출유기(愉出愉奇)며, 모두가 귀재(鬼才)로다."

하며 신월비구니에게도 권하니,

"나 같은 노물이 무엇을 합니까?"

하였다.

"사람은 늙어야 멋을 아는 법이요."

이에 신월비구니는,
"노승은 배운 바 없음으로 시나 한수 읊겠다."
하고 다음과 같이 시를 읊었다.

堪喜山僧共海仙하여 風流勝韻是何緣이냐
감 희 산 승 공 해 선   풍 류 승 운 시 하 연

夙生同賞瑤池月타가 爲譴偸桃落九天이로다
숙 생 동 요 지 월   위 견 투 도 락 구 천

기쁘고나 산승이 신선들과 한 자리에 앉았으니
풍류의 장한 놀이 이 무슨 인연인가
속세에서 천상에서 온 저달을 구경하다
복숭아 훔친 죄로 인간에 태어났으리

이렇게 하여 한 밤의 기쁜 놀이를 끝내고, 세 비구니스님과 신월노사, 그리고 유정은 다 함께 고향에 이르러 선산에 들려 옛 부모님을 뵙고, 현옥의 부모님을 찾아 아름다운 법회를 보면서 해상사호(海上四皓)의 이야기도 하고 그들이 준 단 이슬도 마시니 모두가 신비스런 불법의 대해에 목욕하게 되었다.

보우스님의 순교

보우대사는 허응(虛應) 나암(懶庵)으로 금강산 출신이다. 설악산 백담사에 있을 때 감사 정만종의 추천으로 문정황후를 만나서 선교양종과 승과도승법을 회복하고 불교를 중흥시키코져 온갖 노력을 하고 있었던 분이다.

모처럼 등과한 유정을 크게 기대하고 큰 제목으로 쓰려 하였으나 직지사에 내려가 빈척을 당했다는 말을 듣고 직접 내려가 기필코 찾아 올 것을 명했으나 몇 해가 되도록 소식이 감감하였다. 그런데 하루는 뜻밖에 나타났다.

"어디 갔다 왔는가. 이 무정한 사람아. 무슨 일이 있으면 나에게 먼저 이야기 할 것이 아닌가!"

"죄송합니다. 죽을 죄를 용서해주십시오."

문정황후도 유정이 나타났다는 말을 듣고 친히 와서

"그동안 얼마나 고생이 많았나."

위안하고

"홀로 애쓰시는 보우스님을 도와 불법을 일으킬 것을 부탁하네."

하였다.

"예, 모셔하겠습니다. 그 동안 심려 끼쳐 죄송합니다."

그런데 그 뒤 얼마 있다가 곡성 운부사 영수주지스님이 임금님 태를 묻은 태보수를 베어 절 방 한 칸을 지었다하여 감사에게 영수를 죽이도록 하니 동리사 계당스님에게 이 사실을 듣고 내수사에 직첩을 보냈다.

"한 절 주지도 나라에서 직첩(職牒)을 받았으면 군신의 분이 있는 것인데 한 지방의 방백이 이를 잡아 죽인다는 것은 너무 지나친 일입니다."

그런데 사헌부에서 이 글을 보고

"중은 원래 임금과 신하의 분이 없는 것인데 도리어 군신의 의를 펑계하여 방백(감사)을 위협하다니 될 수 없는 일이다."

이를 임금님께 아뢰니 임금님께서,

"선중도 그 소속 사찰의 문서로 내수사에 접수하게 되어 있으니 더 이상 다스릴 것은 없다."

하니 사간원, 옥당, 성균관 학사들이 데모를 하였다. 그리하여 임금님은 불가피 계당을 남해로 귀양보내고, 보우는 도대선사의 직함을 삭탈하였다. 이것은 모두 보우스님이 문정황후의 신임을 받아 불법을 다시 일으키고 절이 내원당(內願堂)으로 지정되어 국가의 보호를 받게 되었으므로 유생들이 미워하게 된 것이다.

"만일 또 국사, 왕사제도가 나타나면 우리는 할 일이 없어지거니와 중들이 천하를 호령할게 아닌가!"

"그러니 어찌 보우를 잡아 죽이도록 해야 한다."

하고 경향 각지에서 유생 유신들이 들고 일어나 수 천통의 항소문을 내었다.

그런데 마침 명종 20년 4월 7일 양주 회암사에서 부처님 오신 날을 맞이하여 무차대회(無遮大會)를 열었는데, 비단 500필에 쌀 500섬, 은전 1천냥에 종이 500권, 이 외에도 각종 과일이며 산채 유과가 산더미처럼 쌓였다. 아마 문정황후가 마지막 재비로 자신이 가지고 있는 것을 거의 털어 낸 것이지만 유생들이 볼 때는 눈에 가시다. 재의 소문이 경향 각지로 퍼지자 승속 남녀가 구름처럼 몰려왔다. 회암사 앞 넓은 뜰에 차일을 치고 백여 곳에서 음식을 하여 먹이는데도 끝이 없었다.

보우스님은 한 때 쌀 몇 섬을 밥을 해도 다 먹일 수 없음으로 먹어서 없에는 것 보다는 가족이 있는 사람들에게는 나누어 먹이는 것이 좋다하여 한 사람에 한 되씩 쌀을 퍼 주었다. 그런데 4월 초7일 밥을 해 놓고 보니 그 밥 빛이 핏빛으로 변했다.

"아, 난리가 나는 구나. 우리 불교는 이제 죽었다."

생각하고 걱정이 태산 같았다. 아니나 다를까. 조금 있으니 파발말이 와서 문정황후의 하세를 일렀다.

"괴변이로구나. 지난 정월 봉은사에서 유정을 보고 '어쩌면 이것이 마지막이 될지 모르니 잘 부탁하네'하고 불법에 동량이 되어 줄 것을 다시 한번 부탁했다. 그리고 4월 초 보우대사가 참선하고 앉아 있는데 갑자기 자리가 꺼지며 이상한 물건들이 절 마당 한 구석에서 괴변을 지르며 쫓아오는 꿈을 꾼 일이 있었다. 보우대사는 즉시 종을 울리고 스님들을 천보산에 오르게 하여 망곡(亡哭)을 한 뒤 추천재를 올렸으나 유생들은 그 시각 사헌부에 계문을 올렸다.

"역적 중 보우를 처단하시오. 돌아가신 황후를 낮게 하기 위하여 경국의 재산을 기우려 재를 지내게 하였으나 영험이 없이 돌아가셨으니 이는 허망한 보우의 말을 들은 까닭입니다. 깊은 병중에 오랫동안 채식을 하여 기력이 쇠진해서 빨리 돌아가신 것입니다."

"인명은 재천이라 누구를 원망해서는 아니된다. 1년전부터 돌아가실 것을 예견하고 마지막 재를 황후의 사재를 털어 지낸 것이니 아전인들 어떻게 하겠는가. 상중에 황후께서 사랑하던 사람을 불행하게 하면 이 또한 불효가 아니겠는가?"

유생들은 기회를 놓칠세라 사간원에서도 장계를 올리고, 성균관 유생, 전국 향교에서도 서문을 올려 탄핵하는지라 어쩔

수 없이 임금님께서는 선종판사의 직함을 내 놓고 춘천 청평사로 가게 하였다. 그런데 홍문관 부제학이 탑주하였다.

"천하의 역승 보우의 말을 듣고 목욕재계하다가 황후께서 사세하였으니 바로 죽여 천하의 원한을 풀어야 합니다."

때에 보우스님은 유생들의 등살에 그 곳에 있을 수 없어 설악산 백담사로 피신하면서 함춘역에 가서 역마를 잡아타고 갔는데 이 또한 문제가 되었다.

"보우가 나라 말을 훔쳐타고 설악산으로 도피하였으니 이는 나라를 업신여긴 것입니다. 강원 감사를 파면하고 보우를 죽이시옵소서."

하고 점잖은 율곡까지도 동원하여 상소를 쓰게 하였다. 그런데 율곡은 일찍이 열일곱살 적에 금강산에 들어가 3년동안 불교를 연구할 때 함께 공부한 터이라 참아 헐뜯는 도서를 할 수 없었으나 유생들이 "율곡은 한 때 중노릇을 하여 속으로는 불법을 믿으면서 겉으로 유생인척 하오니 같은 무리가 아닌가 의심된다" 하자 하는 수 없이 변방으로 유배시킬 것을 권했다.

명종 12년 6월 12일 보우를 제주도로 귀양 보내기로 하고 제주목사 변협(邊協)에게 맡겼다. 그런데 공교롭게도 변협은 일찍이 과천 군수로 있었는데, 보우가 선종판사로 있을 때 면회코져 봉운사에 갔으나 당상벼슬이 아니면 상대하지 않게 되어 있어 만나주지 않았다. 여러 차례 갔다가 한 번은 화장실에 가는 것을 보고 화장실 문 앞에 서 있었으나 한 나절이 되어도 나오지 않으므로 그냥 온 일이 있는데 이것이 화근이었다.

제주도에 도착하자마자 발로 차고 주먹으로 때리고, 나라의 큰 죄인은 임금님의 명령이 없이는 함부로 손대지 않게 되어 있는데 제 멋대로 발길질을 하다가 발목까지 삐이게 되니 화가 난 변협은 형방으로 하여금 죽을 때까지 치라고 하였다.

 형이들도 국법이 있는지라 함부로 치다가는 자신들도 다칠 염려가 있으므로 사정따라 흉내를 내니 더욱 화가 난 변협이 성한 발로 돌려 차다가 그 발까지 부러졌다.
 "죄 없는 사람을 발로 차다가 벌을 받았다."
 형이들도 두려워 하였다. 보우대사는 묵빈위대(默賓爲對)라 일체 말을 하지 않고 3·4개월 동안 삼매속에 들어 염불하였다. 보름 전 부터는 식음마져 철폐하니 어둔 감방이 대낮 같이 빛나 어떤 사람도 감히 가까이 하지 못했다. 변협이 명종 20년 10월15일 무관을 시켜 꺼내놓고 보니 벌써 앉아서 가신지 수일이 되는 것 같았다. 맞기도 많이 맞았지만 마지막까지 순교의 정신을 그대로 살려 좌타하신 것이다.

 참으로 슬픈 일이다. 조선조 500년의 유생들은 한결같이 불교를 미워하기 변협과 같이 하였다. 자기의 벼슬아치 하나만 불교인이 하여도 끝끝내 보지 못하고 끌어내어 내 동댕이쳤고 그의 가족까지 천민으로 만들므로 생각이 있는 자라 하여도 어찌 할 수 없었다. 지금까지도 불교신자가 불교신자란 말을 떳떳이 하지 못하는 것은 그때 주눅이 들려 정신적 학대를 받을까 겁을 내고 있는 까닭이다.

 "나는 내 마음을 믿고 불교를 믿지 않는다" 하는 사람은 많은데 마음이 곧 불교이고 불교가 곧 마음인데도 이렇게 피하여 법당에 들어오기를 꺼려하고 부처님께 예배드리기를 기피한다.

아, 불쌍한 스님.
조용히 산속에서 도를 닦고 있었다면 차라리 그런 일이 생기지 아니 했을 것이다. 그러나 문정황후의 간절한 불심 때문에 보우대사는 이렇게 희생되었다. 비록 개인은 희생되었으나 그분 덕분에 서산대사, 사명대사 같은 훌륭한 인재가 배출되어 조선조 500년 역사 가운데 50년은 척불정책이 느슨해 졌고 불교가 호국불교로 인식되어 보이지 않는 가운데서도 존숭을 받아 왔던 것이다.

유생들의 허장성세, 거만 속에서도 오히려 그분들을 모시고 있던 안 사람들이 "그래도 불교여야 된다"는 생각을 가지고 1년이면 한 두 번씩 절을 찾아 명맥을 잇게 했던 것이다. 뿐만 아니라 겉으로는 권력과 학문에 충성하면서도 집안에 우환이 있을 때는 오히려 문꾸리들에게 물어 굿을 하였는데 굿을 해서 병이 나으면 무당과 문꾸리들을 업신여기기 천인 노예와 같이 생각했으므로 그들 또한 한을 절에가서 풀었다. 그것이 이조 500년 불교가 아주 죽지 않고 살아남게 된 것이다. 역사에는 대부분 보우를 요승으로 기록하고 있으나 자세히 내용을 알고 보면 보우대사는 순교자다. 단지 문정황후의 말을 듣고 몇 사람 추천하여 변방의 관리직을 내려주게 된 것이 유생들의 미움을 더욱 짙게 사게 된 것이다.

서산대사를 만나다

처음에는 계룡산, 속리산, 태백산을 거쳐 오대산, 설악산, 금강산에 이르러 자신의 법을 점검해 볼 대선사를 찾았다. 그런데 곰곰이 생각해 보니 신묵스님께서 입적하실 때,
"어디로 갈까요?"
하니
"일락처(日落處)."
했는데, 그 일락처가 곧 서쪽이니 구월산이 아닌가 생각되었다. 그래서 구월산으로 갔다가 묘향산에 청허대사가 계시다는 말씀을 듣고 보현사로 찾아가니 그 곳으로부터 30리 밖 서쪽에 있는 법왕대에 계신다 하였다. 명종 7년에 제1회에 승과에 장원급제하여 12년 선종판사가 되었으나 세상이 뒤숭숭한 것을 느끼고 세상 밖의 산속에 깊이 들어오게 된 것이다.

유정은 오르고 또 오르고 위없이 산을 돌아 올라 가다가 새 새끼 한 마리가 바위 위에 앉아 날지 못하고 발발 떨고 있는 것을 보았다. 이에 새 새끼를 손에 쥐고 들어가니 기쁜 마음으로 맞아 주었다. 유정이 여쭈었다.
"스님, 이 새를 죽이겠습니까, 살리겠습니까?"
스님이 벌떡 일어나 문지방 양편으로 두 발을 딛고 물었다.
"나가겠느냐, 들어오겠느냐?"
이로서 두 사람의 마음은 만족히 확인되었지만 자리를 권하여 앉으니 다시 물었다.
"어디서 왔는가?"

"옛길에서 왔습니다."
"불조는 일찍이 출세한 길이 없는데!"
"어찌 출세하지 않은 것만 아시고 출세한 것에 대해서는 모르십니까?"
"허허, 걸어오는 길에 돌이 많았겠구먼."
"이미 터진 길이라 큰 고생은 하지 않고 왔습니다."
"대장부 마음속에 하늘을 찌르는 기상이 있으니 옛사람의 길을 찾아 헤매지 말게. 옛날 자네가 어머니 묘지에서 시묘하고 있을 때 금강경, 원각경, 반야심경을 준일이 있는데 지금은 다 외웠겠지."

유정은 그때까지 그 스님이 누구였는지를 모르고 있다가 비로서 깨닫고,

"선견지명이 있으신 분이군요."

하고 감사하였다.

"제가 선종판사로 있을 때 금강산에 백화도인이 있었다는 말은 들었는데, 스님이 곧 휴정(休靜)이고 서산인 것을 알았습니다."

"나는 중종 15년 경진에서 태어나 15세에 진사시험을 보았으나 두 번이나 떨어져 친구들과 함께 지리산에 놀러 갔다가 숭인장노(崇人長老)를 뵙고 원각·법화·열반·유마·반야경을 보고 발심하였지. 그뒤 부용 영관스님께 심법을 받고, 오대산, 금강산, 묘향산 등에 있다가 33세 때 보우대사가 불교중흥을 위해 승시(僧試)를 한다는 말을 듣고 감동하여 응시하고 36세에 선교양종판사가 되었으나 38세에 사직하고 이곳에 들어왔으니 벌써 22년이나 되었네."

"스님께서는 삼가귀감(三家龜鑑)을 저술, 유·불·선에 다 통했다는 말을 들었습니다."
"유·선은 그만두고 어떤 것이 부처님의 가르침인고?"
"생사를 뛰어나 열반에 들어가는 것입니다."
"열반은?"
"한 생각 움직이지 않고 만법이 적멸한 것입니다."
"악. 이 사람 망상피우지 말게. 열반을 구하는 것이 생사이고, 생사가 본래 없는 이치를 아는 것이 열반이다. 그럼 정법안장은 어떤 것이라 생각하는가?"
유정이 곧 대답하려 하니, 또
"악!"
하고
"천하 외도. 들여우의 정량이구나."
"참회하옵니다. 교상(敎相)으로써 선을 말씀드리려 한 죄가 중합니다."
"금강의 칼날을 잡고 한 생각 돌리면 이 세상이 모두 환(幻)이라는 것을 알 것이다. 그러나 그 생각도 놓아 버려야 해, 그 그림자가 있으면 자기 본래의 면목을 볼 수 없기 때문이다."
유정은 그 동안 의리선의 경계를 벗어나지 못하고 있었는데 오늘 서산대사를 통해 확실하게 여래선의 진리를 깨달았으니 불입문자·직지인심의 교외별전인 조사선까지도 깨달아 동정에 한결 같이 불도를 실천해야 할 시기에 도착한 것이다. 그런데 그런 도리를 잘 모르고 사람들이 모이기만 하면 금강이 옳으니, 원각이 옳으니, 화엄이 옳으니 다투어 싸우므로 스님께서는 선교석(禪敎釋)을 지어 교외별전을 분명하게 밝혀주셨던 것이다.

하루는 황금가사 한 벌과 발우 한 벌을 내어 놓고 불렀다. 앞에 나아가니

> 一隻沙門眼 光明照八垓
> 일척사문안 광명조팔해
> 卓如王秉劒 虛若鏡當臺
> 탁여왕병검 허약경당대
> 雲外拏龍去 空中打鳳來
> 운외라룡거 공중타봉래
> 通方能殺活 天地亦塵埃
> 통방능살활 천지역진애

> 한 짝 사문의 눈이여
> 광명이 8방에 비치도다
> 삼엄하기는 칼 잡은 왕과 같고
> 빈 것은 거울 바닥과 같구나
>
> 구름 밖에 용을 붙잡아 가지고
> 공중의 봉을 잡아오도다
> 걸림없이 능히 죽이고 살리니
> 천지도 또한 한 티끌이로다

하는 글귀와 함께 주었다. 그리고
　"月溟松壑 風雲烟雨天 一萬四千尺"
에 맞추어 7언시를 한번 지어보라 하였다. 사실 이는
　"一天風雨四溟月 萬壑雲煙千尺松"
이라는 말인데, 유정은 즉시

"雲烟萬壑松千尺 風雨四溟月一天"
이라 하였다. 유정이 물었다.
"이것은 무슨 뜻입니까?"
"그대의 이름을 송운(松雲) 또는 사명(四溟)으로 하는 것이 좋겠다는 말이다."
그래서 유정의 호가 송운, 사명이 된 것이다. 그때 나이가 34세였다. 그날사 말고 서산대사의 제자 기허당 영규(騎虛堂 靈圭)가 뇌묵당 처영(雷默堂 處英)과 함께 찾아 온 날이다. 그런데 그 가운데 영규는 유정의 누나 채운과 약혼했던 사람이다. 영규는 집을 떠난 뒤 사방으로 다니다가 서산에 이르러 휴정의 제자가 된 것이다. 사형 사제가 된 것이 너무도 반가워 한참 껴안고 울었다. 그해 겨울 서산대사가 제안하였다.
"상비로암에 가서 우리 네 사람만 한 철을 나자."
그래서 쌀을 짊어지고 올라갔다. 한 참 공부하다가 하루는 말했다.
"활인검 살인검을 아는가?"
"번뇌를 죽이고 불성을 살리는 것 아닙니까?"
"그러하네. 적을 부수고 나라와 백성을 살릴 칼이니 이 칼을 가지고 세상을 구해야 하리....."
하고 회향하였다. 세 사람은 모두 그것이 임제 활구로만 알아듣고 이해했다.
그러나 이튿날 스님은 송운대사를 데리고 단군묘에 이르러 말했다.
"여기서 단군왕검이 출세하였거든. 옛날 원광법사는 이 정신을 계승하여 세속5계를 만들어 화랑들을 길렀고, 경흥, 진표, 명랑, 혜통, 월명, 무염, 진감, 도선, 동진, 정진, 대각, 보조, 진각, 태고, 나옹 스님은 중 노릇도 잘 하면서 국조의 정신을 계승하여 우순풍조 천하태평을 기원하였다네. 그런데 지금 세상은 갑자. 무오, 기묘, 을사 사화를 일으켜 많은 학자들을 죽이고, 고승 대덕들을 몰아내니 장차 이 나라가 어찌 되겠는가. 왕가에서는 골육상쟁을 하고, 대신들은 당파싸움을 하며, 권선징악 하던 불교도 없어지고, 양반 상놈이 서로 기를 다투고 있으니 장차 이 나라가 어떻게 되겠는가. 누가 뭐래도 우리는 나라와 백성을 지키며 왕권을 보호해야 할 것이니 신불의 가호를 빌면서 남은 생을 바칠 각오를 하라구. 임진년이 가장 위태로운 해가 될 것이네."

"그러면 어떻게 해야 됩니까?"

"내가 옛날 의암(李珥 栗谷의 스님 이름)이 황해도 감사로 있을 때 나를 찾아 왔길래 '군사 10만을 길러야 한다'고 귀띔해 주었으나 유생들이 당파싸움에 정신이 없어 그 소리가 귀에 들어가지 않으니 이 문제는 우리가 알아서 해야 할 일로 아네."

"명심하겠습니다."

하고 유정은 남해 보리암 건너 연화도 속의 사호선인(四皓仙人)들을 연상해 보았다.

비구니스님들의 신선공부

4호선인을 만나 신선주를 얻어 가지고 온 스님들은 고향에 이르러 출가전 부모님들을 찾아 뵙고 공양하였더니,
"세상에 이런 음식이 어디 있느냐. 다시 한번 먹어 보았으면 죽어도 한이 없겠다."
하여 다음 시간을 약속하고 직지사 능여암으로 왔던 것이다. 그런데 유정스님은 다시 봉운사를 떠난 뒤 전 불산댁 보월과 유촌선생댁의 보련이 고향에 내려가서 두 부모를 모시고 신월스님과 함께 남해 보리암으로 왔다는 말을 듣고 만경창파가 눈 앞에 전개되었다. 과연 그들 부모들은 점점의 섬들이 물결 속에 출렁거리는 모습을 보고 두 집 부모님들은 그저 탄성을 올리며 세상 모든 것을 잊져버렸다.
"어허, 세상에 이런 곳도 있었구나."
"신선들이 사는 고장입니다."
"모두가 너희들 덕분이다."
"부모님들께서 낳아 길러주신 덕분입니다."
하고 옛날 유정스님이 지어준 시를 한 편 읊었다.

子午殷勤修白業 不須虛負好光陰
자 오 은 근 수 백 업   불 수 허 부 호 광 음
當來直入靑蓮界 莫向閻浮滯五蔭
당 래 직 입 청 연 계   막 향 염 부 체 오 음

은근히 착한 업 닦아
허송세월 하지 마소

청연화 불세계 우리들의 차지이니
어떻게 사바세계 악마굴에 빠지리

보련(현옥)이 이 시를 읊자 다 같이 소리쳤다.
"그래. 그래. 우리가 광음 속에 5음의 노예가 되었더라면 어찌 이런 맛을 볼 수 있으랴!"
"해은(海隱) 노장의 덕도 있지."
"내 그 때 선주(仙酒) 생각이 나는데 이 노장 만나볼 수 있을까."
하고 배를 타고 남해 일대를 도니 어디선가 옛날 들었던 노래소리가 들려왔다.

"예야 데야. 예야 네야
봄이면 꽃 놀이
가을이면 달 놀이"

돌아보니 해상 4호님들이었다. 천이통이 터져 생각따라 나타난 것이다.
"안녕하십니까? 뵈온지 너무 오래되었습니다."
"우리들도 보고 싶었네."
불산댁 부모님과 보련의 부모님께서도 인사드렸다.
"주신 선주를 마시고 10년은 젊어졌습니다."
"오늘도 한 잔씩 대접해 드리지요."
한잔씩 따라 올리니 유촌선생과 봉산선생 또한 시를 한 수씩 지어 바쳤다.

賞春瑤海到黃昏하니 蓬島烟生徐市村이로다
상 춘 요 해 도 황 혼   봉 도 연 생 서 시 촌

偶伴四仙遊樂處에 滄桑劫事更無論하소
우 반 사 선 유 락 처   창 상 겁 사 갱 무 론

구슬 바다 봄 놀이에 해가 이미 저물었네
봉래섬 저녁 연기 신선의 마을
이러한 풍유놀이
상전 벽해를 논할 건가

이렇게 봉산선생이 시를 지으니 유촌선생도 한 수 읊었다.

銀波影裡沈蓬島하고 玉鏡光中點小舟로다
은 파 영 리 심 봉 도   옥 경 광 중 점 소 주

未信人間仙境在러니 不期今夜到瀛舟로세
미 신 인 간 선 경 재   불 기 금 야 도 영 주

은물결 그림자에 봉래섬 잠겼는데
옥거울 빛 속에서 작은 배를 홀러 저어
인간들이 믿을 수 없는 신선세계가 있으니
이곳 영주가 바로 그 곳이로다

4선은 옆에서 관현악을 티여 음율이 참으로 조화롭게 어우러졌다. 혜은 노장이,

"오늘 밤은 너무 늦었으니 우리 집에 가서 자고들 갑시다."

하고 집으로 데리고 갔다. 집이라야 바다 속 돌 가운데 작은 구멍이 하나 있었는데, 들어가서 보니 그 가운데 또 한 세계 바다처럼 벌어져 있었다. 호중건곤(壺中乾坤)이라더니 바로 이

를 두고 한 말이 아닌가 생각되었다.
"이곳이 해상십주(海上十洲) 의 하나요."
"어떻게 사십니까?"
"1년이면 한 두 번씩 여수 앞 바다에 가서 장을 봐다가 이렇게 음식을 해서 먹지요."
하고 송진, 백복령, 잣, 솔씨 등으로 만든 과자 하나 씩을 주었다. 그것이 배속에 들어가니 오장6부가 훤 해졌다.
"이것은 풍・한・서・습(風・寒・暑・濕)을 막고 백병을 다스려 날로 젊어지는 약입니다."
하고 도경・유경・불경 등 여러 가지 책자를 읽어 주었다.
"우리도 여기서 살 수 없습니까?"
"능력이 없는 자는 산다 하여도 살아 지는게 아닙니다."
"그러면 어떻게 하여야 합니까?"
"2・3일 동안 놀다 가는데, 세 여승이나 배워 보도록 하십시오."
하니 모두 좋아서 어쩔줄을 몰랐다.
"몸을 바꾸고 뼈를 바꾸려면 보통 고생이 아닌데."
"열번 죽는다 하더라도 반듯이 배워 보겠습니다."
"그렇다면 옷을 벗고 이리로 서라."
하여 옷을 벗고 섰으니 냉수로 찜질을 하였다. 얼마나 추운지 벌벌 떨면서,
"살려달라."
고 애원하니,
"한번 시작 했는데, 살기는 어떻게 살아."
하며 마구 물을 퍼 부었다. 한 식경쯤 하고 나니 반대로 몸에서 펄펄 열이 났다. 이렇게 한 달쯤 지내고 나니 해은노사가

말했다.
"이것이 신심개조법(身心改造法)이다. 지금부터 도약·횡초법(跳躍·橫超法), 전하·도원법(轉下·跳越法), 수영·잠영법(水泳·潛泳法), 구조·궁술법(九漕·弓術法), 검·진·탐정법(劍·陣·探偵法), 천문·전술·기상관측법과 점치는 법을 일러줄테니 정신차려 들으라."
하고 위 아래로 뛰기, 이 바위에서 저 바위로 뛰기, 이 산에서 저 산으로 뛰기, 산을 줄음잡아 달려가고, 물 속에서 수영하고, 하늘의 별을 보고 진(陣)을 치는 법 등을 골고루 가르쳐 주었다.
"그대들 자신을 위해서는 별 필요가 없으나 세상을 구할 때는 필요할 것이다. 그러나 이것은 아무때나 쓰는 것이 아니니 꼭 필요한데서 흔적없이 써야 한다."
2·3일 동안 자고 가라 한 것이 나와서 보니 벌써 10여 성상이 흘렀다.
"옛날 청맹족(靑盲族) 신선도가 고구려의 조의선인(皁衣仙人)과 신라 화랑도를 가르쳐 오늘에 이르고 있으나 모두가 금수강산을 지키는 도술이니 함부로 써서는 않된다."
마지막 경계의 말씀을 듣고 헤어졌다. 네 부모님께서도 환희용약, 집에 갈 생각이 없었다.
"나온 김에 금강산 구경이나 하고 갈거나."
그리하여 네 부모와 세 스님은 서울, 철원, 회양을 거쳐 단발령에 이르니 백옥같은 세계가 구름 속에 솟아 있었다.
"여기서 세조대왕이 삭발하고 스님이 되겠다고 하여 상투 속의 머리 몇 줄을 깎아 단발령이라 부르게 된 곳이랍니다."

"과연 중이 되고 싶을 만한 곳이로구나."

 옛날 장안사 만폭동에 이르러 유정스님이 이런 시를 지었다는 말을 들었다.

> 此是人間白玉京인데 琉璃洞府衆香城이로다
> 차 시 인 간 백 옥 경   유 리 동 부 중 향 성
>
> 飛流萬瀑千峰雪인데 長繡一聲天地警이로다
> 비 류 만 폭 천 봉 설   장 수 일 성 천 지 경

이것이 우리 인간 백옥세계의 서울인가
유리동 중향성(금강산)에
날아 오르는 폭포수 천봉에 눈 내리니
그 소리 장엄하여 천지를 뒤 흔드네

 황천계 업경대를 지나니 마의태자의 성터가 있었다. 여기서도 유정스님이 지었다고 하는 시 한 수가 있다.

> 王子何年築此城고   玉峰依舊老冥靈이로다
> 왕 자 하 년 축 차 성   옥 봉 의 구 노 명 령
>
> 鳳凰一去無消息한데 金井千秋瑤草生이로다
> 봉 황 일 거 무 소 식   금 정 천 추 요 초 생

왕자님 어느 해에 이 성을 쌓았습니까
옥봉에 늙은 나무 옛일이 새롭습니다
한번간 봉황은 다시 소식이 없는데
금정은 천추에 봄풀을 푸르게 하고 있습니다

이렇게 시왕동, 영원동, 차일봉, 백마봉, 미륵봉, 옥호통천을 빠져 유점사에 이르니 진짜 세속 생각이 아주 없어져 버렸다.
"내 여기서 머리를 깎고 중이 되리라."
"당신만 중이 되면 어떻게 해. 우리도 되어야지."
이렇게 하여 내 분이 똑 같이 머리를 깎고 풍암(楓岩), 송암(松岩), 정심(淨心), 정신(淨信)이라 법호를 가진 뒤 여승들은 득도암으로 가고 남승들은 유점사에 있었다. 그때 나이가 전부 70이 훨씬 넘어 풍암은 93세, 송암은 87세, 정심은 75세, 정신은 77세였다. 그리고 모시고 다니는 보운은 34세, 보련은 37세, 보월은 36세였다.

서산스님께 법명을 받다

한편 유정은 청허대사에게서 법을 받고 송운·사명이란 새 이름을 가지고 묘향산을 내려와 다시 금강산을 둘러 외금강의 만물상, 옥유동, 구선동, 구룡폭포를 지나 유점사에 이르니 풍암노승이 보고 깜짝 놀라 소리를 질었다.
"허허, 이사람. 왠 일인가. 우리 늙은 신선들만 사는 곳인줄 알았더니 젊은 신선도 있는가!"
하고 그 동안 있었던 일들을 낱낱이 설명하였다.
"하여간 반갑습니다. 이곳만 해도 홍성암, 득도암, 원적암, 반야암, 보덕암, 도솔암, 불정암, 은선암, 중내원 등 수 십개의 암자가 있습니다."
"그래, 그래. 내 딸 보련이가 바로 득도암에 이르러 두 어머니를 모시고 스님이 되어 살고 있지."

"나도 옛날 원적암에 이르러 이런 시를 지은 일이 있습니다.

琪樹瓊林白玉山인데 萬峰高出大羅間이로다
_{기 수 경 림 백 옥 산}　　　　_{만 봉 고 출 대 라 간}
碧桃花落無人見터니 時與麻姑一破顔이로다
_{벽 도 화 락 무 인 견}　　　　_{시 여 마 고 일 파 안}

아름다운 숲 백옥산
천만봉 높이 솟아
벽도가 떨어져도 볼 사람 없더니만
마침내 마고할멈 나를 보고 웃노매라

그 동안 득도암에 갔던 심부름꾼이 다섯 비구니스님들을 데리고 왔다. 금강산 유점사에서는 때 아닌 법희선열(法喜禪悅)이 벌어졌다. 풍암노장이 말했다.
"신선세상이 세상 밖에 있는 줄 알았더니 이렇게 가까이 있는 줄은 꿈에도 몰랐네."
"모두가 유정의 덕으로 아네."
송암노장이 말했다.
"날마다 밥해 먹고 빨래하는 것이 일이었는데, 이곳에 와서 보니 그것은 다반사(茶飯事)이고 근본을 밝히는 일이 여기 이렇게 있으니 사람의 태어난 보람이 바로 여기 있는 게 아닌가."
하고 박장대소를 하였다. 그런데 정신스님이 말했다.
"우리는 남해 해은스님에게 환선술(幻蟬術)·환령술(幻靈術)을 배웠는데, 환선술까지는 가지 못하고 환령술은 얼었으니 여기 유정이 있는 곳에서 아주 몸을 벗어버리는 것이 어떻습니까."

"허허. 한꺼번에 가면 너무 서운할 염려가 있으니 나 먼저 갈터이니 나이 순서대로 가자고."

하고 앉은 그 자리에서 그만 숨을 거두었다. 이렇게 하여 두 달 동안에 보름마다 한 분씩 떠나 사바세계의 번뇌껍질들을 깨끗이 벗어버리고 봉정암에 이르렀다. 유정이 조용히 읊조렸다.

琪樹瑤林桂影秋인데 蓬山宿客思悠悠로다
기 수 요 림 계 영 추   봉 산 숙 객 사 유 유
西風一夜露華冷한데 玉聲數磬人倚樓로다
서 풍 일 야 로 화 냉   옥 성 수 경 인 의 루

구슬 숲 신선경계 가을바람 슬쓸한데
봉래산에서 자는 손님 생각도 많아라
새 바람 부는 밤 차거운 세상이여
경쇠소리 들으며 누대에 기대있네

생각하면 한편 시원하게 떠나버린 님들이 무척이나 기특하기도 하지만 님들을 떠나보낸 송운으로서는 한 없이 쓸쓸하기 그지 없었다. 도리켜 보니 한 사람의 사내 때문에 여러 집이 걱정도 많았다. 그러나 풍암스님과 송암스님의 가족들은 이렇게 회향을 잘 했으니 다행이지만 괜히 자신을 보고 상사병에 들었다가 비명횡사한 윤낭자며, 그의 아버지 부사를 생각할 때는 한 없이 불상하고 죄스럽게 느껴졌다. 그러나 이제 그 칡덩쿨같은 인연들을 끊어버리고 한 사람의 도반으로 서로 만나 회향하게 되었으니 기쁜 마음 그지 없었다.

"이젠 또 헤어집시다. 사바세계 일들이 모두 만남과 헤어짐 속에 있지만 우리의 만남은 특별하기도 하였오."
"그럼 또 언제 만나지요."
"10년 후로 기약해 봅시다."

송운스님은 고성, 삼일포, 해금강, 간성, 양양 낙산사를 거쳐 명사십리에 이르렀다. 가랑비가 내리는 3월 앵도꽃이 활짝 피어 시심이 일어났다.

細雨鳴沙三月時에 杏花零落客思歸로다
세 우 명 사 삼 월 시   행 화 영 락 객 사 귀

鄕關猶隔一千里한데 愁見河橋靑柳絲로다
향 관 유 격 일 천 리   수 견 하 교 청 유 사

가는 비 내리는 명사십리 3월
살구꽃 떨어지는데
내 고향 천리길이 아득도 하구나
응천강 버드나무 호수 다리 보이는 듯

다시 강릉 대관령을 거쳐 오대산 자장율사의 유적지를 살피며 자장율사의 호국정신을 생각했다.
"나라를 구하기 위해 중국에 들어가 부처님의 사리를 가져오니 적멸보궁이 다섯 군데나 마련 되었구나."
시자 한 사람만 데리고 오대산 북대에 올라가 한 겨울을 났다. 그리고 꿈속에서 율곡선생이 작고하는 꿈을 꾸었다. 원래 율곡은 금강산에 들어가 중이 되었다가 시세가 맞지 아니함을 알고 집으로 돌아와 유교를 공부하였는데 정부에서 당파분열이 일어나는 것을 보고 모든 벼슬을 다 놓아 버리고 다시 고향으로 와 있었던 것이다.

서산대사가 율곡에게 10만 대병을 양성하여야 한다고 누차 말했지만 그것을 실천하지 못하고 가니 제자 중봉(조헌)에게 편지 한 장을 주었다. 조헌은 이 편지를 가지고 영규대사와 함께 왔다.

"죄 많은 이이(李珥)는 큰 빚을 지고 떠나니 구세보살인 유정께서 이 일을 담당해 주시오."

외롭고 쓸쓸한 선비의 간절한 유언이었다. 기허, 조헌과 함께 강릉에 내려와 하루 밤을 자고 그때의 풍정을 이렇게 읊었다.

離山三日到江陵하니 逆旅寥寥半夜燈이로다
리 산 삼 일 도 강 릉   역 여 요 요 반 야 등

故國千年多小恨이여 白雲明月依樓僧일세
고 국 천 년 다 소 한   백 운 명 월 의 루 승

오대산을 떠나 3일만에 강릉에 이르니
고요한 여관에서 밤새도록 촛불만 출렁거리네
고국의 천년사를 생각해보니 한도 많아
밝은 달 누에 비껴 잠 못 이뤄 하노라

송운은 그 해 태백산에서 한 철을 지내고, 다시 8공산에서 한 철을 지낸 뒤 충청도 청산 옥천 상동암(相東庵)에서 한 철을 났다. 그리고 다시 오대산 영감란야(靈鑑蘭若)에 가 있었는데, 군노(軍奴)들이 몰아왔다. 다짜고짜로 신을 신고 방으로

들어오자 물었다.
"어디서 온 누구인데 이렇게 무례한 짓을 하오."
"우리는 나라에서 공명(公命)을 받고 온 관원들이다. 네 정여립 역모사건에 연루되어 잡으러 왔다."
하고 당장 노끈으로 두 손을 묶으려 하였다.
"사람을 노끈으로 묶는 것은 도망칠 염려가 있기 때문인데, 나는 도망칠 사람이 아니니 그냥 갑시다."
강릉부에 이르니 캄캄한 감옥에다 처넣어 버렸다. 이튿 날 관원이 문초했다.
"선조 22년 시월 2일 황해도 감사 한준과 재령군수 박충간이 고발하여 이 사건이 생겼는데, 전수찬, 정여립이 '장차 이씨는 망하고 정씨가 계룡산에 도읍을 한다'는 유언비어를 퍼트리고, 그 옥판을 지리산과 계룡산에 묻었으며, 의연, 도잠, 설청 등 스님들이 이 소문을 유포하여 심지어 동요까지 부르게 되었으니 이에 연루된 모든 사람들은 의법처단하게 되었오."
"소승은 절대로 이에 가담한 일이 없습니다."
"구월산 서산대사의 제자 의엄이 이를 알고 황해도 감사에게 고발하였는데도 거짓말 하기요."
"세상이 뒤집어져도 저는 절대 한 입으로 두 말 하지 않습니다."
"스님에게 권선문을 받은 무업이라는 스님이 함께 동참했다고 하는데?"
"그가 그런 소리를 하여 '어디서 감히 그런 소리를 하느냐'하고 야단쳐서 보낸 일이 있습니다."
그때 마침 강릉 일대의 유생들이 이 소문을 듣고 연판장을 보내왔다.

"사명대사는 절대로 그런 사람이 아니니 놓아주어야 한다."

하는 수 없이 상부의 명령에 따라 풀어주었다. 스님은 풀려 나오면서 시를 지었다.

　　一入烟霞多歲月인데　不知今歲是何年고
　　　일 입 연 하 다 세 월　　불 지 금 세 시 하 년
　　僧來請寫勸文去러니　誰料人間有異緣가
　　　승 래 청 사 권 문 거　　수 료 인 간 유 이 연

한번 연하에 들어온 뒤 얼마만한 세월이 지났는가
뉘라서 금년에 와서 이런 일이 생길줄 알겠는가
스님이 와서 권선문을 써 달라 하여 써 주었는데
어떤 인간이 이런 이상한 인연을 만드는가!

그런데 이것은 사명대사에게만 그치는 것이 아니라 서산대사도 걸려들었다. 금강산에 올라가서

　　萬國都城如蟻垤이오　天家豪傑似醯鷄로다
　　　만 국 도 성 여 의 질　　천 가 호 걸 사 혜 계
　　一窓明月淸虛枕에　　無限松風韻不齋로다
　　　일 창 명 월 청 허 침　　무 한 송 풍 운 불 재

만국도성이 개미집 같고
천가의 호걸들이 구더기 끓듯 하네
밝은 창 베개머리에
한 없는 솔바람 끝없이 부네

한 시를 지었는데, 임금님을 개미대장, 천가호걸들을 구더기에 비유하였다고 잡아다 가두었다. 그런데 선조대왕이 이 시를 보고 다음과 같이 시를 지었다.

東海金剛出하니　雄賢幾種胎인가
高名山斗仰하나니　今世是如來로다

동해의 정기모아 금강산 솟았드시
예로부터 성현 호걸이 몇 분이나 나셨던고
대사의 높은 도력 우러러 바라보니
이 세상에 출현하신 부처가 분명하네

하고 서산대사를 친히 모셔 공양한 뒤 옥죽(玉竹) 한 폭을 그려 거기에 이렇게 화제를 썼다.

葉自毫端出이오　根非地面生이로다
月來無見影하고　風動不開聲이로다

잎은 붓 끝에서 나왔고
뿌리는 땅에서 생긴 것이 아니다
달이 떠도 그림자 없고
바람이 불어도 소리가 나지 않는다

서산대사가 그 자리에서 대구를 지었다.

瀟湘一枝竹이 聖主筆端生이로다
_{소 상 일 지 죽   성 주 필 단 생}

山僧香爇處에 葉葉帶秋聲이로다.
_{산 승 향 설 처   엽 엽 대 추 성}

소상강의 일기죽이
임금님의 붓 끝에서 나왔는데
산승이 향을 사루니
가을소리 분명하네

임금님께서 감탄하였다.
 "나의 시는 죽인 시인데, 스님의 시는 죽은 나무를 살려 놓았구려. 어서 산에 들어가 마음껏 노래하고 마음껏 뛰어 놀으세요."
어찌되었든 이렇게 불미스러운 일 때문에 왕신(王臣)이 함께 도승들과 어울리는 희귀한 시간을 갖게 되었다.

임진왜란의 발발

 나라가 잘 되려면 군신상하가 화합하고, 남을 핑개하지 않게 되어 있는데, 4색당파가 만들어져 내가 옳고 네가 그르다 하여 앞으로 갈 때 가지 못하고 도리어 꺼꾸로 가게 되었다.

 율곡선생은 동서 양당사이에서 그 뜻을 펼 수 없으므로 고향으로 내려가 향촌자치제를 실시 사회교화운동에 앞장 서서 절약·저축·규율을 바로 잡는 일부터 시작하였다. 유교가 들어와 문치가 형성된 것은 좋지만 적자, 서자, 얼자(蘖子)의 차이 때문에 상놈, 양반의 차별이 심해지고, 남녀 구별이 극심해지자 세상이 온통 남자, 양반 일변도로 돌아가 숨을 쉴 수 없게 된 것을 보고 한탄, 기성세대는 어찌 할 수 없으니 어린아이들로부터 가르쳐야 한다고 격몽요결을 짓고 있었다.

종묘사직이 자리를 잡지 못하면 미신, 비결이 날 뛰고, 평상시 보지 못하던 이상한 일들이 생긴다. 하루는 울진군 망양정에 한 노인이 나타나 그의 제자에게 기·미성(箕·尾星)의 분야를 가리키면서,

"10수년 내에 우리나라에 큰 변이 올 징조다. 용해가 아니면 범해다. 그러나 범해에 난리가 나면 한국은 종자가 없어질 것이고, 용해에 나면 고생은 해도 아주 죽지는 아니할 것이다."

"어디 가야 피난할 수 있습니까?"

"소나무 송자(松)자 든 곳이다.

이 분이 저 유명한 사직동에 살고 있던 남사고(南師古)선생이다.

서화담선생의 제자인 이지함도 토정을 머리에 이고 다니면서,

"10년후엔 난리가 날 것인데, 그것도 모르고 까불고 다니느냐!"

보는 사람마다 이렇게 이야기하며 야단을 쳤다.

승지 이항복의 집에도 어느날 야차(두억시니)가 들어와서

"내년에 난리가 나는데 준비나 하고 있느냐!"
하고 갔다.
또 전라도 운봉 8양치에서는 돌 위에 얼룩진 피가 흘러 내렸다. 이렇게 8도 강산에서 예기치 못한 일들이 일어나니 인심은 날로 흉흉해졌다.

왜국은 우리나라 동쪽 천여리 떨어져 있는 일본을 말한다. 수천년전부터 동·서·남·북에서 배를 타고 들어간 외래족들이 토족인 아누이족을 정복하고 나라를 세워 차차 세력이 확대되자 가장 가까운 우리나라를 수 없이 침범해 왔던 것이다. 삼국, 신라시대부터 수십번 침입하여 노략질을 일삼았기 때문에 우리나라에서는 신숙주, 이형원, 이계동 등을 일본 통신사로 보낸 일이 있었다. 일본사람들이 대마도에 자리하면서부터 우리나라 삼도(동래 부산포, 웅천 내이포, 울산 염포)에 통상관이 생겨 한 때 무역도 하였으나, 피차의 감정으로 일시 중단되기도 하였다.

그런데 일본에서는 성종10년 직전신장(織田信長 : 오다노 부나가)이 무로마찌 막부(室町幕府)를 치고 일본 통일의 기초를 형성, 그의 부하 아께지(明智)에게 적전신장의 의자(義子) 하시바 이데요시(羽柴秀吉) 즉 풍신수길이 아께지를 죽이고 직전을 대신하여 관부의 주장으로서 태정시대(太政時代 : 首相)를 열어가게 되었다. 이때가 선조18년이다.

그는 본래 가계와 실부(實父)도 분명치 않은 미천한 존재로 성씨도 없었지만 기운이 세고 생김새가 특이하여 장수가 된 뒤 우시(羽柴)라는 성을 풍신(豊臣)으로 고쳤던 것이다. 그는 오랫동안 군웅활거를 제거하면서 무술이 발달되고 또 신무기 조총을 갖게 되니 천하에 무서운 것이 없었다. 일본 전역을 통일한 뒤에는 중국(명)땅을 먹기 위해 먼저 조선을 거쳐 육지로 들어갈 것을 계획 세우고 선조 29년 9월 통신사 귤강광(橘康廣 : 柚谷康廣)을 보내 길을 비껴 줄것을 요청하였으나 우리나라에서는 선왕을 죽인 역적이라 하여 상대해 주지 않았다. 이에 화가 난 풍신수길은 성사시키지 못한 강광일족을 잡아 죽이고 소서행장(小西行長)과 가등청정(加滕淸正)을 시켜 조선국왕에게 협조할 것을 명령했다.

그러나 우리나라에서는 대마도는 우리의 변방(藩邦 : 속국)이라 하여 없인 여기다가 두 번 세 번만에 황윤길, 김성일, 허성 등을 보내니 저 또한 6개월이 넘도록 면회하지 않다가 국가사절을 한 집안의 머슴 대접하듯 하고, 조선 왕을 합하(閤下 : 속국의 왕), 예물을 방물(方物)이라 쓰고, 또 바로 한번 뛰어 명나라까지 갈 것이니 조선이 앞장서 달라고 하는 무례한 편지를 보냈다.

그런데 이를 보고한 사람들의 생각이 각각 달랐다. 황윤길은
"오래지 않아 이 나라에 들어올 것 같은 기분이 들었다."
하니, 김성길은
"쉽게 병정을 동원할 것 같지 않습니다."
하였다. 풍신수길의 인상에 대해서도 황윤길은
"수길의 인상이 원숭이 같고 귀가 작으나 눈 빛이 태양과 같아 담은 약하나 지모가 있어 보였습니다."

하니 김성길은

"쥐와 같아서 두려워 할 것이 없다는 인상을 받았습니다."

하였다. 그런데 우리 대신들은 이것을 좋은 방향으로만 받아들이고 방어 태세에는 소홀히 하였으며, 서인들은 황씨 설이 옳다고 하고 동인들은 김씨 설이 옳다고 하였다. 그런데 함께 왔던 일본 사신 오억령은

"내년에 우리가 명나라를 치려하니 조선에서는 길을 비켜주어야 합니다."

하였다. 이 또한 동인 이상해, 이양원은 명나라에 알리지 않는 것이 좋다 하고, 대사헌 윤두수, 황정욱, 유근 등 명에 알려 장차 응원병을 얻는데 도움이 될 수 있게 하여야 한다고 주장하였다.

그런데 일본에서는 정월부터 3월까지 9진의 병력을 각각 배치하고 조선 침략의 계획을 완료하고 있었다.

```
제1진 소서행장   종의지    1만 8천 7백명
제2진 가등청정   와도직무  2만 2천 8백명
제3진 흑전장정   대우길통  1만 1천명
제4진 삼길성     도진의홍  1만 4천명
제5진 북도정칙   호전승융  2만 5천 1백명
제6진 소조천융경 모리수포  1만 5천 7백명
제7진 모리휘원             3만명
제8진 우이다수가           1만명
제9진 우시수승             1만 2천 5백명
```

총 15만 8천 8백명이고, 장수만도 169명이나 되었다.

선조 25년(임진) 4월 13일 부산 첨사 정방이 절영도에 사냥 나갔다가 이를 보고 처음에는 '조공선'이라 기뻐했으나 나중에 보니 군병선이라 성문을 굳게 닫고 저항했으나 새발의 피요, 부산 부사 송상현은 "절대로 길은 비낄 수 없다" 싸웠으나 전장의 이슬로 사라졌다.

이렇에 제1진 소서행장의 군대가 기장 좌수영, 양산, 밀양, 삼랑진을 지나 천년성 작원관을 돌파하니 부사 박진은 힘껏 싸우다가 중과부적이라 어쩔수 없으므로 병고와 곡창에 불을 지르고 도망갔다.

18일에는 가등청정, 흑전장정, 삼길성 등이 거느린 제2진으로부터 제4진까지가 김해, 남해 등을 타고 들어오고, 가등청정, 와도직무 등은 동해안으로 들어와 울산, 경주 등을 함락시키고, 이어서 창원, 창령, 영산 등을 거쳐 27일에는 성주까지 육박하였다.

이렇게 왜병들이 물밀 듯이 들어오는데 조정에서는 17일에야 왜적이 들어왔다는 소식을 듣고 순변사 이일로 하여금 죽령 세재를 수비하게 하였으나 추풍낙엽이라 견디어 낼 수 없었다.

이에 신립장군을 3도도변사에 명하여 충주 탄금대에 진을 쳤으나 3면에서 달려온 군인들에게 포위되어 달천 냇물에 쓰러졌다. 이 소식이 알려지자 영의정 이산해와 좌의정 유성룡, 도승지 이항복의 뒤를 따라 대가(大駕)는 서쪽으로 가게하고, 임해군은 중추사 김귀영, 칠개군 윤탁연이 모시고 함경도로 가게 하고, 순화군은 호조판서 함준과 충주부사 이개가 모시고 강원도로 가게 했다.

임금님은 유도대장 이양원에게 맡기고, 베옷을 입고 선인문(宣仁門 : 동소문)을 지나니 관리들은 각기 흩어지고 백성들은 아우성을 쳤다.
　"영의정 이산해를 죽여라. 홍재대신 김공량이 사지를 찢어라."
그러나 이것은 모두가 소 잃고 외양간 고치는 일이라 소용이 없었다. 30일 새벽 김응남에게 표신(標信)을 내려 대가행장을 차리게 하였으나 병조좌랑 이홍노가 명령을 받고 궁성을 들어가니 수위장 성수익 외는 한사람도 눈에 뜨이지 않았다. 환관 서너명과 침전 마루에 앉아있던 임금님께서 종묘신주를 사관에게 맡기고 길을 나서니 난민들이 궁내에 들어와 보물을 수색하였다. 후궁들은 걸어서 인화문을 지나 마침내 융복(戎服)으로 갈아 입고, 말을 타고 눈물을 흘렸다.

처량하게 내리는 비를 맞고 사현(沙峴 : 현저동)에 이르니 따르는 사람은 겨우 백여명에 지나지 않았다. 돌아보니 난민들이 지른 불이 장여원과 병조를 태우고 있었다. 그때서야 율곡선생이 공사노비를 해방시켜야 한다고 주장했던 말이 생각되었으나 소용없는 일이었다. 왜적은 그만두고 우선 궁내 노비들이 금은 보화를 약탈하고, 경복궁, 창령궁, 창덕궁에 불을 놓으니 문무루, 홍문관에 있던 장서가 일시에 잿더미로 변했다.

　홍재원을 지나 회음령에 다다르니 경기 감사 권징이 우장 삿갓을 가지고 왔으나 임진강에 이르러서는 물길이 험하여 함부로 건널 수 없었다. 간신히 4·5척의 배를 구해 건너기는 하였으나 배가 고파 견딜 수가 없었다. 술이나 차 한 잔을 마시려 하여도 자료가 없으니 내의원 용운이 상투 속에 넣고 왔던 설탕 반 쪼각을 강물에 타 마셨다. 밤이 어두어 지척을 구분할 수 없으므로 어명으로 승청에 불을 놓아 동파역까지 나아갔다. 그런데 율곡선생은 이미 이런 것을 알고 그의 정자를 순 관솔로 짓고 이름을 화석정(火釋亭)이라 하였다하니 그의 선견지명을 볼 수 있다.
　파주목사 허진, 장단부사 구효연이 간단히 어찬을 마련하였으나 종일 굶은 호위인들이 다 먹어버려 상감님에까지 돌아가지 못하자 목사와 부사는 두려워 도망처 버렸다. 이항복이 간신히 인가에 이르러 좁쌀 한 되를 구해 밥을 지었으나 처음 먹는 음식이라 입에 들어가면 뿔뿔이 흩어져 "이것이 무엇이냐?" 하니 "민간이 먹는 식찬이라" 하였다. 비로써 민간인들의 고통을 조금은 알게 되었다.

　좌의정 유성룡이 어디서 쌀 서되를 구하여 왕과 왕후, 왕자의 식사를 마련해 드리고 개성을 향해 가니 마침 황해감사 조인득과 서홍부사 남억이 군사를 거느리고 들어왔다. 비로써 말 5·60필에 호종인들이 수백명에 이르렀다. 점심때에 이르러 풍덕군수 이수령이 판문점에 막을 치고 어찬을 준비하니 궁을 떠난지 5·6일 만에 상하 일행이 처음 식사를 하게 되었다.

개성에 이르러 숙소를 정하자 왕이 친히 시중의 노인들을 불러 위로하자 상하노소가 통속하며 말했다.
"임금님께서 혼자서 후궁과 즐기며 김공양만 사랑하더니 이지경이 되었으니 공양이에게 적을 무찌르라 하십시오."
하고 심지어 임금님을 향해 돌을 던지는 자도 있었다. 제3일에는 개성에서 자고, 제4일에는 평산부를 지나 보산관에서 자고, 제5일에는 서흥군 용천을 지나 저물어서야 봉산에 이르렀으나 기진맥진하여 일어나지 못하자 대사헌 이헌국이 "정승이고 승지고 모두가 개 아들놈들이다. 어찌 임금님 한 분의 먹이도 구하지 못한단 말인가" 하여 웃지 못할 웃음이 터졌다.

6일 아침 봉산을 떠나 황주서 자고 7일 중화를 지나 평양에 이르러 이곳에서 겨우 한 달을 머물렀다. 이때 서산대사가 찾아왔다. 선조대왕은 가까이 앉게 하고,
"이 일을 어찌하면 좋겠느냐?"
물었다. 서산대사가 말했다.
"일찍이 율곡과 함께 10만 대군을 양성하고 3년 먹을 군량을 준비해야 하며, 당파싸움을 없애고, 얼자 서자를 등용하고, 노예를 해방시켜 무술을 가르쳐야 한다고 하였는데 모두가 수포로 돌아갔으니 이제 후회한들 무슨 소용이 있겠습니까. 속히 승병을 일으켜 관병을 돕고, 의병들과 함께 나라를 지키도록 하겠습니다."
선조대왕은 눈물을 흘리며,
"대사 부탁합니다."
"대사 부탁합니다."

하고 두 번, 세 번 절했다. 이에 서산대사는 열 가지 구국책을 임금님께 말씀드렸다.

"첫째, 온 국민이 지성으로 기도하여 천지신명에게 감화를 입게하고

둘째, 군신 일체만민이 일심이 되도록 하며

셋째, 명나라에 구원병을 청하고

넷째, 온 국민이 정신무장을 해서 구원병이 올 때까지는 왜병의 총부리 앞에 서지 않게 하여야 합니다.

다섯째, 어명으로 충의애국지사를 모으고

여섯째, 군사를 훈련시키고

일곱째, 철을 모아 무기를 제작하고

여덟째, 우마를 동원하여 양곡 마초를 거두어 들이고

아홉째, 원병이 오기 전에 피해를 줄이기 위해 적과 화해를 도모하고

열째, 승군을 일으키도록 해 주십시오"

하자 희색이 만면하시며,

"그래 그래, 참으로 부끄러워 참아 말도 할 수 없습니다. 내 살 궁리만 하고 백성을 다 버렸으니…"

하고 그 자리에서 서산대사에게 '팔도십육종도총섭판병부승의병대장'으로 임명하였다. 서산대사는 그 길로 나와 의승병을 모으고, 사명·영규 등에게 연락하여 즉시 돕도록 하였다.

때에 중로의 왜군은 충주를 함락시키고, 동로군은 조령을 넘어서니 소서행장·종의지의 군대는 원주, 여주를 넘어 남한강에 이르렀다. 도원수 김명원은 병기를 강물에 던지고 행재소로 도망쳤다. 그러므로 유도대장 이양원은 혼자 지킬 수 없어 양

주로 달아나니 가등청정은 드디어 한강을 넘어 5월 2일 남대문에 입성하고 소서행장도 5월 3일 질풍같이 양주를 거쳐 동대문에 이르렀다.

서로의 흑전장정은 추풍령을 넘어 청산, 보은에 들어와 회인으로부터 청주성을 함락하고 청안, 진천, 죽산, 용인을 그쳐 5월 8일 서울에 들어왔으며, 총원수 우히다수가 차례로 들어와 서울은 완전히 함락되었다.

5월 중순 이 소식을 들은 풍신수길은 아들 수차(秀次)에게 본국을 맡기고, 자기는 서진(西進)하여 명나라를 치겠다고 여러 장수들에게 표창하였다.
"내가 장차 조선과 명나라를 통합, 황도를 명경(明京)에 옮기고 부근 10개 국을 '황제의 어령'으로 삼고자 하니 황자·황제는 본국을 지키라."

그리하여 수차를 명나라 관백에 임명하고 황도부근 100여개 주를 주고 일본관백은 우시수보·우히다수가에게 맡겼다. 조선은 우시수승과 수가에게 나누어주어 명나라 영파부에 들어가 있으라 하였다.
이렇게 하면 금년 안에 선봉대장이 인도까지 진격하는 것은 걱정이 없다고 생각하였기 때문이다. 그러나 제장들이 풍신수길이 바다를 건너는 것은 옳지 않다고 하니, 증정장성과 석전삼성·대곡길계가 이 일을 대신 맡아 하게 되었다.

적군은 5월 10일 임진강에 육박하여 정부군 한응진과 도원수 김명원을 만나 7·8일 동안 대진하다가 28일에는 소서행장·가등청정·흑전장정 등이 개성까지 들어와 각 도를 분담하였다.

    소서행장은 평안도
    가등청정은 함경도
    흑전장정은 황해도
    삼길성은 강원도
    북도청칙은 충청도
    소조천융경은 전라도
    모리휘원은 경상도
    서울은 우히다수가

 이렇게 분할하여 나아가니 한반도가 온통 그물안에 쌓인 고기였다. 적군이 임진강을 건넌지 10여일에 적이 이미 황주에 이른 것을 알고 평양을 떠나려 하니 좌의정 윤두수가 "평양까지 버리면 완전히 나라를 포기하는 것이라"하여 반대 하였으나 "시세가 어쩔수 없다"하고 이에 반대하는 백성들을 송언신이 치니 조금 진정되었다.

 그러나 대가 출발을 앞두고 백성들이 도끼, 칼, 쇠스랑을 들고 나와 참판 홍여순을 때려 눕히자 승지가 정행(停行)의 팻말을 들어 사람들이 흩어졌다. 일단 11일 윤두수, 유성룡, 김명원 등에게 평양을 지키게 하고 새벽에 임금님이 영변으로 향하니 왕자와 비빈들은 초6일에 함흥을 향해 나아갔다.

 이날 저녁 숙천에서 자고 12일 안주 운암원에 도착하였으나 석찬(夕饌)은 그만두고 수레를 멜 사람도 10여명 밖에 남지 않고 모두가 도망쳤다. 13일 비를 무릎쓰고 영변에 이르렀으나 개미 새끼하나 찾아 볼 수 없으므로 승지 이국의 말을 따라 의주로 가서 대명에 하소연 하기로 하였다.

중전·왕자 일행은 함흥을 향해 갔다. 그래서 어찌 하나 걱정하고 있으니 운산군수 성대업이 자원하여 쫓아가 모셔오겠다고 하였다. 다행히 덕천에서 5일간 머물러 있었기 때문에 합세할 수 있었다. 그러나 15일 대가가 박천에 이르러 평양성이 점령되었다는 말을 듣고 왕과 왕세자가 한 길을 가다가 만에 하나라도 잘못되면 모두가 끝나게 되니 종묘사직은 왕자가 모시고 강계로 떠나고, 임금과 왕후는 의주로 왔다. 밤에 비를 무릎쓰고 가산을 향해 전진하였으나 진구렁창에 사람들은 다 떨어지고 겨우 50여인의 시종이 남았을 뿐이었다. 그날 밤 오경에 가산에 머물러 쉬고 16일 정주에 이르렀다.

다행이 해평 부원군 윤근수가 달려와 "요동도사 심희수가 명나라에 청병하고 돌아 왔는데, 대조변·사유 두 장군이 군대를 이끌고 압록강을 건너오고 있다"하여 다소나마 위안이 되었다. 17일 왕은 정주에 주둔하고 사태 부득하면 의주를 거쳐 요동으로 거쳐 명나라에 건너 갈 생각을 하고 요동도사에게 뜻을 묻는 글로 올렸다. 그러나 아직 원군은 오지 않고 적은 밀려옴으로 하는 수 없이 임금님은 18일 정주를 떠나 곽산, 선천에서 자고 19일 철산군 거연관에서 지냈으며, 20일에는 용천군에 이르러 23일 목사의 관저에 이르렀다. 그러나 명군들이 후원하러 왔으나 도리어 백성들을 노략질하여 백성들은 모두 산속으로 피난가 한 사람도 임금님을 보필할 사람이 없어 목사 황진과 판관 권탁, 관비 두어 사람이 어찬을 마련해 드렸다.

한편 왕세자 일행은 운산, 희천을 거쳐 고령변에 이르렀으나 갈 길이 막막하였다. 원군은 왔다하나 누구하나 믿을 수 없어 다시 강을 건너려 하니 예조판서 윤근수와 유성룡이,
"이 강만 건너면 나라의 경계는 끝납니다. 임금님이 이미 명나라 백성이 되신다면 군신들이 다투어 충성할 자리가 없어집니다. 이 자리에서 죽는 한이 있더라도 물을 건너서는 아니 됩니다."
하여 임금님은 눈물을 흘리며 5언시를 지었다.

國事蒼黃日에　誰能李郭忠인가
　국사창황일　　수능이곽충

去邪存大計하고　怖後伏諸公이로다
　거빈존대계　　　포후복제공

痛哭關山月하고　傷心鴨水風이로다
　통곡관산월　　　상심압수풍

朝臣今日後에　尙可更西東아
　조신금일후　　상가갱서동

나라 일이 창황한데
누가 능히 이광필·곽의진(안록산 난리의 충신)의
충성을 할것인가
서울 떠난 것은 큰 계획이 있음이니
나라를 회복함도 그대들 몫이로다

관산(촉나라 당명황이 피난 한 곳)에 뜬 달을 보고

통곡하니
압록강 물이 가슴 아프다
조신들은 이 다음에도
다시 동이니 서니 다투겠는가

금강산 도인

 6월 초 왜장들이 8도를 나누어 맡아 정복해 갈 때 가등청정과 와도직무 등은 황해도 금천, 우봉을 지나 평산군서 길잡이 하나를 잡아 강원도 이천을 넘어 임진강 상류를 거슬러 올라갔다. 함남, 덕원, 노인원을 넘어 6월 17일 안변에 도착했다.

 강원도 지방을 맡은 삼길성과 도진의홍이 6월 초 색영, 철원을 거쳐 금화, 금성, 회양에 이르러 부사 김련광의 관군을 깨트려 부사를 전사시켰다. 다시 북진하여 철령에서 남병사 이혼을 깨트리고 안변에 도착하였다.

 이튿날 가등청정군이 그곳에 와서 삼길성에게 강원도 흡곡, 통천 지방으로 가게하고, 자신은 북으로 가서 함흥에 이르렀다. 청정은 두 왕자가 북행하였다는 소식을 듣고 추적하였다.

 사명대사는 5대산에서 횡액을 겪은 뒤 다시 금강산 유점사 건너편 반야암에 있었는데, 큰 절에서 총소리가 났다. 다른 스님들은 겁이나 모두 도망치는데 홀로 주장자를 집고 큰 절로 갔다. 1천명이 넘는 왜군들이 법당 앞에 모여 있었는데, 스님이 빙그레 웃으면서 법당으로 나아가니 법당 앞에 70여명의 스님을 묶어 놓고 보물을 내 놓아라 채찍질을 했다. 스님은 말이 통하지 않으므로 글을 써서 말했다.

"절에 사는 중이 탁발로서 생활하는데 무슨 보물이 있겠는가. 절에서는 쌀과 배(布)를 보배로 아니 여기 있는 것을 다 내 놓으라 하겠다."

"7조를 아는가?"

"6조는 있어도 7조는 없다."

"누구 누구인가?"

"달마·혜가·승찬·도신·홍인·혜능이다. 장군은 보건데 능히 불교를 알만 한데 어찌하여 법당에 신발을 신고 들어가서 도 닦는 스님들을 묶고 괴롭게 하는가. 이는 절대로 부처님께서 좋아하지 아니 할 것이다."

이 말을 들은 군장(軍將)은 머리를 끄덕이며 큰 널빤지에다

"이 절에는 큰 도인이 계시니 괴롭히지 말라"

하고 스님들을 모두 풀어주고 갔다.

"죄없는 백성들을 왜군들이 와서 괴롭히고 있으니 도 닦는 스님이라도 이렇게 앉아 있을 수만 있겠는가. 내 나아가 그들의 총·칼을 꺾으리라."

하고 고성본부에 찾아가니 전날 유점사에서 만났던 군인들이 반겨주었다. 사명대사는 전날 유점사에서 스님들을 풀어 준 것에 대하여 감사하고 양민을 학살하지 말것을 경계하였다."

"잘 알았습니다. 함부로 사람을 죽이고 재물을 빼앗는 일을 하지 않도록 하겠습니다."

하고 하룻밤 묶어 가기를 원해 하룻밤을 자면서 3조 대계

(不殺・不盜・不淫)를 주고 여러 가지 글을 써 주었다. 이튿날은 대사를 위해 큰 잔치를 베풀고 떠날 때는 고사까지 지내 스님의 안녕을 빌어 주었다. 이 일로 인하여 영동 9읍은 닭 개 한 마리도 손상당하지 않고 대난을 치뤘다. 모두가 대사의 도력이다.

서산대사의 구국운동과 의승군들의 활동

서산대사는 전일 평양에서 선조대왕을 뵌 자리에서 승병대장의 명을 받고 돌아와 즉시 8도 사찰에 격문을 돌려 "나이 들고 힘이 없는 자는 나라를 위해 기도를 드리고, 힘이 있는 자는 마군의 항복을 위해 나오라"하니 황해도 승려들은 서산의 휘하로 모이고, 충청도 사람들은 갑사의 영규대사 앞으로 모였으며, 처영 뇌묵당은 전라도에서 일어나고, 중관 해안은 경상도 진주에서 일어나니 그 이름이 "항마구국군(降魔救國軍)"이었다.

일반 군사들은 전쟁에 나아가도 한 가닥 가족에 대한 애착 때문에 크게 분심을 일으키지 못하는데, 스님들은 원래 단신이라 죽던지 살던지 양단간에 나아가니 적군들은 스님들을 두려워 하였다.

당시 사명대사는 유점사에서 왜적을 물리치고 고성적진에 들어가 그들을 교화한 뒤 몇몇 스님들을 전라도와 경상도에 보내 적진을 탐지하게 하고, 보운, 보련, 보월에게도 구국운동에 나서 줄 것을 통지하였다.

그러나 듣건데 서울이 함락되고 임금이 피난길에 올랐으며, 임해, 순화 왕자들도 모두 떠났다하니 도통 잠이 오지 않았다.
"용여(龍輿:임금)가 떠나니 봉성(鳳城:서울)이 비었구나 문무백관도 구렁에 빴고 개와 양때가 사방에 횡행하네"

그 동안 두 왕자는 가등청정에게 잡히었다는 소식과 전라·충청도에서는 의승병들이 왜적을 물찔러 사기를 죽이고 있으나 기허당이 순사했다는 소식도 왔다. 그 때 마침 서산대사에게 보낸 정보원이 돌아와 서신을 전했다.
"그대 소식이 없어 궁금했는데 거처를 알게 되어 반갑네. 도리(島夷)가 창궐하여 3경이 함몰되고 대가(大駕)가 파천했으니 국가의 운명이 풍전등화와 같다. 늙고 어린 사람들은 절안에서 기도하고 젊은 사람들은 모두 의승군에 편입시켜 민족의 생명을 살려야겠다."
대사는 서간을 읽고 부르르 떨면서 장정들을 데리고 건봉사로 갔다. 건봉사에는 함경·강원 각 사찰에서 보내온 7백여명의 의승군들이 있었기 때문이다. 대사는 즉시 대웅전 앞에 모여 놓고 말했다.
"슬프다. 천도도 무심하고 국운이 비색하도다. 무고한 양민들이 왜놈들의 독기 앞에 참혹하게 쓰러지고 있으니 어찌 이것을 보고만 있을 수 있겠는가. 조선조 백천년 유업이 하루 아침에 수포로 돌아가고 있다."
대중들은 "만세"를 외치며 "빨리 나가자"고 소리쳤다.
"이 세상 어느 누가 천지의 은혜를 입지 않고, 국가의 은혜를 지지 않은 자 있으리오. 비록 우리는 출가하여 도를 닦는 사람들이지만 무고하게 죽어가는 백성들을 보고만 있을 수 없으니 다 같이 나아 갑시다."
하고 소리를 지르자 "만세, 만세, 만만세"하고 물밀 듯이 뛰쳐 나갔다.

임진년 시월 의병을 거느리고 상남강을 건너니 나팔소리 깃발이 강성을 움직였다. 칼집에 꽂힌 칼이 밤중에 소리치니 요사한 도깨비들이 날파리처럼 사라졌다. 7백 의 의승의 본부 순안인 법흥사에 도착하니 서산대사가 모집한 1천 5백명과 의엄대사가 거느린 5백명, 그리고 사방에서 모여온 사람들을 도합하여 3700여명이나 되었다. 뇌묵대사는 전라도에서 1천명, 기허대사는 공주에서 7백명, 중관대사는 진주에서 5백명하여 모두 6천여명에 가차운 스님들이 전국에서 횃불을 들고 나섰다.

그런데 관군들은 왜적의 그림자만 보고도 도망치고, 숭복사, 감찰사들은 곳곳에 다니며 강제로 군병을 동원하고, 군량, 마소를 걷어가니 백성들의 반발은 날로 커져가고 있었다. 전라감사 이광은 8만 군대를 거느리고 공주까지 왔다가도 대가가 서울을 떠났다는 소문을 듣고, "임금님도 안 계신데 싸움을 한들 무슨 소용이 있겠느냐"하고 군대를 해산하고 전주로 내려와 기생파티를 하다가 기생에게 뺨을 맞고 군관들께 몰매를 맞은 뒤 땅바닥에 머리를 박고 참회하였다.

간신히 죽음을 면한 이광이 널리 격문을 돌려 전라, 경상, 충청도에서 13만명의 근왕병을 모아 서울로 올라가니 군량운반의 수레가 백리 길을 넘어 뻗쳤다. 그러나 이들은 용인에서 패전하고 방광산에 있다가 가면을 쓴 일본군 다섯 사람에게 혼비백산하여 그 동안 가지고 있던 군량미 마져 다 빼앗기고 도망쳤다.

오히려 백의종군한 곽재우, 고경명, 김천일, 조헌 등의 의혈사들이 곳곳에서 일어났는데, 그 가운데서도 붉은 옷을 입은 천강홍의장군(天降紅衣將軍)이 곽재우에게 마술과 창 칼쓰는 법을 가르쳐 정암진으로 나아가게 하였다 정암진은 진주, 삼량, 협천의 통로가 되기 때문에 군·도청에 있는 군량미를 꺼내 사졸들을 먹이고, 길거리에 매복하여 오는 대로 잡아 죽였다. 그해 6월 "정승 안국사 행차"라 써진 적선 18척을 무찌르고 서울에서 내려온 적선 한 척을 잡아 놓고 보니 궁중의 보배가 가득 실려 있었다. 국내인으로 적에게 붙어 아부하는 자나, 남의 종으로서 있다가 주인을 죽이고 부녀자들을 유린한 사람들을 색출하여 처단하니 질서가 잡히고 기강이 확립되었다.

그런데 그때 붉은 옷을 입고 나타난 여인은 누구인가. 곽제우의 이종사촌 누이 전보배였다. 일찍이 남해 해상4호에게 도술을 배우고 해인사에 들어가 비구니가 된 사람이다. 곽제우가 도인 흡기법(導引 吸氣法)과 벽곡법(辟穀法)을 연습고져 찾아오니 "사내대장부가 국가민족을 위해 싸우지 아니하고 벽곡법을 하여 신선이 되면 무엇 하겠는가?" 하고 쫓아버린 사람이다. 임진년에 사건이 나니 그는 그 동안 익힌 술법을 곽제우에게 가르쳐 충청도, 전라도, 경상도의 많은 적들의 보급로를 끊고 물리쳤던 것이다.

한편 전라도에서 일어난 고경명과 유팽로, 김천일, 양산도는 금산에 집결된 적들을 진천뢰(震天雷)로 쳐 간담을 서늘하게 하고 마침내 유팽노와 함께 전사하였다. 김천일은 허약한 몸으로 수천명의 의병을 이끌고 수원 독산성을 점령하고 양화도까지 와서 풍신수길의 죄상을 성토하였다. 명나라 군사가 오니 서울은 그들에게 맡기고 진주로 내려갔다가 그의 아들 건상과 함께 장열하게 산화하였다.

또 임진 4월 22일에는 전제독관 조헌이 충청도 옥천에서 격문을 돌려 천여명의 군대를 모았으나, 패악자 안세천이 무고한 백성을 죽여 왜병을 잡았다하고 상을 받으려하자 그놈 먼저 처지하려 하였으나 도망쳐 공주 감사 윤선각에게,
 "임금은 파천하였는데도 근왕의 일을 돕지 않는다"하고 고자질을 하여 이간을 붙였다. 하는 수 없이 공주 갑사에 가서 기허대사를 만나고 자신은 금강 이남으로 내려와 의병 천7백여명을 모아 기허스님과 함께 청주성을 탈환하니 그때가 임진년 8월 1일이었다.

나라에서는 이 소식을 윤선각감사에게 듣고 기허대사에게는 "정삼품통정대부인"의 상을 내리고, 조헌에게는 "봉상첨정"의 직함을 내렸다. 윤선각은 옛날 자신에게 책망한 조헌을 미워하여 수만명 대군을 700명 의승군으로 치라하였다. 중과부적이라 불가능한 것을 알면서도 8월 25일 군대를 끌고 들어갔다.
 "임금이 욕되면 신하 또한 죽는 것이니 나는 한번 죽음을 알 뿐 두 번 죽지 아니 할 것이다."
창과 칼, 낯을 가지고 조총과 대검을 가진 일본 정예부대와 싸우니 약속한 권율장군의 군대도 오지 않자 마침내 육박전 까

지 하였으나 최후 1인까지 장열하게 죽고 말았다. 그래서 지금 그곳에 "7백의총"이 만들어진 것이다.

조헌은 여식·중봉(汝式·重峰)으로 황해도 사람이다. 중종 39년에 태어나 율곡과 우계(성호)선생에게 공부하고, 국가를 위해 수 없이 상소를 올렸으나 미쳤다고 귀양까지 보내 길주에 정배되었다가 옥천으로 돌아와 살았다. 기허대사는 사명대사와 한 마을 사람으로 채운과 약혼했던 분인데, 채운이 출가하자 묘향산에 이르러 서산대사의 제자가 되었기 때문에 조헌과 의형제가 된 것이다.

바다의 영웅 이순신장군

임난 당시 수군에는 경상도 동래부에 좌수영이 있고, 거제도에 우수영이 있었으며, 전라도 순천부에 좌수영이 있고, 해남에 우수영이 있었다. 거기에는 각각 수사(水使)가 한명씩 있어 수군들을 거느리고 있었다.

임란때 왜군은 한길로 거제로 들어오니 경상 우수사 원균이 전선 백여척과 화포 군기를 모두 바다 속에 집어넣고 수군 만여명을 해산하고 광양으로 다다르며 남해 현령 기효근에게 군량고를 불태우게 하였다. 그때 옥포 만호 이운룡이 야단을 치니 그와 함께 노량에 와서 전라좌수사 이순신에게 구원을 청했다. 제장들이 반대하는 것도 불고하고 옥포 만호 정운과 광양 현감 어영담의 말을 듣고 "누군가 못 가겠다는 사람이 나오면 내 혼자라도 가서 지키리라"하고 어영담은 인로사 구선장(龜船長) 신여양을 정탐군으로, 순천부사 권준과 가리포 첨사 구사직을 좌우장으로 삼아서 전라우수사 이억기와 함께 거제 앞바다에 돌아가 5월 4일 원균을 만났다.

원균의 배 73척은 모두 없어지고, 이운룡과 우치적이 가지고 있는 배 한 척, 그리고 원균의 조그마한 배 한척해서 모두 3척 밖에 없었다. 그러나 이순신•이억기가 각각 40척의 배를 거느리고 있었으니 모두 83척이 되었다. 5월 6일 적선 56척이 아군의 배를 보고 도망가 육지로 올라가니 모두 함께 쫓아가 불을 놓았다.

이튿날 아침에는 거제 앞 바다가 보이지 않을 정도로 많은 배가 들어왔다. 신영양의 척후(탐정) 배가 좁은 골목으로 들어오니 적들이 쫓아 왔다. 왜선이 목포 앞 바다까지 유인되니 이순신장군은 배 머리를 돌려 바로 쳤다. 30여척의 배가 모두 침몰하였다. 이튿날 또 적선 수 10척이 율포로부터 부산쪽으로 올라가니 가덕도까지 쫓아가 싸우니 포성이 하늘을 진동하였다. 그 가운데서도 3층의 큰 배도 있었는데, 아마 풍신수길이 선발한 장군이 탔던 배인 것 같았다.

이것이 제1차 옥포승첩이다. 나라에서는 이순신에게 "서반 종2품 가의대부"를 주고 이억기에게는 "정3품 통정대부"를 봉하였다. 그러나 그 가운데서도 바닷길을 잘 알아 어영담을 가르친 선사가 있었다. 그는 스스로 노를 잡고 앞에 서서 붉은 기, 노란 기, 푸른 기, 흰 기를 들므로써 좌우의 병사들이 동서남북을 잘 가리게 하였고, 북을 쳐 전진과 후퇴를 알렸다.

이순신장군이 말했다.

"당신이야말로 관세음보살이 아닙니까. 도대체 누구입니까?"

"고통을 구하고, 어려움을 구하려하는 정신이 지극하기 때문에 내 여기와서 서로 돕는 것이니 내가 누구인가 묻지 마시고 품신하여 나에게 상을 주고 명예를 올리고져 하지 마십시오."

"알았습니다. 다시는 선사(船師)의 이력을 묻지 않겠습니다."

5월 29일 피곤하여 잠간 잠이 들었는데 어떤 백발노인이 와서 발로 차면서 깨웠다.

"적이 왔다. 빨리 일어나라."

전함을 정리하여 노량에 나아가니 과연 적이 왔었다. 배 한척을 깨뜨리니 다른 배 들이 도망가 사천 앞바다에 이르렀다. 적선 12척이 있어 쫓아가려 하였으나 조수간만의 차이로 물이 얕아 그냥 돌아오니 쫓아오므로 거북선을 돌이켜 12척 모두를 불살랐다. 이 전쟁에서 장군의 왼쪽 어깨에 탄환이 박혔으나 전쟁이 끝난 뒤 사람을 시키어 칼로 째고 빼내니 모든 사람들이 놀랐다.

장군은 부상당한 몸으로 6월 1일 남해 사량에서 결진하고, 이튿날 당포에 나아가 3층 누선위에 비단 옷을 입고 금부채를 들고 싸움을 지휘하는 적장을 쓰러트리고 고성 당황포에 대기중인 적선 30척을 불태우니 육지로 도망한 적들이 원균부대에 걸려 모두 물에 빠져 죽었다. 이것이 당황포의 승전이다. 이로

인해 장군은 "동반 종2품 자헌대부"가 봉해졌다.

7월 8일 적이 부산 앞바다로부터 거제를 향한다는 보고를 받고 원균과 이억기군이 남해 노량에 모여 각각 주사(舟師)를 내고 고성 견내량에 이르러 적선 30여척이 있는 것을 보고 사리가 협소하여 싸우기가 힘든다고 한산도까지 유인하여 적선 73척을 쳐 부셨다. 이들 부대는 용인 이광의 군대 10여만명이 일시에 무너진 것을 보고 내가 이를 담당하겠다 자진해서 나온 평수가(平秀家) 군대였던 것이다.

10일 적의 후원군 42척을 창원 앞바다(안골포)에서 깨트리니 이것이 제3차 한산대첩이다. 장군은 이로 인해 "동방 정2품 정헌대부"가 되었다. 그러나 장군은 항상 "모든 군인들의 공로인데 나만 받을 수 없다" 사양함으로 순찰사, 체참사 등이 대신 받기도 하였다.

9월 1일 원균, 이억기와 함께 부산의 본부를 해체하자고 서약하고 서평포, 다대포, 절영도의 대군들을 몰고 들어갔는데, 왜군들이 높은 곳에서 화총을 써 공격함으로 500여척을 쳐 부셨으나 여기서 녹도만호 정운이 전사하고 말았다.

이순신은 원래 정읍현감으로 있다가 전라도 좌수사로 진배되었는데, 늘 군사훈련과 점금 군기 준비에 여념이 없었다. 하루는 수군훈련을 하는데 배전과 뚜껑 사이에 한자쯤 될락 말락한 배가 나타나 앞으로 가면 뒤로 가고, 옆으로 가면 옆으로 가 종일토록 쫓아도 결과가 나지 않았다. 몇 일을 두고 고민하다가 결국 그 배의 주인을 만났는데, 머리에 검은 수건을 쓰고 몸에는 푸른 옷을 입은 세 분의 여인들이 었다. 자세한 내력을 가르쳐주지 않았으나 배타는 방법을 가르쳐주며 말했다.

"용장(勇將)이 지장(智將)만 못하고, 지장이 덕장(德將)만 못하며, 덕장이 복장(福將)만 못합니다."

"어떤 것이 복장입니까?"

"첫째는 나를 내세우지 않는 것이고, 둘째는 지성심입니다. 범은 가죽 때문에 죽고, 사람은 부귀·공명·권리 때문에 제 발을 찍습니다."

"어떻게 닦아야 할까요."

"이 책대로만 하십시오. 임진년에는 큰 일이 일어날 것입니다."

하고 금강경·도덕경·보문품 세권의 책을 주었다. 그래서 이순신은 그 여인들이 타고 다니던 배를 본받아 거북선을 만들고 세권의 책을 중심으로 복덕을 길렀던 것이다.

나라에서는 그 여인을 순천 송광사 스님이라 하여 "자운선의 장군"이란 직함을 송광사로 내렸지만 자세히 알고 보면 밀양 황유촌선생의 딸 현옥이 스님이 되어 보련이란 여승으로 관음행을 한 것이 아닌가 추측하고 있다.

한편 명나라에서는

"조선이 일본과 손을 잡고 중국을 먹으려 한다."

"진짜 임금님은 숨어 있고, 가짜 임금님이 판을 친다."

는 소문이 퍼지자 군대는 움직이지 아니 하였다. 임금님께서는 옛날 이율곡과 서산대사의 말씀이 옳은 것을 생각하고 이항복을 병조판서에 임명하고 청병을 강행하니 대사헌 이덕행이 요동에 이르러 응원을 요청했다.

"명나라에서는 진가를 확인코자 병부상서 석성과 지휘관 서일관, 참장 황응양을 보내 선조대왕을 용만관에서 만나고 신묘년에 일본에서 왕윤길이 받아온 국서를 보이니 깜짝 놀랐으나 당시 명나라에서는 서북변방 영하(寧夏)의 반란이 있었으므로 왜의 철병을 관철시킬 백작을 찾았다.

절강성 출신 심유경이 이 광고를 보고 나섰다. 기생 진나여의 종 정사(鄭四)가 일본에 납치되어 18년간 살다 온 일이 있으므로 석상서의 첩의 아버지 원무(袁茂)를 면담하고 심유경에게 당장 유격장군의 직을 주어 금포와 옥대를 갖추어 임금님을 만나게 하였다. 임금님이 말했다.

"오늘의 일은 당장 적을 전멸시키는 것이 아니라 청병이 온다는 소문을 퍼뜨려 더 이상 서북으로 나아가지 못하게 하는 것이다."

"황상께서 이 말씀을 듣고 70만 대군으로 조선 뿐이 아니라 일본까지 깡그리 없에야 한다고 진노하셨습니다."

말만 들어도 시원한 일이다. 심유경이 소서행장을 만나겠다고 하니 스님 현소를 시켜 먼저 심유경을 만나 보도록 하였다. 심유경이 말했다.

"저는 중국 중봉(中峰)의 4대 손으로서 가정 18년 중국에 들어가 사명선사(四明禪師)에게 가사를 받고 그 은혜를 보답코자 천황에게 조공코자 하는데 조선이 이를 막아 전쟁이 일어난 것입니다."

"그렇다면 8월 28일 만나기로 하지."

하였다. 그리하여 평양 10리 밖 강복산에서 소서행장을 만났다.

"그대들은 무엇 때문에 전쟁을 일으켜 무고한 백성들을 괴롭히는가?"

소서행장이 절강성 출신 장대선을 시켜 통역하였다.

"가정 민간 천근의 사신 장주(蔣舟)가 일본을 꾀어 화친을 맺고 조공을 통하겠다 하고 갔는데, 아직까지 소식이 없을 뿐 아니라 중간에 보낸 사람까지 잡아 죽이니 분해서 나온 것이다."

"허허, 그것은 나도 모르는 일이다. 일본 사신이 중간에서 죽었는지 살았는지 어찌 알겠는가. 그대들이 우리를 먹겠다고 조선에게 길을 빌려 달라 하여 빌려주지 않는다고 침입하였으니 이제 100만 대군으로써 진짜 조공을 하게 하리라."

"장군, 우리에게도 100만 대군이 있소이다. 그러나 전쟁을 하면 무고한 백성들만 죽게 되니 지금이라도 풍태합(豊太閤)의 요구대로 강화하면 어떻소?"

"그 요구가 무엇이오?"

"① 일본 천황이 명천자와 결혼하고,
② 조선의 한 왕자를 일본에 보내고,
③ 조선 8도 중 4개 도를 일본에 주며,
④ 조선 대신을 일본에 보내는 것이며,
⑤ 전과 같이 이웃으로 다정하게 사귀는 것입니다."

"예끼 이 사람아, 그 말이 당치나 한 말인가!"

"그렇다면 총칼로 대면하는 방법 밖에는 없습니다."

"내 천왕에게 아뢰어 그 가부를 물어 올 터이니 그 동안 군대를 거두어 부산에 가 기다리고 있으시오."
"시간이 얼마나 걸리겠습니까?"
"빨라도 50일이다."
"그렇다면 대동강 이남에서 기다리겠습니다."
이렇게 약속하고 떠났으나 50일이 지나도 소식이 감감하므로 볼모로 두고 간 심가왕을 시켜 통지하자 10월 17일 심유경이 의주에 나타났다. 원래 20일이 약속한 날이나 26일 평양에 와서 석상서의 첩문을 내 놓았다.
"조선에 길을 빌리라고 한 것은 이치가 맞지 않으니 조선의 토지, 성곽, 왕자, 백성을 돌려보내고 항서를 바쳐 철군하면 용서하겠다."
"왕자는 함경도 장관에 있으니 내가 주장할 바 못되고, 다만 평양성은 상국이 양보하되, 그 이남은 우리가 관할하겠다."
심유경이 돌아와서 송경약에게 말했다.
"적이 우선 대동강 이북을 철군해 바치겠다 합니다."
"그게 무슨 소리냐. 본국에 돌아가 조공을 바친다면 몰라도 대동강 이남을 차지하겠다는 말은 얼토당토 않는 말이다. 저놈 심유경을 잡아 죽여라."
임제독과 찬획 원황이
"저 놈은 석상서가 보낸 사람이므로 죽여서는 아니 됩니다."
"그렇다면 군중에 구속하라."

한편 중국에서는 심유경의 말을 전적으로 믿을 수 없음으로 8월 24일 지돈령 부사 정곤수를 진주사로 임명하여 군정을 보고하게 하며, 대군을 내어 구원하기로 하고 병부시랑 송응창으로 하여금 보게, 요동 등지에 가 적의 방어를 꾀하게 하고, 도독동지 이여송 제독은 계요, 보정, 산동 등지를 방어케 하며, 12월 중순 중협총병관 양원과 좌협총병관 이여백, 우협총병관 장세작 등 60여 장수가 의론 5만 군대로 압록강을 건너니 선조대왕은 의순관에 나아가 친히 이들을 눈물로써 맞이하였다.

한편 서산대사는 순안에 모집된 의승군들을 능력따라 현(玄)·적(赤)·청(靑)·백(白)으로 표하고, 민첩한 자와 용맹한 자, 순진한 자와 어리석은 자로 나누며, 현자군에는 36종의 기밀탐정 일을 보게 하고, 적자군에는 18무예를 익히게 하고, 청자군에는 9종의 근로법을 가르치고, 백자군에는 5종의 수호법을 가르쳤다.

그리고 사명대사를 총군장에 임명하고, 그의 누이 보운은 전라도 의승병장 뇌묵 처영을 따르게 하였다. 그는 36종 탐정법과 18종 무예에 능통했기 때문이다. 그래서 현자군 300명을 교육하여 그중 200명은 전국 어느 곳이고 8도 각지를 탐정케 하였고, 적자군 4000명 가운데 2700명은 정예부대를 만들어 때에 따라 응용케 하였다.

서산대사는 6월 그믐 중흥사에서 행사(行思 : 속명 柳中立)를 시키어 속인 거지 행장으로 가장하고 평양성중에 들어가 적의 동태를 살피니 금년에는 더 이상 북진하지 않고 내년에 요동까지 칠 계획을 하고 있는 것을 알아 도원수 김명원에게 알리니 정부에서는 행사에게 사과(司果)의 벼슬을 주었다.

또 현자군 법현(法玄)은 안주로 들어가 왜의 간첩 김순량이 명주수건을 쓰고 다니며,

"이제 조선은 망했다. 차라리 일본에 붙어 편히 사는 수밖에 없다."

유언비어를 퍼뜨리고 다니는 자를 체찰사 유성룡에게 맡기어 그와 비슷한 40여명(강서, 숙천, 안주, 의주)을 잡아 왜놈들의 귀를 막게 하였다.

당시 왜적은 평양에 진을 치고 평양성 남쪽 5·60리 되는 곳에 중화 적진을 쌓고 탐정하고 있었는데, 도원수 김명원에게 통하여 승군 300여명을 그 사이에 매복시켜 평양과 중화를 왕래하는 왜적들을 모조리 잡아 죽이니 적의 연락이 송두리째 끊어졌다. 11월 중순 명에서 동병(動兵)하자 각지에 주재한 적의 두목과 실태를 소상히 알려주어 명나라 장수 송경략은 탄복하였다 한다.

그래서 제독 이여송이 서산·사명에게 폐백을 올리게까지 된 것이다. 사실 이여송은 예산 사람으로 조부 때 살인죄를 짓고 철령에 가서 살고 있었는데 그의 아들 성량(成梁)이 군공을 세워 좌도목이 되었고, 손자 여송이 영하의 반란을 평정해 명장으로 이름을 날리고 있었는데, 아우 여백·여매·여장·여오·여정도 모두 총병관으로 근무하고 있었다.

12월 28일 이제독은 4만 5천명 군사를 거느리고 옛 고향에 들어온 도적들을 물리치기 위해 안주에 도착하였다. 군량이 8

만석이고 화약이 2만근, 그 길이가 4·5십리에 뻗치니 실로 장관이었다. 유성룡이 맞아 사명대사가 그려온 평양지도를 내어 보이니 부체위에 시 한수를 지어 준다.

> 提兵星夜度江干하니 爲說三韓國未安이로다
> 제 병 성 야 도 강 간   위 설 삼 한 국 미 안
> 明主日顯旌節報하고 微臣夜釋酒杯歡이로다
> 명 주 일 현 정 절 보   미 신 야 석 주 배 환
>
> 春來殺氣心猶壯한데 此去妖氣骨已寒이로다
> 춘 래 살 기 심 유 장   차 거 요 기 골 이 한
> 談笑敢言非勝算이라 夢中常憶跨征鞍이로다
> 담 소 감 언 비 승 산   몽 중 상 억 과 정 안

군사를 거느리고 밤새도록 강을 건너온 것은
3한 옛 나라가 위태한 까닭이오
태양처럼 빛나는 명주의 정절을 갚고자
밤새도록 술잔을 나누었다네

봄을 맞아 장사들은 살기가 등등하니
이번 가면 반듯이 요기들의 뼈골이 서늘하리
이렇게 말하고 만약 승산이 없다면
꿈속에서도 항상 잊지 않으리

4월 7일 제독은 숙천에 이르러 부총병 사대수(査大受)를 보내
"대명에서 이미 화약하기로 하였으니 부산해에서 만나자."

하였다. 왜승 현소는 좋아하여 시를 지어 보냈다.

扶桑息戰服中華하여 四海九州同一家로다
부상식전복중화   사해구주동일가

喜氣遇消寰外雪하니 乾坤春早太平花로다
희기우소환외설   건곤춘조태평화

온 나라 싸움 뒤에 중국에 복종하니
4해9주가 한 집이 되었도다
기쁜 마음 밖의 눈 녹이니
하늘 땅 봄기운이 태평의 꽃을 피우도다

이제독이 이렇게 거짓 흉내를 꾸민 것은 만약 소서행장이 나오면 그 자리에서 죽이고자 한 것인데 비장 평후판 외 20명을 보냈기 때문에 이들만 처치하였다. 그런데 그 가운데 2·3명이 살아가 이 소식을 알리니 소서의 진중에서는 대소란이 벌어졌다.

한편 이제독은 순안에 이르러 서산대사를 배알하니 서산대사는 사명을 시켜 적정에 대한 내용을 상세히 설명하였다.
"평양은 순안서 50리이고, 소서행장은 지모가 있는 군장으로서 부산에 제1착으로 들어와 서울을 먼저 점령한 사람인데, 그의 정병이 1만 8천명이나 되니 함부로 건드리면 아니된다."
서산대사는 당시 73세의 노승으로서 승군 4천 3백명을 훈련시키고 있었는데
"산승이 어찌 군사학을 알겠습니까마는 나라가 풍전등화

와 같으니 백성들을 살리기 위해 어쩔 수 없이 하고 있습니다. 이제독께서 특별히 용기를 내어 도와주십시오."

"노사, 우리 황제께서 아옵시면 깜짝 놀라실 것입니다. 노사의 애국정신에 신명이 감동치 않겠습니까. 어디 한번 보십시다. 어떻게 승병을 훈련시켰는지."

그리하여 검술인 750명과 궁술인 2100명, 척후 탐정 200명, 무기 화약자 300명, 기계공 500명, 기타 500명의 기능을 낱낱이 보이니

"이만하면 평양성 탈환은 문제가 없습니다. 함께 노력하십시다."

하고 떠났다. 서산대사는 적자군 2700명을 총지휘하고, 사명대사는 우위승장으로 좌위승장 의엄대사와 본국병사 이일장군과 함께 떠났다. 청자군 700명이 군량, 기계, 화약을 담당하고 나서니 오히려 명나라 군대도 이들 조직을 본받고자 하였다.

제6일 대군은 평양성 밖에 육박하여 3제독이 먼저 군대 일부를 풀어 평양성을 처들어 갔다. 왜군들은 모란봉에서 조총으로 내려쏘고 유격장 오유홍의 진영에 들어오니 화전(火箭)에 불을 붙여 천지가 대낮과 같이 밝아졌다.

이렇게 죽이고 살리고 피비린내 나는 전쟁이 3·4일 계속되어 마침내 적 12,000명과 아군 3천이 죽고 나니 온 성내가 송장 천지가 되었다. 승군은 오히려 피아(彼我)에 구분 없이 송장을 한데 모아 불을 놓으며 염불을 하니 명군들이 보고 감격하였다.

소서행장군대가 모란봉 어귀에 숨어서 총을 쏘는데, 이제독이 간첩 장제독을 시켜

"싸우지 않고 물러가면 살려 줄터이니 도망가라."

하여 모두 도망쳤다. 이 사실은 표충 홍제당기와 표충사호록, 숙종·성종이 모신 서산·사명대사 표충사 제문에 기록되어 있다.

지봉유설에는 "승병은 싸우다 물러가는 일이 없고, 특히 수비와 노역을 잘했다"고 기록하였다. 서산대사가 승전 후 순안에 돌아오니 이제독이 사람을 보내 위로하였다.

"대화상께 아뢰옵나이다. 나라를 위해 도적을 쳐서 충성이 하늘에 사무칩니다. 은 5냥과 청포 1필씩을 보내어 우선 감사드립니다."

하고 다음과 같은 시를 지어 보냈다.

無意因功利하고 專心學道禪터니
무 의 인 공 리   전 심 학 도 선

今聞王事急하고 摠攝下山嶺이로다
금 문 왕 사 급   총 섭 하 산 령

공리에 뜻이 없고
오로지 도를 닦던 스님이
나라 일이 급한 소식을 듣고
산을 내려와 총섭이 되었도다

소서행장은 잔병을 수집하여 서울로 도망쳤고, 황해도 우봉에 진을 쳤던 모리수포와 백천의 흑천장정도 서울로 돌아왔다. 서울에 있던 부전수가, 석전삼성, 증전장성들은 각처 장수에게

연락하여 서울에 모이게 하고 개성의 소조천융경만이 끝까지 버티었다. 그러나 다시 대곡길융을 보내어 홍제원 옆 벽제관에 2만의 군대가 6연대로 진을 치도록 하였다.

그런데 이제독은 그것도 모르고 자신 만만하게 평지처럼 들어가다가 복병들에게 에워싸여 이제독의 말을 쏘고 이제독의 머리를 창으로 찔렀으나 다행히 투구가 굴러 들어가지는 않고 큰 상처를 입었다. 수위 병졸들이 몸으로 막아 죽지는 아니했어도 여기서 마천총 등 80여 장사가 죽었다. 이여백, 이여매도 죽기를 무릅쓰고 싸워 십시전우위문 등을 죽였다.

이제독은 파주에 물러가서 밤새도록 통곡하며 군대를 끌고 동파역으로 가니 체찰사 유성룡, 우의정 유홍등이 위안하며 말했다.

"이기고 지는 것은 전쟁에 있어서 보통 있을 수 있는 것이니 내일을 위해 오늘의 패전을 스승 삼도록 합시다. 옛날 서산대사가 이기는 자는 자기도 모르게 교만하여 적을 없인 여기기 쉽고, 지는 자는 분하여 복수하기를 생각한다 하였으니 오늘의 이 전쟁은 평양의 승전을 믿고 적을 없인 여긴데 있습니다."

이때 전라도 순변사 권율장군이 군사 2천 3백명을 데리고 행주산성에 진을 쳤는데, 그 가운데 뇌묵 처영스님이 거느린 승병 1천명도 들어 있었다. 한편 4방에서 패전한 일본 군인들이 서울로 모이면서 행주산성에 대한 말을 듣고 길천광가, 석전삼성, 전전장강, 가등광태, 소서행장 등이 수만명의 군대를 거느리고 홍기·백기로 나누어 행주산성을 둘러쌌다.

 2월 12일 아침 가마귀떼처럼 적이 몰려오니 권율장군은 죽기를 맹세하고 정신통일하여 싸우니 저녁나절이 되어 실탄이 떨어졌다. 육탄전으로 3·4만명이 그물처럼 몰려오는 군대를 맞아 싸우는데 부녀사들은 치마에 돌을 날랐으므로 뒤에 이 성을 행주산성이라 하게 되었다.

 적 수만명이 이 자리에서 죽었고 기계병기를 잃은 것이 만 5천여기, 참급(斬級)이 130여급이나 되었으며, 2천여의 군대가 수 많은 적을 무찌른 것은 마치 이순신장군의 한산대첩과 김시민의 진주대첩과 같았다.

 이번 대첩의 수공(首功)은 권율장군이고, 중군 조경과 승의병장 뇌묵 처영이었다. 그래서 나라에서는 권장군에게 "자헌대부", 조경에게 "가선대부", 뇌묵 처영에겐 "절충장군"의 벼슬을 주었다. 그런데 서산대사의 제자인 기허 영규는 조헌선생과 함께 청주에서 적을 깨뜨렸으나 품계를 한 층 낮추어 "중추사 첨지사"를 주게 하니 중으로 당상에 오르는 것은 개벽 후 처음이라 하고 품수를 내렸다 한다.

 어쨌든 이렇게 무서운 전쟁중에서도 스님들은 유생들의 하대를 받으며 그들의 공을 유생들에게 돌리곤 하였다. 나라가 위태로울 때 백성을 위하는 일이 무슨 공훈이 필요하겠는가 하고 사양하였던 것이다.

 권율장군은 원래 광주목사(廣州牧使)로 있다가 임란이 일어나니 군사를 일으켜 전라감사 이광의 밑으로 들어가 제1차 배고개에서 대승리를 거두고, 다음에 행주대첩에서 두 번 째 승이를 얻우었던 것이다. 그런데 그때 어떤 알 수 없는 사람이 몸에 검은 옷을 입고 와서 한 부대에 3소대, 한 소대에 열명의 십장(十長)을 배치하고, 다섯 명을 오장(伍長)으로 나누어 각기 소속병을 책임지고, 적의 척후병들에게 탈로나지 않게 해야 이길 수 있다 가르쳤으므로 2·3백명의 노역자들을 선봉장으로 적을 유인했던 것이니, 그분이 바로 이순신에게 거북선의 이미지를 부각시킨 보운이 아닌가 생각한다.

한편 이제독을 도와 평양성을 함락한 서산·사명은 이제독이 벽제관에서 참패했다는 말을 듣고,
　　　"허허, 젊은 장군(그때 이제독은 32세)이 공명심에 사로잡혔구나."
하고 탄식하였다. 이에 사명대사는 서산대사의 명을 받고 동파역에 이르러 이제독을 위안한 뒤 3천군을 거느리고 임진강을 수비하게 되었다. 이때 사명대사는 먼저 탐정대를 보내 서울에 5만 여명의 적군들이 있는데, 그중 5·6천명이 홍제원 녹번으로부터 해유령(蟹踰嶺) 벽제관에 이르기까지 4·5처에 진을 치고 있는 것을 탐지하여 승군 1천명으로 임진강 남쪽에 파수막을 치고 2천명은 북쪽에 군막을 치도록 하였다. 작은 군대로 많은 위세를 나투어 보이기 위해서였다. 그리고 탐정꾼들에게 나무꾼, 농부, 고기잡이, 거지 등으로 가장해서 적의 일거일동을 탐지하게 하였다. 그런데 반대로 이들이 왜적에게 잡히어 부대 속까지 들어갔다 나옴으로써 우리 정보를 헛되게 전번하고 바른 정보를 얻었던 것이다. 부녀자들도 마찬가지다.

이렇게 적의 정세를 파악하므로써 사명대사는 자신이 가지고 있는 의병(疑兵), 매복, 유도, 기습작전을 백방으로 응용하고 있었다. 모두가 서산대사와 보운·보련에게서 배운 것이다. 특히 저녁이면 횃불만 보고 달려드는 적들을 5·6명의 검객들로 하여금 2·30명의 적의 목을 배기도 하였다. 이러한 소식이 정부에 알려지자 나라에서는 "중추부 첨지사"의 벼슬을 내렸으나 이것은 오직 충성일 뿐 벼슬을 위한 것이 아니라는 것을 알렸다. 한편 유생들은 산에 있는 사람에게 문·무의 고급 벼슬이 맞지 않다고 여러 번 고교함으로 "그러면 선교양종판사로서 그 권위를 갖추도록 하라"하여 그 해 3월 27일 엄지를 내리고, 4월 12일에는 문부관직을 겸하게 하여 정3품직인 "절충장군 승의병장"을 겸하게 하였다. 그때 권율장군 밑에서 이름 없이 활동하던 한 졸병이 나타나 "대감님, 안녕하십니까?"하여 처다 보니 누님 보운이라 대사는 "허허"하고 웃었다 한다.

한편 이제독은 크게 놀란 뒤 경계증에 걸려 자다가도 적이 몰려오는 꿈을 꾸고 놀라 도망가는 기색을 하고, 80여명의 심복 부하를 잃은 것을 한탄, 가재걸음으로 평양까지 물러갔다. 부부장 송응창은 어쩔 수 없어 따라가며 부총병 사대수에게 명하여 서울의 적정을 알아보게 하자 사대수는 다시 심유정을 재등용하였다.

심유경은 감옥에서 나온 뒤 기회를 노리고 있다가 이제독이 평양에 와 있다는 말을 듣고 다시 강화를 권하였다. 이에 유정은 밀지를 가지고 서울로 가서 소서행장을 만나 명나라의 뜻을 전했다.

"두 왕자와 대신을 돌려보내고, 관백을 보내 대명에 사죄하면 일본 국왕으로 봉한다."

하고

"만약 그렇지 않으면 10만 대군으로 결전하여 일인의 씨를 말린다."

하였다. 이 소식을 들은 가등청정이 포로 안택을 데리고 왔다. 심유정이 말했다.

"허허, 나는 소서행장만 있다는 말은 들었지 가등청정이 있는 줄은 몰랐다."

"문제의 두 왕자는 나의 수중에 있소."

"그런소리. 이 나라 왕자들은 모두가 대명황제의 수중에 있거늘 무슨 소리를 하고 있는 것이요. 나도 대명황제의 명을 받고 왔으니 왕자들을 곧 돌려보내고 화해하도록 하시오."

이 말을 들은 우회다수가 총수와 석전삼성, 증전장성, 대곡길계 3봉사는 화해의 뜻이

"대명에서 강화사를 보내고 속히 요동으로 철병하면 두 왕자와 대신을 돌려 보내고 일본군은 4월 8일을 한하여 서울에서 철거하겠다."

하였다. 그래서 심유정은 송경장에게 이 뜻을 알리고, 서울서 다시 만나기로 약속하였다. 그런데 문제의 두 왕자는 잡혀 4월 서울을 떠날 때 임해군은 김구병과 윤탁연이 모시고 함께 가고, 순화군은 황정묵 등이 모시고 강원도로 갔는데 임해군이 양주, 포천, 김화, 길선, 회양을 거쳐 철원을 넘어 함경도에 들어가고, 순화군은 추풍령을 넘어 통천에 이르렀을 때 일본군

이 동해로 올라온다는 소문을 듣고 안변으로 도망하였다 그런데 아군이 철령에서 패하자 9월 그믐 두 왕자는 회령에서 만났다.

그런데 가등청정은 이 소식을 듣고 몰아치니 당시 부사 국경인이 반란을 일으키어 두 왕자를 배신, 왕자부인과 비들과 함께 잡고 있다가 가등청정에게 바치게 된 것이다. 그러나 청정은 두 왕자를 들어 후대하면서 국경인에게는 회령을 지키게 하고, 경인의 숙부 세필에게는 경성을 지키게 하니 손 안대고 코 푼 격이 되었다.

한편 왕자들이 함경도 지방 관리들로부터 미움을 사게 된 것은 피난 와서까지 노복들을 자유로 풀어주어 민간에 행패를 부리게 하고, 부사 국경인은 옛날 장물죄로 전주로 귀양간 일이 있었기 때문에 그 감정이 복받쳐 두 왕자를 잡아 바치게 된 것이다.

심유경은 막하의 사용제와 서일관에게 일본에 들어가 풍신수길의 항서를 받아오라 하고 자신은 경력 심사현과 지휘 오종도와 함께 서울에 가서 왕자를 돌려 보내고 왜적들을 부산까지 철병시키기로 하였다. 심유경이 압록강을 건너 가산에 도착하니 임금님이 친히 만나기를 희망하였으나 옷이 더럽다 하므로 임금님은 병조참판 심충겸을 보내 접대하게 하였다. 심충겸이 말했다.

"나라의 임금님께서는 대명의 위신으로 적을 소탕하여도 넉넉할 것인데, 무엇 때문에 강화하려 하십니까."

하니

"일단 적을 속여 부산까지 후퇴한 뒤 일을 처리하여도 되기 때문에 속인 것입니다."

하였다. 과연 적은 심유경의 꾀에 속아 부산까지 후퇴하게 되었다.

그런데 왜적들이 물러가면서 왕자들을 놓아주지 아니했으므로 이를 빌미삼아 송경략은 이여백·장제작을 먼저 보내 적을 추적하게 하고, 한편 부총령 유정도 군대를 동원해 달라고 본국에 요청하였다.

적은 반대로 충주 새재를 넘으며 "명나라가 항복했다"고 노래를 부르면서 행진하였다. 한편 이들은 경상도를 내려가면서 주민들을 노략하고 가옥을 불사른 뒤 새롭게 자기들의 집을 지어 오랫동안 살 생각을 하고 있었다. 경기 이남을 일본에 떼어주기로 강화되었다고 생각했기 때문이다.

그때 동해 부산 등지로 들어오는 가등청정의 군대를 울산군수 김태희가 맞아 일대 격전을 벌였는데 5일 후 적의 머리 700여명을 배고 군기 수백 점을 빼앗었다. 이때 적들은 지난해 진주성에서 크게 패한 것을 치욕으로 생각하고 60여 장수에게 6만여 군대를 주면서 "진주성을 빼앗으라"하였다.

한편 사명당은 권율장군과 의논하여 강북에서는 사명대사가 의령에 진을 치고, 권율장군은 강남 천안에 진을 쳤다. 대장 부전수가와 모이수원, 천야행장, 소조천융경, 흑천장정, 도진의홍, 가등청정 등은 6만 군대를 거느리고 함양에 들어오니 하는 수 없이 의령으로 물러났다. 사명대사는 승군 3천명을 거느리고 이빈·권율장군을 데리고 정암진에 나아가 곽재우를 불러 지키게 하였다. 곽재우는 강나루에 있는 모든 배를 깨뜨려 버리고 강북 언덕에 방어진을 치고 활 잘쏘는 사수들을 배치하니 아무리 조총으로 불을 뿜어도 효력이 없었다. 그런데 울산지방을 담당하고 있던 와도직무가 뗏목위에 풀단을 형성하고 달려들어 어쩔수 없이 곽재우의 군이 물러나게 되었는데, 사명당은 곳곳에 함정을 파고 복병들을 대기시켜 대적하였으나 중과부적이라 불가능하였다. 그러나 뇌묵·중관·법견대사 등의 지휘활동으로 적에게 막대한 피해를 주고 산청, 함양쪽으로 물러섰다. 왜놈들은 시내로 몰려와 6만여명의 진주시민들을 모조리 죽이고 불을 질렀다. 논개와 같은 기생은 왜장의 허리를 앉고 남강에 빠지니 그 같은 혼령이 수백, 수천, 수만에 이르렀다.

유격장군 심유경은 8월 28일 단독으로 진중에 들어가 소서행장을 만나고, 적이 주장한 5개조항을 이용하여 50일동안 적의 발을 묶어 놓고 그동안에 명나라 응원군을 동원하여 평양성을 탈환하고, 이듬해 4월 또 다시 5개항을 허락함으로써 적을 영남쪽으로 몰아내었던 것이다.

그런데 명나라에서는 오히려 그 속도 모르고 풍신수길의 항서를 받아오라 하니 그 항서가 어디서 나오겠는가. 행주대첩이 있은 뒤 심유경이 다시 소서행장과 가등청정을 만나 강화를 약속하였으나 일본에 들어간 사용재·서일관이 풍신수길의 강화조건으로 일곱가지를 제시하였다.

① 명황제의 공주를 일본왕의 후비로 맞이한다.
② 관선, 상선의 왕래를 자유화 한다.
③ 대신들의 통호(通好)를 맹세한다.
④ 조선의 네 도를 일본에 베어준다.
⑤ 왕자 한 사람과 대신 한 두 사람을 일본에 남겨 놓는다.
⑥ 조인되면 두 왕자는 돌려보낸다.
⑦ 조선의 왕과 대신은 절대로 일본에 배신하지 않는다.

 사용재는 너무 엄청나 말하지 못하고 송경락에게 맡겼으나, 그 또한 어쩔 수 없어 부산에 와서 소서행장에게 항서를 요청하니 도리어 사용재 등을 진중에 가두고 내 보내지 아니하였다.

 그해 11월 조정에서는 늦게 서야 이 사실을 알고 일대소동이 벌어졌으나 아무런 소용이 없었다. 심유경은 도리어 왜장에게 가서

"이일이 이렇게 틀린 것은 그대들이 왕자를 돌려주지 않고 진주성을 함락시킨데 있으니 그 원인은 분명 그대들에게 있다."

하고 그럴듯하게 생각하였으나 모두 이것이 거짓행인 것이 들어나 장차 심유경은 죽음을 당하게 된다.

사명대사의 외교활동

일본사람들 가운데 평화정신과 우호정신을 가진 사람은 소서행장 밑에 있는 유천조신(柳川調信)스님 한 사람뿐이다. 이 사람은 일찍부터 한·일 외교관으로 수차례 왕래하였으므로 이덕형에게 강화를 부탁했던 것이다.

그러나 이런 일이 정부에 들어가지도 않고 오히려 심유경 같은 사람이 발탁되어 각종 흉계를 꾸미게 되었으므로 이번에는 사명대사를 보내기로 하였다.

"소서행장과 풍신수길이 주장하는 강화조건은 얼토당토 않으니 차라리 가등청정에게 왕의 이름을 주면 어떻겠습니까?"

갑오년 3월 유정부총병에게서 이 말을 들은 사명은

"외교란 거짓이 있어서는 아니 되나, 전혀 위장이 없어도 성사를 이루기 어려운 것이니 소신에게 임무를 맡겨주면 한번 가 타진해 보겠습니다."

하니 유총병은 기뻐 서신을 써 주었다.

"조선인 이경수는 대선사 북해 송운대사로 유독부막하로 귀진에 들어가서 통호(通好)코져 하니 중로에 지장이 없기를 바란다."

부장 희팔랑(미농부금대부)은 기뻐 그 일행을 만났다. 도중에 풀 베는 사람들을 만나 먼저 간 정보년의 소식을 묻고, 소식을 알리라 하며 들어갔다.

〈여기서부터는 제2편 난중일기에 자세히 기록되어 있으므로 대충만 쓰겠다〉

가등청정의 장수 희팔랑이 물었다.
"귀사(貴使)는 누구며, 스님은 어떤 분입니까?"
"나는 명나라 유독부 밑에 있는 사람이고, 스님은 도원수 명령을 받고 온 사명대사입니다."
"우리나라에서도 큰 일을 의논 할 때는 고승을 찾는데, 귀국에서도 마찬 가지 이군요."
"그렇습니다."
하며 매우 기뻐하면서
"조금 기다리십시오. 내 청정님께 아뢰고 오겠습니다."
하였다. 한참 있다 나와서 다시 물었다.
"독부의 서신과 왕자군의 서신을 가져왔는가 묻습니다."
"왕자군은 명나라에 돌아가 아직 오지 않으셨으므로 오직 독부의 서신만 가지고 왔습니다."
"그렇다면 독부의 속을 잘 알고 오셨겠군요."
"그것은 그 분의 속인데 어떻게 그 진위를 우리가 알 수 있겠습니까."
"그러면 심유경과 강화조약을 한다는 내용도 모르십니까?"
"잘 모릅니다."
"그렇다면 어떻게 외교 일을 볼 수 있겠습니까?"
"우리는 그들과는 전혀 다른 사람입니다."
그런데 뜻밖에 심유경과 소서행장이 하는 일을 희팔랑이 좋아하지 않는 것을 눈치체였다. 하여간 이렇게 해서 이들과 사명대사는 가등청정의 방으로 안내되었다. 3중으로 된 군문에 수십명의 수위병이 보초를 서고 있었고, 방안은 온통 짐승가죽으로 자리가 마련되어 있었다.

"허허, 이 자리는 산승이 들어가 앉을 곳이 못됩니다."
"왜 그러십니까?"
"모두가 짐승 가죽으로 이루어져 있기 때문입니다."
희팔랑은 즉시 호피전을 거두고 비단 보료를 깔고 앉으라 권했다.
"그도 안됩니다."
"왜 그러십니까?"
"비단은 누에고추로 만들어 진 것으로 산승에게는 맞지 않습니다."
그래 화문석을 깔고 앉아 대화를 나누게 되었다.

가등청정이 말했다.
"오시느라 수고가 많았소."
"전역에 얼마나 피로하십니까?"
"내 들으니 조약 5개가 이루어질 수 없다고 하니 사실입니까?"
"그것은 조선인의 입장에서 청정님께서 생각해 보신다면 알 수 있을 것입니다."
몇 마디 주고 받다가
"우리 자리를 옮겨 차나 한잔 하면서 이야기 합시다."
하고 자리를 옮겼는데, 잘 차린 연회석이었다.
"한잔 드십시오."
"산승은 원래 술을 마시지 않게 되어 있으나 특별히 권하므로 한잔 하겠습니다."
하고 몇 잔 들고 나니 물었다.
"귀국에 무슨 보물이 가장 값진 것이오?"

"우리나라에서는 귀하의 머리를 제일 보물로 알고 있습니다."
청정은 움찔하면서 물었다.
"어찌 하필이면 내 머리요?"
"장군의 머리를 베어오면 천금을 준다고 하기 때문입니다."
"허, 허, 허."
이것이 장차 일본에 설보화상(說寶和尙)이란 별명이 생기게 되었다. 밤이 깊어 서로 편히 쉬고 이튿날 앞서 보낸 다섯 가지 조항에 대하여 확인하였다.

① 천자와 결혼 할 것
② 조선 4도를 베 줄것
③ 전과 같이 국교를 맺을 것
④ 왕자 한 분을 일본에 둘 것
⑤ 조선 대신과 대관을 일본에 둘 것

이것을 붓으로 쓰자 사명대사의 그 크고 늠늠한 얼굴이 일그려졌다.

① 옛날 한나라 황제가 몽골여자와 결혼하여 화친한 일이 있으나 지금은 천년이 넘은 이야기다.
② 4해안이 천자의 땅인데 어느 곳을 베어 준다는 말인가.
③ 교화화친은 예로부터 그렇게 지내온 것이다.
④ ④와 ⑤는 말도 아니 되는 소리다.

"이와 같은 것은 유독부가 천자에게 아무리 표달하여도 화해의 조건이 될 수 없는 일이다. 그러나 그 결과는 대명 천자의 확답을 들어야 할 것이다."

"심·행의 일이 이루어지지 아니하면 일본은 다시 군사를 일으킬 것이다."

"아무 일 없이 태평성세를 살아가는 나라에 대명천국을 칠 것이니 길을 비켜라 해 놓고 이렇게 많은 백성들을 죽인 책임이 오히려 일본에게 있거늘 도리어 그것을 조선과 명나라게 묻는다면 이것은 진실로 어리석은 물음이다. 전쟁을 다시 하고 않는 것은 내가 알바 아니다. 그러나 옛날에는 멋도 모르고 당했으니 어쩔 수 없었지만 지금은 명나라 대군이 40만명이 넘어 나와 있고, 곡식도 50만석을 넘게 가져와 군량과 백성이 별로 걱정할 것이 없게 되었다."

이렇게 끝까지 정의로서 말하니 이날 청정은 술 네 통을 보내 위안한 뒤 말했다.

"내 함경도에 있을 때 금강산에 도인이 있다는 말을 왕자의 장인 황호군께 들은 일이 있는데, 스님이 금강산 도인이시군요."

하며 장지 한 장을 내 놓았다. 글씨를 써 달라는 소리다. 사명대사는 일필이지로,

正其義 不謀不利
정 기 의 불 모 불 리

明有日月 暗有鬼神
명 유 일 월 암 유 귀 신

苟非吾之所有 雖一毫而莫取
구 비 오 지 소 유 수 일 호 이 막 취

의리를 바로 가지고
이익만 꾀하지 말라
밝으면 해와 달이 나타나고
어두우면 귀신이 나타난다
참으로 제 것이 아니거든
털 끗 하나라도 취하지 말라

썼다. 이것은 모든 왜적을 경계하고 훈계한 말이다. 이 글씨가 햇빛 아래 빛나자 너도 나도 금강산 도인에게 글을 받고자 종이를 가지고 왔다. 한 사람도 서운하지 않게 해 주었다. 저녁이 되자 가등청정은 대사와 겸수를 자기 처소에 불러 다시 한번 확인하였다.

"먼저 번에 대한 답이 있는가?"
"장부는 한 입으로 두 말을 하지 않는다."
"왕자군은 내가 잡았다 놓아준 것인데."
"그렇지 않소. 명나라에서는 소서행장이 잡았다가 놓아 준 것으로 알고 있소."

이것은 양자의 이간을 꾀하기 위하여 일부러 이렇게 말해 놓고

"내 돌아가면 그렇게 말하겠소."

청정이 웃으며

"나의 심정은 행장과 다르니 만약 이 화해가 이루어지지 않는다면 나를 찾아 오시오."

하고 종이 열권과 부채 열 자루를 예물로 주고, 조총군 50명의 호위로 공수관까지 와서 희필량의 전송을 받았다.

"잘 가십시오. 그리고 다시 또 만납시다. 심·행의 조건에 대한 가·부를 속히 알려주시오."

"그렇게 하겠소."

하고 돌아와 보고하였다.

"직의 행세를 보니 성곽이 견고하고 군기가 엄숙하며, 군수가 풍족하옵니다. 혹은 2층 집을 짓고, 3층 집도 짓고 있는데 청정의 처소에는 꽃자리에 금병풍이 처져 있었습니다. 한번 부르면 백사람이 움직이니 기강이 서 있어 오래 머물 계획을 세우고 있는 것 같았습니다."

권율장군은 이 소식을 듣고 4월 24일 의령을 떠나 28일 남원에 도착 29일 지휘자 이경수에게 전하니 몇 일 있다가 사명대사를 불렀다.

"대사, 험하고 어려운 일을 능히 해 내셨으니 감사드립니다. 옛날 우리나라의 요(姚)대사와 같습니다."

하고 표창장을 주었다.

한편 경약 고양겸은 지휘관 호대경을 웅천 왜진에 보내 소서행장의 방문(榜文)을 전하면서 대명의 봉공을 기다리라고 위협하였다. 그런데 소서행장은 도리어 "조선이 반항하면 다시 군대를 일으켜 설분하겠다" 하였다.

5월초, 지난 해 일본에 석상서가 보내 왜적을 정탐하고 오라 한 사세명이 돌아와 있었다.

"관백(풍신수길)이 심유경의 화친이 이루어지지 않으면 대명을 치겠다 하였습니다."

그때 명에서도 봉공을 허락하자는 말이 나와 공경약을 참장

호택을 조선에 보내 국왕에게 봉공을 명나라에 주청(奏請)하라 하였다. 왕은 어디까지나 화친과 봉공을 반대하는 처지이므로 거북하였다.

"봉공은 중조의 일이요. 이 나라가 간섭할 수 있는 일이 아닙니다."

그래서 한 달가량 머무는 가운데서도 호참장은 주청서를 받아가지 못했다. 생각하면 우스운 일이다. 명나라가 일본의 봉공을 조선 사람에게 쓰라하여 쓴다 하더라도 일본이 이행치 아니하면 소용이 없는 일이다.

6월 그믐 사명대사는 권율장군과 이겸수를 서생포에 보내 가등청정을 만나니 가등청정이 화를 내었다.

"왕자군을 놓아 준 때가 언제인데 어찌하여 여태까지 서신 한 장 없는가?"

"중국에 가서 아직 돌아오지 아니 했으니 저로서는 알수 없고, 송운대사는 그 동안 병으로 고생이 많았는데 이제 유독부의 명을 받고 온 것입니다."

때에 고경약은 모든 일이 뜻대로 되지 않아 사직하고, 석장서도 사직한 뒤 병부좌시랑 손광(孫鑛)이 대신 와서 일을 보게 되었다.

정부에서는 이겸수의 말을 듣고 다시 사명대사를 적편에 보내기로 하였다. 7월 6일 울산군수 장희춘을 시켜 소식을 적에게 알리고, 이겸수·김인복·최복랑·김사식 등 37명이 떠났다. 그런데 청정은 부산에 가서 돌아오지 않았고, 희필랑도 청정을 맞으러 나가 있었다. 얼마 있다가 희팔랑이 돌아와 인사

하고

"오늘은 피로하시니 쉬시고 내일 뵙도록 합시다."

하였다. 11일 들라 하였으나 반대로 사명대사의 몸이 좋지 않아 다른 날로 미뤘다. 희팔랑은 이겸수를 청하여 자기 처소로 동역 김삼근을 데려오라 하여 물었다.

"어찌하여 시간이 이렇게 오래 걸렸는가? 혹 소서행장과 서로 통한 것은 아닌가?"

"그렇지 않다. 성상께서는 귀하께서 왕자군을 놓아 준 은혜에 대해 재삼 감사하고 있다. 단지 천자의 결제가 쉽게 이루어지지 않았기 때문에 이렇게 늦은 것이다."

"지난 해 3월에도 판관 한 사람과 명나라 사신 두 사람이 서울에 왔다 간 일이 있는데, 역시 지금까지 소식이 없다. 그대들도 마찬 가지이다."

"그때에 행장에 의하면 청정은 낮은 사람이기 때문에 큰 일을 할 수 없으니 서로 통하지 말라 하여 그렇게 되었는데, 이제 그렇지 않은 것을 알았으므로 그렇지 않을 것이다. 들으니 상관과 관백이 똑 같이 병정을 일으켰는데 어찌하여 관백은 왕이 되고 청정은 무슨 잘못이 있어 신하가 되었는가?"

"두 사람은 한 마을 사람인데, 단지 청정이 젊기 때문이다."

"그렇다면 대상관이 벌써 대장부가 되고 병력도 관백만 못하지 않는데 어찌하여 해동의 수장이 되지 못했는가?"

"우리나라 법에는 왕의 맥은 누구나 함부로 고칠 수 없다."

"그러면 대상관이 비록 왕은 되지 못한다 할지라도 관백은 될 수 있지 않겠는가? 내가 생각하기로 심유경과 행장의 일은 절대로 이루어질 수 없다. 명나라와 조선에서도 관백을 믿지 않고 있기 때문이다. 독부에서는 오히려 청정을 애석히 생각하고 있으니 한번 생각해 보시오."

"그것은 상하가 전도 되어 옳지 않는 일이요. 자 돌아가서 주무시고 내일 만납시다."

12일 조반 후 왜승 일진과 재전, 천우가 다시 인사하고 화해여부를 묻고 있는데 사내기생이 와 소매에서 종이 두 장을 내놓고 말했다.

"이것은 왕자군의 글씨입니다."

殿上袞衣明日月　遠路東西欲問誰
전 상 곤 의 명 일 월　원 로 동 서 욕 문 수

癸巳 四月 臨海君 書

二水潺潺鳴屋際　日照香爐生紫烟
이 수 잔 잔 명 옥 제　일 조 향 로 생 자 연

癸巳 淸和護軍

저녁에 희팔랑이 송운대사와 이겸수, 장희춘, 김언복을 안내하여 청정의 처소에 이르렀다. 대사가 유독부의 편지를 청정에게 주니, 이를 보고 다시 5조약을 써 보이고 물었다.

"이것이 어찌 되겠소."

"이것은 분명 전번에 말씀드린 것이니 더 말할 필요가 없습니다. 단지 명독께서는 심·행을 믿을 수 없기 때문에 다시 우리를 보낸 것입니다."

"우리도 당신들을 믿을 수 없오."

"나는 중이라 부처님의 계행을 받은 사람이니 죽으면 죽었지 거짓말을 하지 않습니다."

"당신이 거짓말을 하지 않는다면 한번 생각해 보시오. 이 다섯 가지를 전부 다 반대하는데 무엇을 가지고 화해하겠오."

"다섯 가지 가운데 예전과 같이 국교를 맺고 다정하게 지낸다는 것은 옳은 것 같습니다. 임금과 부모의 원수라 할지라도 오히려 용서하고 화해하는 것은 사람의 도리가 아니겠오."

"그렇다면 3년 동안 싸운 보람이 있겠소?"

"그것은 우리가 싸우자 해서 싸운 것이 아니고, 당신들이 스스로 봉기하여 저지른 일이니 우리에게 책임을 전가할 수 없소. 만약 그런 말을 하신다면 우리나라에서 희생된 인명을 보상하라 청구해야 할 것입니다."

이 소리를 들은 청정은 배알이 꼬여 행장과 의지를 욕하였다.

"섬 속에서 소금이나 팔던 놈들이 전쟁에 나와 게으름을 피우드니 결과가 이렇게 되는 구나. 그러나 나는 물을 밟고 산을 나는 재주가 있으니 기필코 가만 두지 않으리라."

"그렇게 위력으로서 강화한다면 무슨 강화라 할 것 있겠습니까. 내가 여기 온 것은 전쟁이란 백해무익이라 사람을 죽이고 재물을 버리고, 고아와 과부만 생산하는 기계입니다. 그런데 교역을 하여 물건을 교환하고 외로움을 달랜다면 전재민들의 마음을 달래주는 일이 될 것이니 이것만 하여도 강화의 효과는 클 것으로 생각합니다."

"내일 아침 만납시다."

그리하여 다시 13일 아침에 만났다.

"우리가 다시 병력을 끌고 나온다면 어찌 하겠는가?"

"죽기는 일반이니 일승일패는 해 봐야 알 일입니다. 항우는 백전백승 하였어도 한 번 저서 천하를 잃었고, 한고조는 백전백패를 했어도 마지막 한 번을 통해 고조가 되었습니다. 내 생각 같아서는 중국과 조선, 일본이 한 마음이 되어 서로 평화스럽게 지내야 세상이 평화롭게 될 것 같습니다."

"그러면 송운스님은 여기 있고, 당신들만 가서 독부와 의논해 보시오."

"그것은 어렵지 않으나 오히려 독부께서 의심하지 않을까 걱정됩니다."

청정은 웃으며

"스님의 말씀이 옳습니다."

하고 많은 음식을 내 놓고 권하였다.

"그러면 속히 우호되기를 바라오."

16일 아침 희팔랑이 답서 석장과 부채 한 상자를 주면서

"10월 이내로 만나 뵙게 되기를 바랍니다."

하고 의장·호송병 등으로 하여금 10여리를 따르게 하였다.

그 동안 정부에서는 말하기 어려운 외교 채널이 여럿 있었으나 결국 모두가 무산되고 오직 유정스님의 말씀이 옳게 받아들여 23일 임금님께서 교지를 내려 논공하니 유정의 말을 따라 왕자로 하여금 편지를 쓰게 하고 대사에게 큰 상을 내리도록 하였다. 그러나 조정 대신들은 결정을 내리지 못하고 한달 두달, 한해 두해를 보내니 사명대사는 보다 못하여 토적보민소

(討賊保民疏)를 쓰게 된다. (*그 내용은 제2편에 있다) 임금님은 이 글을 읽고 직접 당상으로 사명대사를 모시고 오라 하였으나 승지들은 반대했다.

"산승은 군신의 분이 없으므로 아니 됩니다."

"산인이라도 국난을 위해 노력한 사람인데 어찌하여 인군을 만날 수 없다는 말인가. 비변사에게 말하여 차비문(差備門 : 곁문)으로 들라 하라."

임금은 대사를 맞이하여 크게 칭찬하고 그간의 노고에 감사하였다. 대사는 시국대책으로 전・화 두 가지로 말씀드렸다.

"싸움을 하려면 철저히 개혁정책을 써 필승의 기(機)를 다져야 하고, 그렇지 않으면 화해하여 다시 국력을 배양한 뒤 원수를 갚아야 합니다."

그러나 선조대왕은 싸움을 하려면 그만한 대책이 있어야 하니 화해하는 것이 좋겠다고 하였다. 그리하여 세 번째 청정진중에 나아갔으나 "조선사람이 이리 속이고 저리 속인다"고 만나주지 않아 중도에서 포기하고 돌아왔다.

정유재란(丁酉再亂)

한편 심유경은 명황재를 속이고 조선 임금을 꾀어 어찌하든 전쟁만 하지 않으면 되니 앞의 5개 조항을 다 들어주되 시기의 차이를 갖도록 해야 한다고 속으로 혼자만 생각하고 명나라에 왜왕을 봉하도록 간청하였다. 그 동안 중국 비단이며 금관자, 은관자, 옥관자가 달린 찬란한 관복을 수십벌 만들어 명나라 임금님이 직접 내리는 것처럼 꾸며 왕봉장(王封狀) 하나만 가지고 일본에 들어갔다. 용무늬 비단 30필, 옥대 일곱벌, 모란작약 꽃무늬 비단 40필, 대명통지(大明統誌), 관제(官制), 무경(武經) 등을 선물하니 풍신수길 또한 입이 함박만 해지고, "5개 7조가 허가되었느냐?" 물었다.

"이는 차차 실현될 것이니 우선 정군(征軍)을 일본 안으로 물리치소서."

"그것은 아니 된다. 조선의 4개도를 우리에게 활해하고, 대명천자와 결혼 일이 완수되며, 또 조선의 왕자들이 오기 전에는 아니 된다."

심유경의 복안이 함께 무너지는 순간이었다.

소서비로 병부상서, 양자 수차를 도독으로 삼고, 소서행장, 석전삼성, 증전장성, 대곡길게, 우이다수가를 대도독, 승 현소는 일본선사, 덕천가강, 풍신수보, 소조천융경, 종의지 등 10명은 부도독, 천야장길, 유천조신 등 11명은 도독 지휘관, 도진의홍, 송표진신 등 6명은 부도독 지휘관으로 지명하고, 대도독 15장, 부도독 20장, 도독지휘 30장, 부도독지휘 50장 하여 대소신관 100여명을 완전히 명나라 신하로 만들었다. 그리고 일본의 풍신수길을 "일본왕"으로 봉하니 수길이 말했다.

"내 나라 관직은 내가 알아서 할 일인데 명나라에서 봉하다니 이는 이치에 어긋난다. 나의 복안은 조선을 통째로 먹고 이 나라와 조선을 자식들에게 맡긴 후 나는 중국을 통일한 뒤 중국 땅에 가서 천자가 되기를 바란 것인데 이런 일이야 누구는 할 수 없겠느냐."

하고 심유경을 중심으로 한 중국 책봉사 임회후, 훈위 이종성과 도독첨사 정사, 오군영우부장 양방영 등을 잡아 죽이라

하였다. 그러나 대신들이,

"이웃 나라 사신을 함부로 죽이는 것이 아닙니다. 그 사람들은 심부름만 하는 사람이라 명령을 내리는 사람이 아니니, 문제는 명왕이고 외교관들에게 책임이 있으니 놓아주십시오."

하여 단죄는 모면하였다. 하여간 풍신수길은 화가 머리끝까지 차 올라 명령하였다.

"다시 군대를 정비하여 전쟁할 준비를 하라."

한편 사명대사는 심유경의 외교정책이 완전히 허위이므로 언젠가 들어나면 다시 전쟁이 일어 날 것이라 생각하고 의령의 진지에 승군을 풀어 밭을 갈고 보리를 심어 군량을 준비하고, 해인사에다 활과 화살 만드는 공장을 설치하였는데, 금오산성, 팔공산성, 용기산성, 청도, 천산, 부산, 악견, 창녕, 화왕산성을 마련하여 만반의 준비를 하고 있었다.

그러나 너무 과로하여 몸이 쇠약해졌으므로 나라에 9조의 상서를 올려 절간으로 돌아갈 것을 호소하였다.

① 백성들에게 목민관을 실천하여 산업에 힘쓰게 하고
② 일본에 대한 철저한 수비를 꾀해야 할 것이며
③ 사람을 인물 본위로 쓰고
④ 국가기강을 일대 쇄신하고
⑤ 농우(農牛)를 기르고
⑥ 산성을 수축하고
⑦ 군량, 마초, 전수품을 저축하고

⑧ 각처의 군인들에게 둔전(농사)을 하게 하고
⑨ 각 진영과 산성을 지켜야 합니다.

임금님이 이 상소를 보고 치사를 보내 위로하게 한 뒤 의약을 내려 보냈으나 그가 차지하고 있는 군대지역이 너무 넓으니 좌우총섭을 두어 다스리게 하자는 비변사안이 나와 그렇게 하기로 하였다. 그리고 상비 정략군 60명을 데리고 남한산성에 와서 편히 쉬게 하였다.

무신 9월 4일 명봉왜책의 일이 수포로 돌아가자 이듬 해 2월 재침이 단행되었다.
　　제1진은 가등청정 2만명
　　제2진은 소서행장 7천명
　　제3진은 흑전장정, 삼길성, 도진충풍, 추월종장 등 7장 1만명
　　제4진은 와도직무, 와도승무군 1만 2천명
　　제5진은 도진의홍군 1만명
　　제6진은 장증아부원친, 등당고호, 지전수시 등 7장 1만 3천 3백명
　　제7진은 모리수원, 우히다수가의 군인 1만명 등이었다.

　　소조천수추, 태전일길은 부산포
　　입화종무는 안골포
　　고교직차, 축자광문은 가덕도
　　모리수포는 죽도
　　천야장경은 서생포하여 새때처럼 몰렸으니 동해바다에는

검은 구름이 꽉 찼다.

한편 통제사 이순신은 원균의 모략(가등청정과 밀통)으로 실직하고 파면되었으며, 대신 원균이 통제사가 되었다. 비변사에서는 이장군을 처형시키려 하였으나 유성룡, 이원식 등의 변호로 백의종군하게 되었다. 명나라 황제는 비로소 일본의 요구가 5개 7조라는 것을 알고 석장서, 송경락을 파직하고 9경(卿)을 재 조정하였다.

사명대사는 남한산성에 이르러서는 정부에 건의하여 경기, 강원, 충청, 경상도의 감사와 각군 부, 목 등에게 나라의 명령을 전하면서 남한산성 수비에 대한 대책으로 벼 14만석, 조 10만석, 보리 14만석, 콩 6만석 등을 거두어 들여 저축하고, 군기 2만명이 사용할 소금과 화약 등을 비축하였다. 가능하면 전쟁을 하지 않고 평화적으로 해결할 것을 생각하고 있지만 상대방이 처 들어오면 그냥 있을 수도 없으니 준비하지 아니할 수 없는 일이다.

그런데 그 해 정월 그믐 가등청정이 사명당을 만나기 원했으나 조정에서 거부하였다. 이 말을 듣고 비변사에 글을 들여 "만나는 것이 유리하니 한번 만나보겠다"하니 비변사에서는 도원수에게 일임하여 만나기로 하였다. 먼저 군관 이겸수를 서생포로 보내 희팔랑에게 연락하니 3월 24일과 25일이 좋겠다고 하니 3월 18일 서생포에서 만났다. 인사를 나눈 뒤 청정이 말했다.

"일본의 목적은 조선을 항복시켜 일본 손 안에 넣고 중국을 요리하겠다는 것이 었는데 심유경이 죽음의 길에서 5개항을 이야기하니 거기 2조를 보태 7개 조로서 강화할 것을 허락하였으나 4·5년이 넘도록 실행하고 있지 않으므로 황제께서 다시 정진(征陳)을 대오하여 다시 오게 되었으니 어떡하면 좋겠습니까?"

"그거야 화해하는 것이 좋지요. 그러나 5개 7조를 가지고는 아니 됩니다. 다만 왕자를 놓아주면 임금님께서 감사의 예를 올리겠다는 것이었지 항복하여 일본의 신하가 되겠다는 것은 아니었습니다. 뿐만 아니라 이런 내용은 우리나라를 전혀 알지 못한 사실입니다."

하니 그때서야 "심유경에게 일본에서 크게 속고 대명과 조선도 마찬가지다" 깨달았다고 하였다.

그래서 화제를 돌려 물었다.

"200년간 일본과 조선이 매우 가깝게 지냈는데, 왜 이렇게 외교가 단절되고 원수가 된 줄 아시오?"

"그야 일본 때문이지요. 세종대왕 당시에는 내이포, 부산포, 울산, 염포에 항구를 개설하고 피차 편리한 물건들을 가지고 와 교역하였는데, 중종 때 일본인들이 삼동을 점령하고 백성들에게 폐를 끼치니 폭행이 일어나 사람들이 죽게 되므로 외교가 단절된 것입니다."

"그러면 8년전 대명의 길을 터 달라 부탁했는데, 듣지 아니한 까닭은 무엇입니까?"

"정인년에 일본에서 사신을 보내 통신사를 교환했으면 좋겠다 하여 황윤길을 보낸 일은 있으나 그것이 일본에 귀화한 것이 아니라 단지 대마도 태수 종의지가 소서행장 등과 같이 가서 그렇게 말을 잘못한 것으로 알고 있습니다."

"6년전 우리가 조선에 왔는데, 왜 조선은 항복하지 아니하였습니까?"

"어찌하여 당당한 나라가 땅이 있고, 백성이 있고, 군왕이 있는데 무조건 항복한다는 말인가?"

"만약 이번에 항복하지 않는다면 조선 반도를 완전히 잿더미로 만들어 버릴 것이니 이 액난을 면하고자 하면 왕자를 일본에 보내 사죄해야 할 것이다."

"그것은 이치에 맞지 않는 말이다. 일본이 와서 강제로 잡아간 왕자를 볼모로 삼게 달라는 것은 한 나라의 종사(宗社)로 볼 때는 맞지 않는 일이다. 그러나 장군의 부탁이니 내 나라에 가서 그 가부를 물어 보겠다."

"되도록 빨리 소식 듣기를 바란다."

20리 밖에 까지 희팔랑이 전송하고 군사 10여명이 시위하여 경내 밖에까지 보냈다.

사명대사는 제4차 대진 후에 내전이 소문을 올렸다.

"왕자를 요구하는 것은 장차 조선을 앞잡이로 명나라를 들어 치고 조선 땅을 통채로 먹고자 하는데 원인이 있으니 알아서 하십시오."

그러나 정부에서는 꿀먹은 벙어리였다. 이장군도 상부의 지시가 없는데 마음대로 할 수 없이 장희춘 군관을 미리 보내기로 약속한 것도 어기에 되었다. 가등청정은 기다리다 못해 일본에 기병(起兵)할 것을 알리고 또 명의 구원병이 온다는 것을 알렸다. 이에 풍신수길은 10만 대군으로 전라, 충정, 제주도를 치니 명나라 군대들도 남원, 전주에 진을 쳤다.

한편 수군통제사 원균이 한산도 안골포에서 적의 복병에게 큰 타격을 받고 돌아왔다. 그때 서생포에서 돌아온 장희춘이 왜장이 심유경과 송운대사를 만나보기 원한다 함으로 경주로 가는데, 그때 심유경은 "이번 기회에 일본으로 귀화해야겠다" 생각하고 가는 도중 경주 근처 단계역에서 중국 장수가 심유경을 포박하여 전주로 데리고 갔다가 궤 속에 넣어 요동으로 보내 사형시켰다. 그때가 7월 5일이었다.

7월 8일 일본은 전선 6백척을 거느리고 와 경상우수사 배설이 거느리고 있는 큰 배 두척과 종선 백척을 무너뜨리니 적의 기세는 기고만장하였다. 그런데 그때 원균은 기생들을 데리고 파티하고 있다가 권율장군에게 들켜 볼기 50대를 맞았다. 홧김에 나가 적들과 싸우다가 도리어 쫓김을 당해 배 40여척만 적에게 빼앗기고 본인은 도망치다가 거제 소나무 아래서 목숨을 빼앗기고 말았다. 그 날이 바로 7월 16일이다. 이 싸움에서 경상우수 배설은 도망치어 옛날 이순신장군이 비축해 놓은 양곡과 기계를 모두 불태우니 전라수사 이억기, 충청수사 최호, 조방장 최홍립이 여기서 전사하였다.

나라에서는 이 사실을 명나라에 보고하고 경림군 김명원과 병조판서 이항복의 역청으로 이순신을 다시 기용하게 되었다. 이순신은 국명을 받고 곧 남하하여 진주를 거쳐 거제로 가서 적선을 어귀에서 핍박하였다. 배설이 겨우 12척의 배를 벽파진에 물러나 있는지라 이를 근거로 삼았다.

적장 소조천수추가 7월 17일 부산으로 와서 모든 장수들을 만나보고 부산포에 진을 치니 적들은 남해안 일대로부터 부산에 이르기까지 그물 짜듯 요새를 형성하고 있었다. 권율장군이 물었다.

"이 일을 어찌 하면 좋겠습니까?"

"죽기를 꾀하는 자는 살고, 살기를 꾀하는 자는 죽습니다."

"그렇소. 우리 다 같기 죽기를 맹세합시다."

"그럽시다. 그러나 그냥 죽지 말고 뜻있게 죽고 크게 죽읍시다."

"적이 당장 처 들어 올 때는 어떻게 해야지요?"

"있는 힘을 다하여 죽을 때 까지 싸워야 합니다. 그러나 아무데서나 그냥 목을 내주는 것이 아니라 근거를 찾아야 하니 산성을 배경으로 해야 할 것입니다. 그리고는 정야전술(淸野戰術)을 써서 우마, 육축과 식량, 의복, 재산 등을 깡그리 없애버리는 것입니다."

그래서 권장군은 남은 군대로 영남일대 산성으로 재배치하고 사명대사는 자원하여 2천명의 승군을 거느리고 경주로 내려갔다. 거기에는 적의 최강력부대인 가등청정 군대가 있었기 때문이다.

8월 초 적은 대군을 거느리고 북진하였다. 소조천수추가 총대장이 되고 모리수원이 우군, 가등청정이 선봉이 되어 울산 서생포로부터 밀양, 초계, 거창으로 행진하고, 흑전장정은 전라 광양, 순천으로부터 구례를 진격하고, 와도직무는 김해, 창원으로부터 진주로 향하였으며, 우이다수가 좌장이 되어 그의 선봉 소서행장과 종의지와 함께 남해, 사천으로부터 구례로 이르러 왔으며, 도진의홍은 고성, 사천, 하동으로부터 전주에 이르러 모이기로 하였다. 또 수군 1대대는 섬진강을 거슬러 악양으로 올라오기로 하였으니 남원성에 명나라 군대의 본부가 있었기 때문이다. 그러니까 수륙 양면작전이다. 한 패는 물에서 그 뒷바라지를 하고, 한 패는 육지에서 전진기지를 확보해 가는 것이다.

적의 1대대가 섬진강을 건너올 때 경상병사 김응서는 악견산성에서 고전하다가 합천으로 물러나고, 도원수는 의령에서 성주, 금산 지방으로 물러나고, 체찰사 이원익은 금오산성으로 물러났다. 부총병 양원은 3천군을 거느리고 남원을 지키고 있다가 전라병사 이복남과 광양 현감 이춘원, 조병장 김경로 등의 후원을 얻어 동·서·남·북의 문 앞에 참호를 파고 지켰다. 적장 중의지진이 소서행장과 함께 방암봉에 기를 꽂고 조총을 쏘면 북광쇠의 신호로 진천뢰를 터뜨려 수십병력이 쓰러지게 하므로써 감히 덤벼들지 못하게 하였다.

14일 적이 민가의 벽을 의지하여 총을 쏘니 명나라 군대가 수 없이 죽었다. 서문의 적들은 만복사 4천왕을 수레에 실고 성안으로 들어오니 성중의 백성들은 모두 놀라 도망쳤다. 인뇌전술이다. 총소리 북소리가 천지를 진동할 때 양원이 1천명의 군대를 한꺼번에 풀어 동문을 열고 나아가니 적들은 놀라 도망쳤다.

15일에는 적들은 풀을 베어 참호 앞에 쌓고 16일 새벽 수만명이 한꺼번에 성밖에 육박하니 총탄이 비오듯 쏟아져 고개를 들 수 없었다. 적들은 이틈을 이용하여 긴 사다리로 성을 넘어 왔다. 하는 수 없이 양원은 북문을 통해 도망쳤다. 숨을 쉬고 보니 중군 이신방, 천종 장표, 모승선, 전반사 정기원, 병사 이복남, 방이사 오응정, 조방장 김경호, 별장 신호, 부사 임현, 판관 이덕회, 구례 현감 이원춘 등이 모두 전사하였다.

한편 전라·경상 경계에 있는 황석산성에서는 가등청정이 몰려와 함양군수 조동도와 안암 현감 관준 등을 죽이니 그의 아들 이상, 이후도 아버지의 시체위에서 죽고 이문호의 부인은 그날 또한 자결하였다. 참으로 비참한 전쟁이었다.

경주에서 수비하던 사명대사는 남원성이 무너졌다는 말을 듣고 300명 정예부대를 열로 나누어 이강손이 만든 비격진천뇌를 나누어 주고 매복투척의 전술을 썼다. 적은 이것을 피하려고 밤중에 나갔다가 전천뇌의 세례를 받고 더 이상 나아갈 수 없어 북진을 포기하고 남쪽으로 향하였다. 그러니 오직 우군만이 북진하고 좌군들은 남쪽으로 내려가 사람들을 보는 대로 죽이고 코와 귀를 잘랐다. 임진란때도 전혀 없던 일이다. 코 하나, 귀 하나마다 많은 포상을 주니 심지어 죽지 않은 사람의 코와 귀도 잘랐다.

가등청정은 지난번 분풀이를 평계하고 청주성에 이르러 천안으로 나아가다 사명대사의 편지를 받고 감히 더 이상 나아가지 못하고 벌벌 떨고 있었다.
　"청정아, 너는 이상 전진하지 말고 방향을 돌려라. 너의 목숨은 경각이 있으니 그렇지 아니하면 살아서 만나기 어려우리라."
이것이 사명당의 인뇌전술이었다.

명나라 군대는 뒤 늦게사 남원, 전주의 패보를 받고 양호가 친히 임금님을 뵙고 사죄한 뒤 동작, 소사, 명양에 진을 쳤다. 9월 초 무회수원은 흑천장정 등을 선봉으로 천안, 직산으로 몰려오니 명나라 군인들은 조선 군인인줄 알고 치지 않했다. 한편 명나라 장수들은 군인들에게 독한 술을 먹여 창칼을 휘두르며 말을 타고 돌진하게 하니 말발굽에 밟혀 죽는 적들의 수를 헤아릴 수 없었다. 그러나 이튿날 적들이 수 없이 몰려왔으나 똑 같은 전술로 이들을 모두 물리치니 이것이 저 유명한 금호대첩이고 소사대첩이다.

한편 이순신장군은 경상·전라·충청의 3도 수군통제사로서 여수 앞바다로 몰려드는 적들을 명량해역에서 배에 불을 지르고 적장 내도통총의 머리를 베이니 이것이 저 유명한 명량대첩이다. 이렇게 오산대첩과 명량대첩을 겪은 적들은 쥐죽은 듯이 있다가 슬금 슬금 뒤로 물러나 울산, 순천, 양산 등지로 후퇴하였다.

사명대사는 그해 시월 가등청정이 오산성을 복구 오랜만에 기세를 가지고 있다는 소문을 듣고 나라에 건의하여 명·선(明·鮮) 합동으로 잡아치자 하였다. 그러나 명나라 군대가 일본군의 꾀에 넘어가 지구전을 펴다가 결국 실패하고 돌아왔다. 적군의 후원병이 울산 앞바다에 6만이나 몰려왔기 때문이다.

그러나 양쪽 군대가 너무 지나치게 희생자가 많으므로 서로 주춤하고 있었는데, 마침 그해 8월 17일 풍신수길이 사망하였다는 소식이 전해지자 적들은 물러가면서 최후의 일전을 가했다. 풍신수길은 죽으면서 어린 자식 수뢰(秀賴)를 덕천가강과 모리휘원, 상삼경승, 우히다수가, 전련이가 등 다섯 노신하(五大老)에게 부탁하고 떠났다. 그러므로 5대노는 조선에 나가 있는 모든 신하들에게 "군대를 철거하고 강화를 맺으라" 촉구하였다.

이 소식을 들은 명나라와 조선군은 4방으로 몰려왔으나 소서행장은 유제독에게 금은보화의 뇌물로 그 마음을 덜게 하여 행로를 터 주었다. 이순신장군은 이에 분개하여 바닷물을 치니 고기와 물(魚水)이 놀랐다고 한다.

11월 17일 왜적들은 각기 자기들이 사용하던 성책들을 불사르고 철거하였다. 이에 진제독과 이장군이 합세하여 쳐부수니 10여척 배가 무너졌다. 다급한 청정은 진제독에게 술, 고기와 은전 백량과 보검 50자루를 선물하니 "길을 비켜주자"고 이장군을 유인하였다. 이장군은 노량에 이르러 사천, 남해, 고성 일대에서 퇴거하는 왜군들을 겨누었다. 왜선 50여척을 부수고 마지막 결전에 들어갈 때 진린이 왜병들에게 포위되었다. 도독의 아들이 날아오는 창을 몸으로 막아 간신히 생명을 구하기는 하였지만 아들이 큰 부상을 당했다.

한편 진도독을 살린 이장군은 3층 배에 왜장이 큰 부채를 들고 지휘하는 것을 보고 활을 쏘아 죽였으나, 그의 부하가 조총으로 이장군을 쏘아 오른편 겨드랑이에 맞았다. 이장군은 쓰러지면서 아들 회(薈)에게 "내가 할 일은 다 마쳤으니 노를 덮어 놓고 끝까지 싸우라"하였다. 그때가 11월 19일 아침이다. 진제독은 전쟁이 끝난 뒤 이장군을 찾아가 불렀다.

"이장군."

"벌써 갔습니다."

하니 크게 뉘우치며 통곡하였다.

"나 때문에 갔구나. 아, 아까운 사람……"

마지막 외교

전쟁이 끝난 한반도는 쥐죽은 듯 고요하였다. 그해 12월 전라감사 황진이는 대마도를 치자 건의하였으나 실행되지 않고, 이듬 해 3월 도리어 그곳에서 외교를 청해왔다. 그들은 농사를 짓지 않고 있으니 우리나라에서 곡물을 들여가지 아니하면 살 수가 없었기 때문이다.

사명대사는 아직 군부를 믿지 못하여 아산, 진해, 통영, 진주, 남해, 여수, 순천, 함양, 산청, 단양, 전주, 남원 등 승군 지역을 순찰하고 그 해 겨울 단양에서 타고 다니던 말이 죽으니 애도하였다.

毛骨超群逈有神하니 大宛龍種是前身이로다
今朝埋却丹陽土하니 苜蓿殘花自送春이로다

너희 생긴 모습은 특이하여
대완지방에서 난 용종이 아닐런가
오늘 아침 불행이도 단양 땅에 파묻히어
할미꽃 피고 질제 홀로 봄을 보내리라

　이렇게 3남 각지를 돌며 실태를 조사한 뒤 나라에 소(疏)를 올려 옛 전지를 보수하고 봉화대도 다시 만들었다. 그러나 아직도 중앙에서는 남인·북인, 대북·소북이 갈라져서 당파 싸움만 하고 있고, 이산해, 남이공, 홍여순, 김신국이 서로 모략 중상을 일으키고 있었다.

　3월에는 일본에서 30명의 남녀포로가 돌아오고, 4월에는 300명, 신축년에는 포로 250여명을 보내오면서 친화를 요청했다. 국내에서는 아직 명군이 돌아가지 아니했다는 것을 핑개로 2년 동안 미루고 있다가 선조 35년 2월 사명대사의 서신이 대마도에 전해지니 5월에 대마도주가 본국 차사편에 포로 200명과 예조, 병조, 송운대사에게 편지를 보내왔다.
　"일본에서 두 나라의 화친을 원하니 스님께서 도와 주시기 바랍니다."
선조 36년 3월에 대마도주가 포로 85명과 함께 편지를 보내왔으므로 불가피 이듬 해 다시 사람을 보내기로 하였다.
　"누구를 보내는 것이 좋겠습니까?"
　"일본에서는 사명대사를 부처님처럼 받들고 존경한다 하옵니다."
　"내 작년에 그가 와서 산에 들어가 쉬기를 희망하므로

가의대부(문관 정2품)을 주고 표백전마로 상을 내린 뒤 편히 가서 쉬라 하였는데, 지금 어디에 있는지 아느냐?"

"예, 금강산 유점사에 들어가 서산대사를 참배하고 스님의 명을 따라 석달 동안 비밀교의식을 배우고 다시 서산대사가 묘향산 보현사로 들어가자 스님은 표훈사까지 전송하고 오대산 월정사에 있다고 합니다."

"그럼 그에게 나의 뜻을 전하라."

하여 차사가 역마를 달렸다. 차사가 양근 오빈역을 지나다 보니 사명대사가 걸어오고 있었다.

"대사님, 어디 가십니까?"

"23일 서산대사가 입적하였다하여 평양으로 가는 길입니다."

"허어, 국명을 받고 모시러 왔는데요."

"그렇다면 할 수 없지. 나라의 일이 더 급하니까."

하고 망배(望拜)한 뒤 서울로 올라와 탑전에서 임금님을 뵈었다.

"대사, 그 동안 고생이 많았지요. 일본에서 몇 차례 사람을 보내와 교린을 요청하니 천생 대사께서 갔다 와야겠소. 모든 사람의 의견이 일치하니 피로해도 다녀오시기 바라오."

"황공하옵니다. 미천하오나 나라의 큰 뜻을 전하고 오겠습니다."

하자 나라에서는

"大禪教登階 義僧兵大將軍 兼知吏曹判書
義禁府事 松雲大師 惟政統諸軍司命"

이라는 사명기를 만들어 절총장군 손문욱을 부사로, 선배비장 병조판서 이유진, 후배비장 훈련대장 안몽규, 종사집사관 어영대장 유종성, 시배종에는 승종운, 덕변, 취혜, 통사(통역관) 김효순, 박대근 등 120명이 호위하도록 하였다.

문무대관이 모두 나와 6월 28일 어령하에 장도의 길을 축하하니 영의정 이덕형(한음), 오성부원군 이항복, 월사 이정구, 아계 이산해, 지봉 이수광, 택당 이식, 동명 정두경, 도원수 권율, 고죽 최경창, 풍원군 조현명 등 명공 거경들이 나와 전별시를 읊으며 풍류를 들려 주었다.

猛士遲回猶惜死하는데 老師奔走獨傷情이로다
맹 사 지 회 유 석 사   노 사 분 주 독 상 정

固知忠節警人世하여 能使倭奴識姓名이로다
고 지 충 절 경 인 세   능 사 왜 노 식 성 명

용맹한 장수도 오히려 죽기를 아끼는데
노사 바쁘게 홀로 마음 아파 하노라
진실로 충절이 세상을 놀래주니
저 왜놈들도 그 이름을 알게 되었도다

이것은 한음의 시다. 이 외에도 여러분들이 시를 읊었으나 여기서는 생략한다.
(*제2편 참고)

7월 1일 서울을 출발하여 20일에야 부산에 도착하여 일본에

서 맞으러 나온 규지정을 만나 수일 뒤 대마도에 도착하였다. 대마도주 종의지가 말을 달려 맞으며,
"기다리느라 눈이 빠질번 하였습니다."
하고 열 여덟명 가마꾼에 대사를 모시고 들어가 그동안 10여 차례 사람과 포로, 편지를 보낸 것에 대해 말해주었다.

동명관에 이르니 유천조신과 스님 현소가 와 맞았다.
"험악한 길에 왕림하여 주시니 황송하기 그지 없습니다."
"염려 덕분에 잘 왔습니다."
인사가 끝나자 15·6세 되는 동자가 차판을 들고 와, 세 번 절하고 또 차를 따라 올리고 세 번 절 했다.
"오랑캐 나라라고 없인 여겼더니 우리나라에서도 배울 것이 있구나."
칭찬하니 조금 있다가 귤과 유자가 들어왔다. 이것들은 처음 보는 것이다.
"이 집은 본국에서 귀한 손님이 오면 묵는 영빈관입니다."
못에는 금 은색 붕어, 잉어, 남생이, 자라 등이 가득차고, 이상한 나무들이 늘어섰으며, 알 수 없는 새들도 날아들었다. 이튿날 아침에는 종의지가 먼저 나와 문안하고 말했다.
"저희 조상들은 원래 조선사람입니다. 나중에 이 땅이 일본에 소속되면서 일황의 명을 받게 되었습니다."
그리고 매일 섬놀이, 들놀이, 산놀이를 하며 갖가지 음식으로 대접하였다. 9월 초순이 되니 가을바람이 불어왔다. 시 한 수를 지었다.

風動葉聲驚宿鶴하고　月高汀樹散捷鴉로다
풍 동 엽 성 경 숙 학　　월 고 정 수 산 첩 아

不眠夜靜天河轉한데　獨步庭中把菊花로다
불 면 야 정 천 하 전　　독 보 정 중 파 국 화

찬바람에 지는 잎은 자는 학을 놀래끼고
달은 밝아 낮같은데 까마귀도 흩어지네
은하수 돌아갈제 잠 못드는 나그네
뜰 가를 거닐면서 국화꽃을 꺽도다

　현소스님이 자기 절 구경을 가자 하여 청학동 정백산에 올라 7일 동안 쉬고 여러 가지 선문답을 하였는데, 전쟁중에 써 주었던 사명대사 글씨를 보물로 모시고 있었다.

　10월 초 5일 종의지가 금으로 장식한 가마를 가져와 모시고 정당(政堂)에 올랐는데 정중하게 인사를 드리고 말했다.
　"과거의 잘 잘못은 논하지 말고 두 나라가 서로 화평하게 지내기를 바랍니다."
　"평화스럽게 자고 있는 나라에 와서 무고한 백성들을 얼마나 죽였는가 알고나 있는가!"
　"외교가 맺어진다면 다시는 그런 일이 생기지 않을 것입니다."
　"뭐라고. 자네가 가등청정과 소서행장을 앞세우고 조선 땅을 맨 먼저 침범해온 장본인이 아닌가. 그 동안 잘못을 뉘우치지 않는다면 외교고 뭐고 할 수 없다."
　하고 일어서려 하니 백배 사죄하였다.
　"노여움을 푸십시오."

"그렇다면 앞으로 좋은 일만 말하고 나쁜 일은 말하지 말라."

"예, 그렇게 하겠습니다."

"그렇다면 대마도는 전과 같이 세공선(歲貢船)이 왕래하도록 하되 조선의 포로를 한 명도 남게 하지 말고 다 보내야 된다."

"지난번에도 있는 대로 찾아 보냈습니다."

"내가 길을 가다보면 우리 사람들이 눈물을 흐리며 살려달라고 하였는데, 그들이 다 포로가 아니고 누구란 말인가."

"바로 수색하여 보내도록 하겠습니다."

그리하여 보내온 사람이 1393명이나 되었다. 동헌에 나아가니 머리는 쑥대밭이 되고 옷은 헤져 비참하기 그지없었다. 서로 부둥겨 앉고 한참 동안 운 뒤에 위로하였다.

"걱정하지 말라. 그대들은 반듯이 고국으로 돌아갈 것이다."

하고 종의지에게 말했다.

"우선 이들에게 먹을 것과 옷을 주라. 우리들이 비상용으로 가져온 쌀이 있으니 그것으로 밥을 지어 먹이고 하루 빨리 본국으로 돌려보내라."

이로 인해 대마도는 우선 귤, 유자, 목재, 진주, 대마, 해풍피를 가지고 와서 쌀, 보리와 바꾸어 가게 하였다. 그리고 10월 말에 떠나겠다고 하니 종의지가 만류하였다.

"본국에서 곧 연락이 올 것입니다. 본국과 수호하여야 저희들도 안심하고 통상할 수 있습니다."

하고 만류하였다. 대사는 지난 해 서산대사와 작별할 때 "널리 생명을 구하라"는 명령을 받았는데, 그대로 일본에 억지로 묶여있는 동포들이라도 데리고 가야 되지 않겠는가 생각되었다.

10월 중순 종의지가 2층 배를 가지고 와서 타라고 하였나. 본국으로 가자는 것이다. 2층에는 금은 보료를 깐 찬란한 궁전이 있었다. 배를 타고 가다보니 대마도에서 보던 화동 화녀들이 갖가지 음악을 연주해주며 노래를 들려주고 춤도 추었다. 대사는 배 속에 앉아 시를 읊었다.

獨依瓊樓海月明한데 玉篇一曲卒天情이로다
독 의 경 루 해 월 명   옥 편 일 곡 졸 천 정
白楡露冷三淸近하니 應是松雲在玉京이로다
백 유 로 냉 삼 청 근   응 시 송 운 재 옥 경

달 밝은 바다위에서 옥경루를 타니
퉁소소리 한 곡조 신선이로다
이슬 찬 산대에는 3청(신선세계)이 가까운데
송운은 옥경속에서 세상을 따르도다

5일 만에 명고옥에 도착하니 종의지가 먼저 천황께 알렸다. 수십마리의 말을 가지고 와서 순서적으로 행렬해 나가니 설보 화상을 보러 나온 사람들이 길을 매웠다. 길거리의 사람들을 모두가 합장하고 경배했는데, 이따금씩 손을 들어 흐느껴 울며 "살려달라" 애원하는 소리가 들렸다. 대사는 눈시울을 적시며 손을 들어 응답해 주었다.

나라(奈良)에 숙소를 정하고 나니 화엄종 동대사와 춘일산

공원 법륭사를 구경시키고, 경도까지도 들어가 환영파티를 해 주었다. 그런데 하루는 경도로 돌아오는 길 30리 장관을 금은 병풍을 처 놓고, 동북 법본사에는 원광·송원 등 많은 장노들을 앞세워 놓았다. 들어가니 갖가지 선문답을 하였는데, 이튿날에는 일본 시에 대한 평을 요청하였다.

대사는 가마를 타고 오면서 보았던 시를 낱낱이 읊으며 평가하니 "진짜 신승이 왔다"하고 극구 칭찬하였다. 다음 날 목욕탕에 들어가니 구렁이 독사들이 득실 거렸다. 그때 가지고 있던 단주를 물속에 던지니 유리 그릇이 쨍그렁하자 모든 짐승들의 입이 다 다물어져 꼼짝하지 못했다. 이 소식을 들은 덕천가강이 자기 별장으로 모셔갔는데, 덕천가강이 높은 걸상에 앉아 예를 하지 않았다.

　　"내 먼나라에서 어명을 받고 왔는데, 어찌 감히 능욕하려 하느냐?"

하고 그대로 나와 버렸다. 하루는 철판으로 된 집에 데리고 들어가 앉혀 놓고 불을 집혔다. 미리 짐작한 대사는 포정자(抛掟子 : 과일이름) 하나를 자리 밑에 깔고 하나를 쪼개어 양 손에 들고 영사로 서리상자(霜)를 써 벽에 붙이니 온 방이 서리로 꽉 찼다.

　　"애, 거기 누구 있느냐. 왜 이리 방이 찬지 불을 조금 더 넣어라."

하니 들어갔다가 돌아온 사람이 얼어붙었다.

하루는 접반사가 와서 말했다.

　　"천황께서 친히 뵙고자 하십니다."

하여 갔더니 입구에 화마(火馬)를 달구어 놓았다. 스님께서

북쪽 하늘을 바라보며 세 번 절하고 비밀진언을 외우고 쇠말을 가리키니 갑자기 검정구름이 일어나 소낙비가 쏟아졌다. 이에 꽃가마를 든 사람들이 와서 스님을 모시고 황성으로 들어가니
 "만리창해에 오시느라 수고가 많으셨습니다."
하고 덕천가강이 부처님처럼 받들어 모셨다. 모두 이것은 선조 36년 사명대사가 서산대사를 뵈었을 때 미리 일러 준 도술이다. 그때 스님은 일본사람들의 역대 시집 1권과 밀교책 한권을 주시며 "혹 무슨 일이 있더라도 실수를 않도록 하라"하셨는데, 과연 그것이 여기와서 써지게 된 것이다. 이것이 지금까지도 전해져서 일본의 신상제(新嘗祭) 때는 사명대사상을 가마에 모시고 "얼사 둥둥"하고 신을 달래는 노래를 한다고 한다. 일본 사람들은 사명대사의 이러한 행을 보고 무엇이고 말하는 것은 신술(神術), 신성(神聲)으로 듣고 받아 들였다.

12월 대사는 경도에서 제일 한적한 법본사에 들려 원광·송원·서소·숙노 등 5명의 장노들을 만나니 각기 시로 묻고 그림을 가져와 화제(畵題)를 써 달라 하였다. 대사는 원하는 대로 써 주고 단 그날이 바로 섣달 그믐날이라 이런 시를 지었다.

   四海松雲老한데 行裝與志違로다
    사 해 송 운 노   행 장 여 지 위
   一年今夜盡인데 萬里歸時歸인가
    일 년 금 야 진   만 리 귀 시 귀
   衣濕蠻河雨인데 愁關古寺扇로다
    의 습 만 하 우   수 관 고 사 선
   焚香坐不寐하니 曉雪又霏霏로다
    분 향 좌 불 매   효 설 우 비 비
  사해의 송운은 늙어 가는데, 행장은 뜻과 다르다

오늘 밤은 1년의 끝인데,
섬나라 찬비에 옷깃을 적시도다
수심 속에 옛 절문은 닫혔고,
향 연기 사라져도 잠 못드는구나
무심한 새벽 눈은 펄펄 내리는데!

그해가 바로 스님의 환갑이기도 하였다. 접반사에게 말했다.
"나는 이번 대마도까지만 왔다 가려 하였는데, 본국에까지 왔으니 본국의 풍물을 구경하고 가고 싶다."
말이 떨어지자 굉장하게 가마를 꾸미고 풍신수길이 묵었던 대판성(大阪城)과 고야산에 올라가 진언종의 금강봉사, 동해연안, 기이(紀伊), 다나베(田邊), 모도미야(本宮), 나지야마, 아라미야, 낭바시마(永島), 다마루, 이세를 거쳐 도리바에 가서 배를 타고 고마쓰바라, 하바마쓰, 시스오까 후지야마, 누마쓰, 고도하라를 거쳐 3월 초순에 관동(동경)에 도착하였다. 그곳이 바로 덕천가강의 근거지였기 때문이다. 상야평원의 큰 들판을 구경하고, 상야태수의 별장에 이르러 죽림원에서 이틀을 머물렀다. 대사는 가는 곳마다 우리 동포들이 짐승과 같은 생활을 하고 있는 것을 보고 분개하였다. 4월 초 경도에 이르러 본국으로 떠날 것을 말하니 덕천가강이 장군 몇 사람과 원광·서소·송원 장노들에게

  백금소장삼(白錦消長衫)
  홍란가사(紅蘭袈裟)
  벽옥발우(碧玉鉢盂)
  연엽발우(蓮葉鉢盂)

백금단주(白金短珠)
수정 염주 한 틀씩을 선물로 주었다.

그리고 둘째 아들 수강(秀康)과 셋째 아들 수충(秀忠)을 시켜서 조석으로 문안하고 일체의 침식을 감독케 했다.

그때 덕천가강은 다본정신(多本正信)이란 부장과 서소장노를 보내 강화를 위한 담판을 벌렸다. 회답일자는 3월 20일었다. 가강이 인사 후,
"말씀드리고자 하는 것은 귀국과 종전처럼 우호를 가지고 지내고자 합니다."
"음, 원수를 풀자 그 말씀이군요. 좋습니다. 그러면 남의 나라를 침범한 죄인들을 어찌 할 것입니까?"
"이미 석전삼성과 소서행장, 안국사 혜경들은 처형하고, 풍태합의 아들 수뢰 등은 잡아 가두었습니다. 그리고 나머지 범죄인들은 모두 잡아 처리하였습니다."
"조선에 대한 보상은 어떻게 하겠는가?"
말이 없었다.
"전쟁이란 원래 잃은 것만 있지 얻는 것은 없는 것이다. 그러나 이미 죄를 지었으니

첫째 전범자들은 알아서 처리하고, 풍신수길의 묘를 파 그 머리를 우리에게 돌려 주어야 한다. 이것은 우리 왕조의 묘를 파 헤친 대가이다.

둘째 무참하게 죽은 우리 백성들을 위해 무엇인가 보상을 해야한다.

셋째 우리나라에서 데려온 포로는 한 사람도 남기지 않

고 돌려보내야 한다.

　셋째 우리나라에서 가져온 보물은 빠짐없이 찾아 돌려보내주어야 한다."

　"잘 알았습니다. 그러나 죽은 백골을 파서 보낸다 한들 무슨 소용이 있겠습니까? 너그러운 마음으로 용서해 주십시오."

　"그러면 죽은 사람을 용서하고, 산 사람도 용서한다면 조선에서 억울하게 죽은 사람들의 보상은 무엇으로 할 것인가. 코를 베어온 사람들에게는 코를 베고, 귀를 잘라온 사람들에게는 귀를 자르고, 불알을 까온 사람에게는 불알을 까야 할 것이다."

　"그 일은 진실로 어렵습니다."

　"그러면 우호는 틀렸다. 무엇으로 우리나라 임금님을 뵈오며, 대신들을 대할 것인가!"

　"일단 과거를 잊고 내일을 위해 조약을 맺어만 주신다면 그 다음부터는 양국 조정이 조절해 가면서 하겠습니다."

　"다시는 나쁜 일이 생기지 않도록 하시오. 이제 결론은 나라의 어른들께서 결정하실 것입니다."

하며 교린을 확약하였다.

3월 27일 사명대사는 다섯 분의 장노들의 배웅을 받으며 일본을 떠나려 하니 가강이

　① 국보 3점, 보검 한 자루

　② 4군자 그림 병풍 한좌

　③ 진주방석 1개

　④ 청룡우산 두 자루

⑤ 청룡부채 열 개
⑥ 호박 108염주 한틀
⑦ 앵무유리잔 1개
⑧ 산호 주장자 한 개
⑨ 산호 연적 한 개
⑩ 철탁(鐵鐸) 한 개
⑪ 동경(銅鏡) 3개를 선물로 주었다.

대사는 이를 받지 않고,
"내가 꼭 찾아가야 할 불화가 있으니 8공산 동화사에 모셨던 석가여래탱화입니다."
하고 동화사에서 가져온 사리 몇 개도 찾아왔다. 여러 스님들과 신하들이 선물을 바치자 모두 받아 원광·서소장노에게 맡기며,
"이것을 가지고 각 무가(武家)의 집에서 노예로 살고 있는 조선동포들을 찾아 속히 보내주십시오."
하고 부탁하였다. 그리고 서소장노 승태(承兌)에게 시를 지어 주었다.

遊子片舟渡海山하니 遠尋方丈問禪關이로다
유 자 편 주 도 해 산   원 심 방 장 문 선 관

明朝却向燕雲去라도 孤夢猶應此地還이로다
명 조 각 향 연 운 거   고 몽 유 응 차 지 환

나그네 몸 조각배로 창해를 건너와서
방장실 찾아가니 선관을 문답했네
밝은 아침 발을 돌려 북쪽으로 갈지라도

외로운 꿈은 끊임없이 이곳을 찾아오리

배에는 본대정신, 현소스님, 평조신 등 10여명이 호송사가 되어 같이 타고 관현악으로 가는 손님들을 위로하였다.

4월 15일 대마도에 이르러 포로 3천 7백여명을 같이 싣고 떠났다. 대사가 종의지에게 말했다.
"아직 우리나라 임금님께서 화해를 수락하지 아니 했으니 성급하게 하지 말고 대마도 특산물이나 가져와서 물물교환을 해 가기 바란다."
"감사합니다."
포로들은 이경준에게 부탁하여 각기 본 고향으로 보내게 하였는데, 경준이 번번한 여자들은 골라 차지하고, 또 그 남자들을 물에 빠뜨려 죽이니 대사께서 그것을 알고 이운용으로 대신하고 이경준은 조정으로부터 파직하게 되었다.

본 자리로 돌아가서

이렇게 사명대사는 먼 길에서 고생하며 5천여명의 동포를 찾아 왔으나 중간에서 농락하는 조선 관리가 있는가 했더니 동래부에 내리니 겨우 수십명의 군관들이 나와 맞았다. 왜병들 보기에도 민망하였다. 한 관속이 말했다.
"사또님은 병환이 나서 못 나오십니다."
"응, 그래. 참으로 안되었구나."
하고 안타까워 했는데, 관원루에서 풍악소리가 들려왔다.

"저게 누구의 놀이인가?"
"……"
"왜 대답이 없느냐. 어서 시종관과 본부 군관이 함께 가서 보고 오너라."
그런데 가서 보니 사또께서 기생놀이를 하고 있는 것이었다. 배비장에게 말했다.
"너희들 가서 사또를 잡아 오너라."
잡아오자 물었다.
"그대 이름이 무엇인가?"
"송상윤입니다."
"그래, 어찌하여 병중에 풍류놀이를 하며, 작년에 국명을 받들고 바다를 건널갈 때 연도 연읍 수령방백들에게 영송의 범절을 소홀히 하지 말라 하였는데 그대 지난번에도 왕명을 비웃고 전송하지 아니하더니, 이달 13일은 영양대군의 휘일이라 모든 군관들이 애도하여 음악을 금하고 있는데 어찌하여 그대는 요새를 맡아가지고 진수, 방어, 연갑, 선병의 일을 소홀히 하고 있는가!"
하고 형방을 불러 처형케 하였다.
"이것은 나라의 기강을 살리기 위해 불가피 선참후계한다."
하고 나라에 장계를 올렸다. 이에 놀란 관원들이 도로연변에 나와 백목을 깔고 지극히 받들어 모셨으나 일본사람들이 대사를 받들어 모신 것에 비하면 새발의 피도 되지 않았다.
남대문을 들어서자 종3품 이상의 대신들까지 나와서 환영해 주었다. 하루를 쉰 뒤에 6조당상이 어전에 집합하여 보고를 받았다. 처음 대마도에서 있던 일로부터 오늘 돌아오는 날까지 있었던 일을 빠짐없이 말하니 임금님과 신하들이 고개를 숙여 감복하였다.

"고맙네. 산중의 수도인이 먼 나라에 까지 가서 나라의 위신을 세우고 왜놈들을 항복 받았으니 이 보다 상쾌한 일이 어디 있겠는가."

하고 선조대왕은 사명대사를 극구 칭찬한 다음,

"정2품 가의대부 지중추부사 겸 지병증판서"를 내리고

증조부 통훈대부 장악원정에게는

"증 통예원 좌대부 형조판서 겸지 의금부사"로 3품 직을 주었으며,

조부 종원씨에게는

"대부승정원 좌승지"를 주고,

아버지 수정씨는

"정2품 자헌대부 형조판서"를 주고,

어머니 달성 서씨는

"정부인",

조모 박씨와 증조모 김씨는

"숙부인"으로 각각 추증해 주었다.

본래 세상의 명예를 뜬 구름과 같이 본 사명대사는 임금님의 뜻을 거스릴 수 없어 3일동안 이 작을 가지고 있다가 사직하고 떠나려 하는데 금강산과 묘향산에서 제자들이 와서 바랑 하나를 주었다. 속을 들려다 보니 편지 한 장이 들어 있었다.

"遺以此淸淨鉢囊 無染此淸淨鉢囊"
갑진 정월 22일 서산자 봉

이렇게 써져 있었다. "깨끗한 바루 한 벌 물려 주노니 물들이지 말라" 한 말이다. 작년 정월 22일 초상치러 가다가 어명을 받고 왜국에 다녀 왔는데, 스님께서는 임종에 다달어서도 잊지 않고 이런 유물을 주다니……"

두 눈에서 눈물이 펑펑 쏟아졌다. 대사는 그동안 입고 있던 전포(戰袍)와 장검(長劍)을 벗어 바치고 묘향산으로 들어가 서산대사 영전에 통곡하고, 보현사에 있다가 1년 후 대상을 치르고 영골한 조각을 가지고 유점사에 가서 부조를 세웠다. 그리고 그 부도의 족첩을 가지고 고향에 내려가 3군자 초당전에 바치고 묘지에 나아가 크게 울었다.

"아버지, 어머니 불효자 응규가 왔습니다."

하고 그 직책을 읽어 드리고 집에 가서 하룻 저녁을 잤다. 막 문을 열고 나오려 하는데 옆문에서 보운, 보월 두 여승이 나타났다.

"어떻게 여기까지 오셨습니까?"

"나라일이 끝났으니 집도 지켜야 하지 않겠는가!"

"어연 14년이 된 것 같습니다."

"그래 임진년 다음 해에 만나고 지금 만났으니."

"어떻게 지냈습니까?"

"우리들도 한 몫씩 하였지. 나는 권율장군 휘하에서 참모하였고, 보월도 곽재우장군 밑에서 참모역할을 하였다네."

"그럼 보련은 어디 갔을까요?"

"남해에서 이순신장군을 도운 자운선녀로 있다가 노량대

전에서 이미 산화했다는 말을 들었는데, 그 이름이 잘못 기록되어 송광사로 "자운선의장군(紫雲宣意將軍)"으로 정1품 영의정의 직함을 내렸다 합니다."

금강전문록에는 옥향이라는 비구니가 이순신장군의 장병들에게 수십차례 군량을 대었고, 돌아가신 후에는 순천에 충민사(忠愍祠)를 지어 자운선의까지 함께 모시고 수륙제를 지내주었다는 기록이 있다. 이렇게 세 사람은 옛 이야기를 주고 받으며 참회하였다.
"나라를 구하는 것은 옳지만 중으로서 살생하는 일에 참여한 것은 큰 죄를 지은 것입니다."
"그래. 우리 지금부터 남은 생을 진정한 참회로써 불쌍하게 간 영혼들을 천도하는데 심혈을 기우립시다."
두 비구니는 자씨산 만어사와 부은사에서 한 철씩을 나고 삼강동에 한 칸 암자를 짓고 살았으며, 사명대사는 삼강동 산 모퉁이에 "백하암(白霞庵)을 지었는데, 그것이 표충암이 되었다가 헌종 11년(1845) 표충사로 고쳐져 지금의 터 재약산(載藥山)으로 옮겨졌다.

대사는 이 삼강동에서 1년 동안 두 비구니와 함께 참회 생활을 하다가 선조 40년 가을 치악산으로 갔다가 이듬해 선조께서 승하셨다는 말을 듣고 서울에 와 식음을 전폐하고 국상을 치르고, 합천 해인사로 내려갔을 때 새로 선 광해주가
"8도 도총섭 승병대장 비호장군"의 직책을 내리고, 만주지방에서 일어난 여진족을 진압시켜달라고 했으나 나이 많고 병이 생겨 해인사로 내려가 3년동안 도를 닦다가 67세

되던 해 8월 26일 육신을 벗으니, 나라에서는 임금님이 3일 동안 조회를 폐하고, 시장을 걷고 음악을 금한 뒤 소찬을 먹었다. 조정에서는 다시 "선무일등공신"으로 훈장하고 직품을
 "내광보국 숭록대부 의징부 영의징"으로 내리고, 시호를 "자통홍제존자"라 하였다.
대사는 앉은 채로 17일을 지내고,
 "이 몸은 가고 옮이 없다."
하신 말씀을 실감케 하였다. 지금도 금강산 송림사에 꽂은 지팡이가 썩지 않고 있으니 스님의 유언처럼 새 싹이 난다면 다시 스님께서 세상에 화현할 것이라 믿고 기다리고 있는 사람들도 있다.

아, 장하다. 납의의 충신이여!
중으로서 나라를 구하고 백성을 사랑함은 보살의 정신이요.
무거운 직을 벗고 빈 발우로 산 속에 들어 간 것은 부처님 마음이네.
이 세상 어느 누가 진·속 두 길에 상 받은 자 있던가.
서산·사명이 이 세상에 제일가는 효자요, 의인이로다.

제2편
松雲大師奮忠紓難錄

송운대사분충서난록(松雲大師奮忠紓難錄)

1. 가등청정(加藤淸正)의 진영을 탐색하다.

 삼가 선묘보감(宣廟寶鑑 : 선조 때 임란에 대해 기록한 책)을 사고하여 보면 계사년(1593) 5월에 왜장 가등청정이 후퇴하여 경상도 울산 서생포에 군사를 주둔시키고 있었다.

 이때 중국 명나라에서 사천총병(四川摠兵) 유정(劉綎 : 明將. 임란때는 5천병력으로 압록강을 건너왔고, 정유재란때는 순천 벌교서 싸웠다)을 조선에 보내고자 하니 그는 복건과 서촉과 남만 등지에서 군사 5천여 명을 모병하여 경상도 상주에 와서 주둔시키고 도원수 김명원(金命元 : 임란때 8도 도총섭을 지내고, 行宮후 호조, 예조, 형조, 공조판서를 지냄)은 경상도 의령에 주둔하였다.

 계사년(1593) 6월 13일에는 가등청정이 평양에서 생포한 우리 두 왕자 임해군(臨海君 : 선조의 셋째 서자)과 순화군(順和君 : 선조 왕자)과 재신들을 돌려보냈다.

 계사년(1593) 7월에는 명나라에서 온 심유경(沈惟敬 : 명 유격장군으로 거짓 외교로 사형당함)이 김해에 주둔하고 있는 왜장 평행장(平行長)의 진영으로부터 돌아왔다. 심유경은 풍신수길의 화친조약문(표문)을 가지고 또한 왜관 소서비(小西飛 :

日 첩자)를 데리고 함께 왔다.

다음해 갑오년(1594) 3월에는 명나라에서 온 도독 유정이 경상도 성주로부터 전라도 남원으로 진을 옮겼다 하고, 또한 유정은 가등청정과 더불어 사신을 교환하여 서로 뜻을 통하고 있었다. 이것은 아마도 계사년(1593) 이후로부터 명나라 장수가 힘써 화해를 주장하여 심유경은 평행장과 더불어 의논하기를, 풍신수길을 일본 관백(關白 : 천황보좌)으로 책봉하여 일본 국왕을 삼고 그 군사를 철수하게 하려고 하였고, 또한 명나라 유정 독부는 가등청정과 서로 의사를 통하여 관백이 되어 풍신수길을 반격하도록 유도하였던 것이다. 그때 특별히 사명대사를 보내서 그 속마음을 탐색해 오도록 하였는데, 그러니까 이 탐정기는 사명대사께서 맨 처음 가등청정을 만나 본 기록이다. 그러므로 짐짓 말하고 싶은 것은 많으나 다 어물어물하고 말하지 않은 것도 많이 있었던 것으로 생각된다. 그렇지만 가등청정을 만났을 때 가등청정의 흉측한 가슴속에는 다른 뜻이 있었다는 것만은 대략 알 수가 있다.

이달(1594. 甲午) 4월 초 9일 전날에 왜적의 진영으로부터 돌아온 정보년(鄭寶年)이 왜군의 부장(副將) 희팔랑(喜八郎)에게 편지를 써 주면서 먼저 가도록 하였다. 그 편지에 간절하게 말하였다.
 "조선 사인(士人) 이겸수(李謙受 : 외교주부)는 아뢰옵니다. 조선에서 명령받은 대선사 북해(北海) 사명대사께서 유독부의 진영으로부터 나와서 그대들의 귀진(貴陳)에 다시 들어가 대상관들과 더불어 화해할 일을 먼저 알리고자 하오니 모름지기 아래 몇 사람들을 보내서 중로에 심히 근심하는 일이 없도록 하여 주시면 매우 다행일까 합니다."

갑오년(1594) 4월 12일에 이겸수와 도원수의 군과 수문장 신의인(申義仁)과 수문장 출신 양몽해(梁夢海)와 통신사 출신 김언복(金彦福 : 의승군)과 더불어 승려들과 속인들을 합쳐 20여명과 함께 좌병사 진영으로부터 출발하여 이겸수를 앞장 세워 가다가 그날 저녁에는 경상도 울주군 전탄천 태화강변에서 하룻밤을 노숙하고 지냈다.

갑오년(1594) 4월 13일 아침에 길을 떠나 경상도 울산군 남면 소재지 소등천(所等川) 남창강(南倉江)변에 도착하여 여기에서 조금 쉬면서 말에게 먹이를 먹이고 있었다. 이때 우리 나라 사람으로서 왜병에게 잡혀 포로가 된 박주질(朴注叱) 등 일곱명이 냇가에 왔다가 우리들을 보고 가까이 와서 말하였다.
　　"몇일 전에 정보년(鄭寶年)을 시켜서 편지를 가지고 먼저 들여보냈는데 도착했는지 모르겠다."
　　"어제 진중에 도착하였습니다. 왜적의 부장 희팔랑이 인마를 거느리고 맞이 하러 온다고 하였으나 요즈음 큰비가 많이 내려 냇물이 불어 아직 여기까지 오지 못하였을 것입니다."
그들로 하여금 두 사람을 시켜 먼저 진영에 돌아가서 우리가 오는 것을 먼저 알리도록 하고 공수곶(公須串) 앞들 서생포 북쪽 앞 들판에 이르러 보니 풀 베고 나무하는 왜병들 수천명이 도로에 가득히 나와 있었다. 그들은 우리들이 가는 것을 보고 여기저기 곳곳에 운집하여 서서 혹자는 칼을 뽑아 휘두르기도

하고 혹 조총을 가진 부대는 조총을 쏘아 그들의 위엄을 보이려고도 했다.

왜적의 진영으로부터 10여 리 가량 되는 곳에 이르니 왜적의 부장 희팔랑이 안상을 갖춘 말 네 필을 몰고 조총군 40여 명을 친히 거느리고 맞이하러 나와서 우리들로 하여금 그가 몰고 온 말에 다시 옮겨 타게 하고 그들이 앞장을 서서 인도하여 뒤를 따라 갔다. 경상도 울산 서생포의 구성(舊城)을 지나 왜적의 진영문 밖에 이르니 곧 많은 왜적들은 조선 사신이 들어온다고 기별을 듣고 앞을 다투어 성문 밖에 나와 길 양쪽에서 구경하는 사람들이 무려 5천여 명이나 되었다. 우리 일행은 왜적의 부장 희팔랑의 처소로 인도되어 들어갔으며 뭇 왜인들이 나와 모두 어려운 행로의 수고로움을 위로하였다.

이때 또한 명나라 사람으로 강옥호(康玉湖)란 사람이 와서 우리들을 보고 종이에 글을 써서 보이면서 말했다.
"일본사람이란 항상 습성이 고약한 행동을 잘하니 삼가고 경솔하게 말을 하지 마십시오."
이때 부장 희팔랑이 물었다.
"그대들은 어느 곳으로부터 왔으며 또 무엇하는 스님들입니까?"
"나는 사명대사로서 유정(劉綎) 독부(督府)의 진중에서 왔으며 겸하여 조선 도원수의 명령을 받고 왔습니다."
하고 고의로 이렇게 속여 말했다.
"나[四溟]는 나이가 겨우 16·17세 때부터 조정에서 벼슬을 하다가 18세부터 세상을 여의고 금강산으로 들어가

자취를 감추고 정신을 수양하였다. 그러다가 중년에는 명나라로 들어갔다가 지금 유독부와 더불어 서로 알게 되었다. 지금 그대들의 병란을 만나 유독부가 군사를 거느리고 여기에 와서 나를 불렀으므로 나와서 내가 짐짓 독부의 진중에서 머물고 있었는데, 다른 사람 중에는 신망이 있는 사람이 없다면서 나를 그대들의 진중에 보내어 장차 앞으로 화해할 뜻을 논의하러 왔을 뿐이다."

이 말을 듣자 왜인들은 얼굴에 기뻐하는 빛을 감추지 못하면서 말하였다.

"우리나라에서도 큰 일을 의논하려면 고승을 불러서 논의하는데 귀국에서도 역시 고승을 이곳에 보내 온 것을 보면 아마도 이 일을 중대한 일로 생각하는 것 같다."

그때 왜인들이 매우 기뻐하였고 나를 깊고 돈독하게 믿고 있는 것 같이 보였다.

왜장 희팔랑은 가등청정이 총애하는 장수로서 함께 모든 일을 꾀하여 도모하는 사람이었다. 그는 다른 왜인들과 함께 나의 말을 듣고 있다가 가등청정이 처소로 들어가더니 오래 있다가 다시 나와서 나에게 물어 말했다.

"그대들이 독부의 군영에서 왔다고 했는데 그렇다면 독부의 서찰을 가지고 왔는가. 그리고 왕자군(王子君)의 서찰도 또한 가지고 왔는가?"

사명대사는 대답했다.

"유독부의 서신을 가지고 왔으나 왕자군께서는 평안도에 들어가서 명나라 장수를 만나본 후에 연이어 다시 천자의 명령으로 부름을 받고 명나라로 들어가시어 아직 돌아오지 않았으므로 왕자군 서신은 가지고 오지 못했다."

"그대는 유독부의 마음속에 생각하는 일을 상세히 알고 왔는가. 과연 그렇다면 독부는 무엇을 생각하고 있는가?"

"독부의 마음속에 생각하는 일을 내가 어떻게 충분히 안다고 말할 수 있겠는가. 다만 독부가 지난번에 그대들에게 서찰을 보내고 그 답장을 받아보니 이름에 서명도 되어 있지 않았고 또한 직인도 찍혀 있지 않음을 보고 이것은 반드시 중간에 무슨 농간이나 회롱함이 있었던 것이 아닌가 라고 생각하여 이번에 우리들을 보내어 그 허실을 알아보려고 하는 것이다. 그래서 우리들이 멀고도 먼 이곳에 온 것이다."

"일본에서 들어온 소서비(小西飛 : 첩자 이시라)란 사람이 지금 어느 곳에 있는지 아는가?"

"소서비란 사람이 어떤 사람이며 누구인지 알지 못한다."
이때 왜인들은 종이에 글을 써 보이면서 말했다.

"소서비란 사람이 심유경과 함께 명나라에 들어갔던 사람이다. 심유경과 강화하려는 각 조항을 알고 있는가?"

"알지 못한다."

"그대들은 유독부로부터 왔다 하면서 어찌하여 심유경의 하는 일을 알지 못한다고 말하는가"

하면서 '첫째는 천자(天子)와 결혼하고, 둘째는 조선 4개 도(道)를 베어 준다'는 두 조약을 나에게 써서 보이면서 말했다

"이것이 심유경과 소서행장이 강화하려던 조건이다. 그대들은 어찌하여 이 조약을 알지 못한다고 말하는가."

"이것은 심유경과 소서행장 사이에서 이루어지고 있는 강화하는 조건이라면 만의 하나라도 절대로 이런 일은 이

루어질 수가 없다. 당신들의 상관 가등청정이 바라는 바의 강화하고자 하는 조건도 마찬가지인가?"
"우리 상관이 강화하고자 하는 바는 이와는 다르다."
그들의 뜻을 살펴보면 모두가 소서행장이 하는 일에 즐거워하지 않는 것 같았다.

그날 저녁에 우리들을 가등청정이 있는 처소로 인도되어 들어갔는데, 우리들이 먼저 들어가 자리를 정하여 앉은 후에 가등청정은 문을 두드리고 들어오더니 먼저 우리들을 보고 "먼 길에 오시느라고 수고하였다"고 위로 인사를 한 연후에 물었다.
"심유경의 일이 어찌하여 이루어지지 않는다고 하는가?"
우리들이 왜적의 눈치를 관찰하여 보니 그들은 심유경과 소서행장이 하고 있는 일이 이루어지지 못한다고 하면 은근이 기뻐하였고 또 그들이 바라는 눈치다. 사명대사가 그들의 뜻을 캐어보려고 말했다.
"심유경의 일은 절대로 이루어지지 못할 것이다."
가등청정은 놀라는 빛으로 말했다.
"이 일은 기밀에 속하는 것이므로 말로써 통하게 되면 다른 사람의 입에 전파될까 두렵다. 그러니 내 방에 들어가 글을 써서 보이겠다."
곧 일어나 옆방으로 들어가므로 우리들도 따라 들어갔다. 그가 종이에 글을 써서 물었다. 그 내용은 모두가 소서행장과 심유경의 강화에 대하여 이루어질 것인가 이루어지지 않을 것인가 하는 등등의 가부에 대한 물음이었다. 우리들은 몇 번이나

"일이 이루어지지 않을 것이다."
대답하였다.

또한 일본으로부터 왔다는 왜승(倭僧) 두 명이 흰 비단으로 된 장삼을 입고 또한 금란가사를 설치고 위엄을 차리고 청중에 나와 대청마루에 앉아 있었다. 그 중 한 왜승의 이름은 일본 본묘사(本妙寺)의 주지 일진(日眞)이라고 하였는데 서화(書畵)를 조금씩 알므로 가등청정과 우리들이 문답하는 것을 오로지 이들 승려에게 모두 맡겨 쓰게 하였다. 술이 두세 차례나 돌다 보니 이로 인하여 밤이 깊어져서 이내 숙소로 돌아와 자게 되었다.

갑오년(1594) 4월 14일 날이 밝아오자 아침 조반을 먹은 후에 여러 왜인들과 부장들이 모두 와서 인사를 하였다. 그리고 얼마 후에 왜적의 부장 희팔랑은 가등청정이 있는 처소로부터 와서 심유경과 강화하려는 조건이라는 것을 써서 보이면서 말하였다.

"이것이 이루어질 것인가 이루어지지 않을 것인가를 상세하게 써서 회답하여 보이도록 하는 것이 옳을 것이요."

그런데 거기에는 다섯 가지 조약에 관한 글이 이렇게 기록되어 있었다.

첫째 중국 천자와 결혼한다.
둘째, 조선 땅을 쪼개어 일본에 소속시킨다.
셋째, 전과 같이 이웃 나라로서 사이좋게 지낸다.
넷째, 왕자 한 사람을 일본으로 보내어 영주하도록 한다.
다섯째, 조선의 대신과 대관을 일본에 인질로 보낸다.

우리들은 이것을 보고 한동안 서로 논의한 끝에 다음과 같이 답을 썼다.

"첫째, 천자와 더불어 결혼한다는 것은 옛날 한(漢)나라 황제가 궁녀 하나를 선우(單于 : 흉노)에게 보내서 화친을 맺었으나 이일은 천년이 지난 오늘날에 이르러서도 그것이 한나라 황제의 화친하려는 구실이 되었다고 항상 비방하고 있다. 그런데 우리 성천자께서는 요임금과 순임금과 같으신 덕망이 일월 같은 밝음으로써 천하를 덮고 있는 터에 어찌 그 성천자의 공주를 수만리 머나먼 이국땅 창파 밖으로 보내서 결혼을 시키겠는가. 비록 소 먹이고 나무하는 아이들이나 양치는 총각과 촌부일지라도 이 일이 절대로 성사되지 않을 것이다. 하물며 유독부는 천자의 조정에서도 높이 지조를 가진 선비로서 이에 글과 무예를 겸한 사람인데 일의 성패를 분명히 알고 계획하고 처리하여야 할 것이다. 식견이 높고 지혜가 밝아 의(義)와 불의(不義)의 진리를 분명히 통달하였을 텐데 어찌 먼저 그 일을 성사되고 성사되지 않음을 알지 못하겠는가. 절대로 성사될 수 없다.

둘째, 조선 땅을 쪼개어 일본에 귀속시킨다는 것도 안 될 것이다. 사해안은 천자의 국토가 아닌 곳이 없다. 비록 조그마한 한 줌의 흙이나 이름 없는 풀이라도 모두 성천자께서 장악한 가운데 있지 않음이 없다. 따라서 이 물건을 빼앗고 남에게 주는 것은 오로지 성천자의 마음속에서 스스로 어떻게 할 것인지 결정할 뿐이로다. 그런데 심유경 한 사람이 어찌 능히 천자로 하여금 이것을 남에게 빼앗아라 주어라 할 수 있겠는가. 그러니 절대로 되지 않을 것이다.

　대저 일본은 천만 뜻밖에도 명분 없는 군사를 일으켜서 함부로 성천자의 영토를 짓밟아서 백성들을 도탄에 빠뜨려 이 지경에 이르게 하였다. 이보다 더 심한 때가 없다. 성천자께서 부득이 하게 군사를 일으켜서 방어하신 지 어언 3년이나 되었다. 지금도 오히려 이것을 그치지 않고 있는데 어찌 이 땅을 베어서 일본에 내어 줄 수가 있겠는가. 만에 하나라도 이런 일은 성사될 수 없다. 우리들로써는 소서행장과 심유경의 계책을 결단코 이루어지지 않는다는 것을 알고 있다.
　셋째, 전과 같이 화합하여 서로 교류하자는 것에 대해서는 임금이나 아비의 원수를 잊고 형제와 같이 진실한 교류를 맺는다는 것은 더욱 더 불가함을 알고 있을 것이다. 하늘과 땅 사이에 어찌 이러한 도리가 있겠는가. 우리들은 돌아가서 유독부에게 보고하여 독부가 처리하는 것에 따를 뿐이지만 절대로 성사될 수 없다.
　넷째, 왕자를 일본으로 보내서 영주하도록 한다는 것은 안될 것이다. 일본은 까닭없이 군사를 일으켜 백성들을 짓밟아 죽이고 도탄에 빠뜨리고 우리 종묘사직을 함몰시켰다. 그래서 우리들의 윤리와 기강을 죄다 무너뜨리고 어지럽게 짓밟아서 우리나라 문화유산을 약탈하고 백성들의 가옥들을 무자비하게 파괴하고 무너뜨렸다. 신하가 되고 자식이 된 마음으로서는 비록 우리 백성들 백만 명을 보내어 왜인들의 목숨 한둘을 빼앗아 무궁한 원수를 갚는다 하더라도 이것은 백성들의 원통함을 씻을 길이 없을 것이다. 영웅의 눈물은 비록 공양(밥) 먹는 사이에도 마르지 않거늘 어찌 왕자를 멀고 먼 현해탄 밖으로 보내어 낯 설은 이국 오랑캐의 땅 일본에 영주하도록 하겠는가. 비록 나와 같은 한 승려로서도 또한 백번 죽음을 달게 받을지언정 소서행장과 심유경이 왕자를 보낸다는 논의를 했으면 만 번 죽어도 따르지 아니할 것인데 하물며 우리 성천자께서는 온 천하의 임금이요 억조창생의 아버지인데 어찌 심공과 더불어 함께 이와 같이 졸렬한 일을 할 수 있겠는가. 몇 만 분의 일이라도 절대로 이런 일은 없을 것이다. 진실로 나 사명은 심유경과 소서행장의 일이 절대로 성사되지 않음을 너무나 잘 알고 있다. 유독부로 말하자면 명나라의 대신으로서 본래 예악 중에서 태어나고 자란 사람인데 어찌 오늘에서야 알겠는가. 절대로 성사될 수 없을 것이다.

　다섯째, 조선의 대신과 대관들을 오랑캐의 일본에 인질로 보내라는 일에 대해서도 만분의 하나라도 절대로 더욱 불가하다. 전일 나라가 전성할 때 이웃 나라로써 교류함이 있어서도 이러한 일은 듣지 못하였는데 더구나 오늘날 이렇게 원수를 맺고 대신을 보내어 형제 같이 교류를 맺는다는 것은 나 사명으로서는 옳다고 생각하지 않는다. 그러나 이런 일들은 모두 유독부가 성천자에게 품계한 연후에 어찌 하든지 처분 할 뿐 나로서는 알 바 아니지만 절대로 성사될 수 없을 것으로 안다.

　위와 같은 다섯 가지 조건은 모두 대의에 합당하지 않으므로 결단코 소서행장과 심유경의 일이 이루어지지 않을 것을 알 것인 바, 비단 우리들만이 알고 있는 바가 이와 같을 뿐만 아니라 유독부도 또한 이 뜻을 알고 있는 지 이미 오래될 것이다. 이런 때를 당해서 대상관(大上官)이 유독부와 더불어 화해할 것을 논의한다면 이 일이 반드시 성사될 수 있는 기회이로다. 다행이 재량껏 잘 선처하고 제도하기를 바라는 바이다."

이것을 보고나서 희팔랑이 가등청정의 뜻을 글로 써서 보이면서 말했다.
"만약 심유경과 소서행장 사이에 약정이 이루어지지 않는다면 일본은 다시 군사를 동원시켜 푸른 바다를 건너와서 곧 바로 명나라로 향해 갈 것이다. 이때를 당하여 조선의 백성들은 모두 일시에 굶주려 죽고 살아 남지 않을 것이니 당신들은 어떻게 할 것인가?"
사명대사께서 대답했다.
"우리 조선의 명나라 천자에게 명령을 받고 예와 의에 이미 죽은 나라다. 당초에 일본에서 천만 뜻밖에도 명분 없는 군사를 일으켰으니 우리나라는 미처 군사를 모집하여 이것을 대응하지 못하여서 짓밟혀 죽고 쫓겨 잡힘이 이르러 달아났던 것이다. 그러나 지금은 성천자께서 중국에서 식량을 잇달아 수송하여 보내와서 군사를 먹이고 백성들을 구제하고 있으며 또한 남방에서 보내온 군사 50만 명과 더불어 우리나라 의병들이 함께 용맹스럽게 대적하여 소탕하고 무찌르게 되었는데 하물며 우리는 백 번 죽고 만 번 죽는다 하더라도 달게 받을지언정 심유경과 소서행장의 계책을 따르지 않을 것이다."
이날 그들은 술 네 통을 보내면서 말했다.
"우리와 자리를 함께하여 몸소 술잔을 나누면서 원로에 온 노고를 위로하면서 대접하고자 하였으나 일이 번거롭게 복잡하게 될까 염려하여 그렇게 접대하는 것이니 그렇게 아십시오."

 이튿날인 15일에 가등청정은 회팔랑을 시켜 보내와서 물었다.
 "내가 영안(永安 : 함경도)에 있을 때에 왕자군의 장인되는 황호군(黃護軍)께서 말씀하시기를, '강원도 금강산에 고명하고 존귀한 승려가 있다'라고 하더니 지금 사명대사가 반드시 그 사람인가 생각합니다. 이번에 어려운 걸음으로 이렇게 오셔서 나[加藤淸正]를 맞아주니 심히 다행한 인연이요."
 하고 장지(狀紙) 한 권과 부채 열두 자루를 보내면서 말하였다. "여기에 필적을 받고자 합니다."
 이에 대사는 즉시 부채에 글을 이렇게 써 주었다.

　　① 正其誼 不謀其利 : 그 의로움을 바르게 하고
　　　　　　　　　　　그 이를 도모하지 않는다.
　　② 明有日月 暗有鬼神 : 밝음에는 해와 달이 있고
　　　　　　　　　　　　어두움에는 귀신이 있다.
　　③ 苟非吾之所有 雖一毫而莫取 : 진실로 내 소유가 아니면 비록 털끝 하나라도 취하지 말라.
 등의 글을 써서 주었더니 이런 일이 있은 후로부터 모든 왜인들은 사명대사의 글씨를 보고 기이하게 듣고 너도나도 부채를 가지고 와서 글씨를 받아 가 그 수를 헤아릴 수 없었다.

 이날 정오가 되어 우리는 왜장 가등청정이 있는 처소로 안내되어 갔더니 가등청정은 특별히 금병풍을 치고 자리를 만들고 나와서 나〔四溟〕와 더불어 이겸수를 앉게 하고는 서로 묻고 서로 답하였는데, 그것은 모두가 심유경과 왜장 평행장이 추진하고 있는 강화가 이루어질 수 있느냐 이루어질 수 없느냐 하는 등의 여부에 대한 문답이었다. 그리고 이때에 또 가등청정은 다시 회팔랑을 시켜 종이에 편지 한 장을 써 주었는데, 그것은 대개 어제 오늘 문답한 바 심유경과 평행장 등의 강화에 대한 일에 관하여 여러 번 반복하여 글로 써 보인 것이니 아마 이것으로써 우리들의 생각을 탐색하여 알아보고자 하는 뜻을 보인 것 같았다.

이제 그 편지를 보면 다음과 같다.

"그대들이 보내온 글을 펴서 읽어 보았지만은 어찌 분명하고 뚜렸한 견해가 나타나 있지 않고 또한 비록 사신들을 만나 직접 듣고 일을 알아보려고 하였으나 역시 그 말로는 분별하기가 어렵도다. 그러나 심유경의 조건을 따라 조목별로 안건을 써서 대답하노니 이런 일을 참고하여 처리하기 바란다.

첫째, 명나라와 결혼한다는 일에 대해서는 옛날 한나라 때 선우와 결혼한 것을 지금에 이르기까지 구실의 논의로 삼는다면 뜻을 이루지 못할 것이로다. 그러나 일본 황제가 황송하게도 문무천황의 후예로서 제위에 올라 한나라와 화해하려고 하는 것이 어찌 부끄러운 일이란 말인가.

둘째, 조선의 4개도를 베어 준다는 일에 대해서는, 일본에게 나누어주는 것은 아는 바가 없다고 하지만 이 일을 미루어 생각하면 4개가 아니라 8개도를 모두 일본이 장악하여 귀속시킬 수 있는데 누가 이 일을 방해한단 말인가.

셋째, 진공을 하는 물건에 대해서는 물건을 사퇴하는 것은 법과 예의에 맞지 않는다 중단되었던 관계를 어찌 전과 같이 하는데 무엇이 맞지 않는다 말하겠는가.

넷째, 조선 왕자 한 사람을 일본으로 보내는 것에 대해서도 어려운 일이라 하였으나 이것도 사리에 밝지 못한 것이다. 그 이유는 먼저 전쟁터에서 사로잡았을 때 비록 죽여 버렸다 한들 어찌할 수 없는 일이 아니겠는가. 그래서 이것도 맞지 않음이로다.

다섯째, 조선 대신과 대관들을 인질로 일본에 보내라는 것에 대해서는 조선의 대신들이 일본에 있으면 또한 즐거워하지 않는다 하니 이것은 또한 무리한 일이 아닌가 생각한다. 왕자가 일본에 있으면 임금을 따르는 것이 신하인데 어찌 감히 사양하여 옳지 않다는 말인가.

여섯째, 심유경과 논의함이 만약 이루어지지 않는다면 일본은 군사를 일으켜 바다를 건너 명나라로 침범할 것이다. 이런 경우 열흘이 못되어 조선의 형세는 과연 어떻게 되겠는가. 그렇게 되면 가히 원천에서 막아야 할 것이니 모름지기 멀리 생각하는 것이 옳지 않겠는가.

일곱째, 답서 중에 도장을 찍지 않았다고 허물함은 이것도 또한 모르는 말이로다. 강화와 논의로 결정된 바는 전혀 문제가 아니다. 그대들의 생각을 결정함에 있으니 도장이 찍히고 안 찍히는데 무슨 상관이 있겠는가.

이 더러운 왜놈들의 글은 추한 것이 문맥도 잘 알지 못하고 썼는지 그 글을 읽어 본 바 무슨 말인지 머리도 없고 꼬리도 없었으며 지저분하고 조리가 없어 알 수가 없었다. 우리는 서로 돌아보면서 알아보려 애썼으나 잘 알아볼 수 없어서 통사(通使)하는 사람을 시켜 그 뜻을 알아봐도 잘 알지 못했다. 통사를 통하여 이를 물어서 그들의 어세를 관찰하였더니 모두 앞에 답한 바 다섯 가지 일에 대한 반박과 역으로 힐난하고 두려워하게 할 뿐이요 별다른 뜻이 없었다. 이에 대하여 우리 일행들은 다시 대답하여 말했다.

"이와 같은 일 들은 지난번에 답을 함으로써 다 밝혔으니 다시 말할 것이 없으므로 돌아가서 유독부에게 말을 전하고 난 뒤에 통지하겠으니 또한 살펴보기 바란다."

가등청정은 또한 종이에 글로 써서 보이면서 말했다.
"유독부는 무슨 까닭으로 전라도에 군진을 옮기게 되었는가?"
사명대사께서 대답하였다.
"명나라 군사 수십만 명이 대개 전라도 연해 지방의 여러 관서에 많이 주둔하고 있다. 그러므로 유독부는 군사를 징발하고 훈련하고자 하였고 남원은 곧 도로의 중심지가 되기 때문이다. 여기에 군의 진영을 옮겨서 전라도와 경상도 2개 도를 겸하여 병사를 함께 통솔하고자 한 것뿐이다."
또 왜장은 글을 써서 보이면서 사명대사에게 말했다.
"유독부는 나이가 금년에 몇 살이나 되었는가?"
"올해 33세인 것으로 안다."
"평안도와 함경도와 충청도와 경기도의 4개 도는 곧 명나라 장수 몇 사람이 군사를 거느리고 있는가?"
"송경략(宋經略)의 이름은 응창(應唱)이며 이제독(李提

督)의 이름은 여송(如松)이다. 이들은 이미 일찍이 군사를 돌이켰고 고시랑(顧侍郎)의 이름은 양겸(養謙)이고 모든 장수들과 병사 30여만 명을 통솔하여 이미 평안도에 도착하여 4개도의 병사를 함께 거느리고 있을 뿐이다."

또 통사를 시켜 말을 전하였다.

"조선의 일은 큰일이나 작은 일이나 모두 명나라에 미루고 사실대로 대답하지 않고, 또 왕자군의 답하는 서찰도 또한 명나라에 미루고 오늘날까지 보내오지 않으니 어찌 이토록 신의가 없단 말인가."

"대상관과 더불어 왕자군이 이별할 때에 무슨 약속이 있었으며 또한 무슨 맹세라도 정한 바가 있었는가?"

"그런 것은 아니다. 별다르게 약속한 일도 없었고 또한 맹세 같은 일도 정한 바가 없지만 다만 함께 오랫동안 같이 머물렀기 때문이다. 이별할 때에도 서로 사이좋게 지내자고 언약하였는데 지금까지 한 번도 서로 문안함이 없으니 인정이 진실로 이와 같을 수 가 있는가."

"그렇다면 어찌 신의가 없다고 말할 수 있으리오. 왕자군께서 명나라에 들어갔으니 조만간 돌아오게 되면 곧 답서를 써서 보내올 것이니 무슨 어려움이 있으리요. 또한 우리나라는 곧 명나라에 소속된 나라이니 모든 일마다 명나라에 맡기는 것이 또한 마땅하지 않겠는가. 오직 선처를 바랄 뿐이다."

또한 글로 써서 보이며 말하였다.

"유독부의 마음속을 그대들이 반드시 자세히 알고 있을 터인데 일부러 굳게 숨기고 말을 하지 않으니 그대들에게 허물이 있지 않는가."

"유독부는 덕행이 있고 훌륭하고 원만한 용모에 감정을 잘 나타내지 않는 사람이니 우리들이 무엇으로써 어찌 그 마음속을 알수 있겠는가. 다만 매양 우리들과 더불어 하신 말씀이, 울산 서생보 진영에 있는 폐장 가등청정은 대대로 지방관을 지내온 관인의 후예로시 디구나 호걸스러운 사람이로다. 어찌 일본을 통솔하는 관백과 같은 용열한 사람의 아래에 매여 있을 사람이겠는가. 그가 만약 다른 나라에 살았다면 이미 지극히 높은 지위에 오를 인물이로다. 하면서 항상 상관을 위하여 지극히 개탄하는 모습을 보였을 뿐이다."

하니 가등청정은 이 말을 듣고 비로소 빙긋이 미소를 짓고 대답하지 않았다.

사명대사 일행은 자세히 글로 써서 보이며 말하였다.
"우리나라에서는 관백이 일본국 왕이 되어 상관으로써 그 신하를 삼아 이제 이 나라에 보낸 것이라고 하는데 사실이요."

가등청정이 글로 써서 보이면서 말하였다.
"나는 관백의 신하가 아니고 국왕의 신하다. 국왕은 관백이 아니고 따로 계시다. 관백은 본래 나쁜 사람인데 지금 무계로써 서국에 머무르고 있을 뿐이다."

가등청정이 다시 물었다.
"왕자군을 붙잡은 사람은 나요 놓아 보내준 사람도 역시 나 였는데 아직 한번도 서신조차 보내오지 않는다는 것은 왕자군이 매우 신의가 없는 사람이다."

"왕자군을 놓아 보내준 공적이 상관에게 있다는 것은 곧 유독부만이 알고 있는 바이요, 명나라와 조선에서는 모두 상관의 공적이라는 것을 알지 못하고 있다. 왜냐하면 평행자가 우리나라에 그 공적을 빛내려고 자랑하여 말하기를 왕자군은 내가 가등청정에게 명령하여 놓아 보내라고 하였고 그리고 내가 아니었더라면 왕자는 절대로 놓아 보내지 못했을 것이었다고 말하였기 때문이다."

이 말을 듣고는 빙긋이 미소를 지으며 글을 써서 말하였다.

"왕자군은 내 수중에 있었는데 평행자가 또한 무슨 말을 하였단 말이요. 평행자는 다만 심유경으로 하여금 함께 가게 하였을 뿐이요."

"상관은 유독부의 마음속을 알고자 하면서 상관의 마음속은 일찍이 털어놓고 말하지 않으니 원하건댄 상관이 마음속에 진실로 생각하는 바를 들려주면 돌아가서 유독부에게 보고하고 싶을 뿐이요."

"사실 나의 마음은 심유경과 더불어 소서행장과는 다른 바가 있다. 심유경과 소서행장이 일이 만약 이루어지지 않으면 그대는 또한 나한데 다시 돌아오시오. 나도 또한 독부에게 사람을 보내어 논의하여 서로 통하게 하면 하루아침에 결정될 수 있는데 무엇 때문에 오래도록 끌고 가겠는가."

가등청정은 다시 말했다.

"그대와는 더불어 이미 친숙하게 되었으나 아무런 신물을 드리지 못하였음이라. 나〔淸正〕에게 종이 몇 권과 부채 몇 자루가 있으니 오로지 내 성의를 표할 따름이요."

이에 곧 밖으로 나가더니 백지 열 권과 부채 열 자루를 내어놓고 사명대사에게 주면서 말하였다.

"내가 멀리 이국땅에 있으므로 특별한 보물이 될 만한 것이 없으니 보잘것없다고 허물하지 마십시오."
 우리 일행은 거절하고 받지 않으려 하였으나 만일 아니 받으면 바야흐로 화해할 일을 논의하는 자리인데 저들이 우리들을 짐짓 믿지 않을까 하여 억지로 받아 가지고 자리에서 물러나왔다.

 이날 그들은 우리가 군사를 거느리고 와서 주위에 숨어 두었는가 하고 의심하여 가만히 군사 천명을 거느리고 인근 진영에서 30리 가량의 안팎 들을 모두 자세히 탐색해 보고 돌아왔는데, 아마도 이것은 대개 전일에 이겸수가 돌아간 후 즉시 군사들이 울산 서생포 공수곶 북쪽 산에 숨어 있다가 왜병 4명의 머리를 베어 왔기 때문에 그랬던 것이다.

 다음날 16일 일찍 아침 공양을 마치고 왜장 희팔랑과 일본 승려 본묘사 주지인 일진스님이 술과 안주를 가지고 조총군 50여명을 거느리고 보호하여 현재 울산 서생포 북쪽에 있는 공수곶 앞까지 호송하여 주므로 무사히 돌아와서 나무 그늘 아래에서 송별 술자리를 베풀어 같은 주제 아래 함께 선시를 지어 서로 화답하면서 은근히 예의 있게 위로함으로써 후일에 다시 만날 것을 약속하고 전송하여 주고 돌아갔다. 가등청정은 또한 종이 10장을 보내서 글씨를 받아 갔는데 이별하는 즈음에 가등청정은 사람을 보내어 말했다.
 "심유경과 소서행장이 약속한 일이 이루어지고 이루어지지 않는 데 대하여 계속 서로 연락하여 소식이 막히지 않게 알려주면 지극히 다행하고 고마울 뿐이다."

"그렇게 하겠다."

대저 우리들이 오랑캐의 적장과 더불어 화해할 뜻을 널리 선포함으로 인하여 왜적의 기세를 관찰하여 보니 왜군의 성은 견고하고 그들의 호령이 날로 새로우며 군수 품은 풍부하게 두루 보급되어 생활상태가 여유롭게 남음이 있어 보이며 혹은 높은 누각을 짓고 있었다. 심지어 가등청정이 거처하는 곳에 이르러 보니 만당에 화려하게 자리를 깔아두고 금병풍을 둘러 장식하였으며, 맛있는 음식을 먹고 한 번 호령하면 사람들은 일백 명씩 함께 대답하니 위엄있는 우렁찬 호령이 마치 바람이 불어오는 것과 같았으며, 아마도 오래도록 주둔 할 계획은 있어도 바다를 건너갈 기세는 조금도 보이지 않았다. 또한 사치스럽고 참람한 것은 왕후의 생활보다 더욱 심함이 있으니 원통하고 분함을 이길 수 없었다.

우리 일동들이 원하는 것은 중국 명나라로 들어가 위로 천자에게 아뢰옵고 아래로는 조정에 고하여 명나라 군량을 내오고 마초와 병기를 가득히 운반하고 남방군사를 많이 모아서 바로 왜적의 소굴을 무찔러 오랑캐의 종자를 하나도 남기지 않은 연후에야 마치는 것일 뿐이로다. 삼가 엎드려 바라옵건댄 하나도 빠짐없이 들어 장계를 올리는 뜻을 살펴 품계하여 주시면 심히 다행일까 생각합니다.

2. 왜적의 정세를 별도로 아룀

가등청정은 소서행장과 심유경과 더불어 서로 약속한 그 일이 이루어질 것인가 이루어지지 못할 것인가 어떻게 될

지 거듭 반복하고 되풀이하여 물었다. 사명대사가 이루어
지지 않는다고 말하면 얼굴에 기쁜 빛으로 밝게 움직이니
비록 능히 정확하게는 알 수 없으나, 가등청정의 속뜻이
어디에 있는 가를 알 수 없다 하더라도 그들의 언사로 살
펴보이 짐작이 되었다.

만약 소서행장의 일이 이루어지지 않을 것 같아 명나라를 침
범할 뜻이 있다면 소서행장과 더불어 관백의 죄를 성토하고 창
끝을 돌이켜 반기를 들고자 하는 뜻을 보인 듯한 것이다. 그는
말마다 반드시 풍신수길은 왕이 아니라 하며 또한 우리의 왕은
따로 있다고 하였다. 만약 힐문하기를,
 "우리의 왕이라고 말하는 것이 원씨의 후예를 말함인가,
또는 일본의 황제를 말함인가"를 따져보면 그 말을 들어
대개 그 깊은 뜻을 찾아 볼 수 있겠으나 그러나 내〔四溟〕
가 원씨의 일을 잘 알지 못하므로 그 일을 자세히 물을 수
가 없었다.

또한 선묘보감(宣廟寶鑑)을 상고해 살펴보건댄 갑오년
(1594) 9월에 심유정과 더불어 왜적의 사신인 소서비와 함께
돌아와 왜적의 진영으로 들어갔다고 하였다. 소서비가 명나라
에 들어갔을 때에 명나라 조정에서 세 가지 일을 그에게 힐문
하였다고 한다.
 첫째, 다만 책봉만을 요구할 것이요 조공은 요구하지 않
는다.
 둘째, 한 사람의 왜인도 부산에 머물게 하지 않는다.
 셋째, 영원히 조선을 침략하지 않는다.

만약 이와 같은 세 가지 약속을 지킨다면 곧 책봉하겠지만 만약 약속을 지키지 못할 경우에는 책봉하지 않겠다고 하였다. 그래서 소서비는 약속을 지킬 것을 하늘에 맹세하고 지도를 청하였다 한다. 이로써 보면 왜인을 책봉할 것을 드디어 결정하고 소서비를 다시 왜적의 진영으로 도로 돌아가게 하여 책봉을 허락한다는 것을 널리 알리게 하고 주둔시킨 왜병의 군사들을 모두 철수시킬 것을 명령하였다고 한 것이다.

그러나 이제 사명대사의 난중일기 가운에 가등청정에게 보이고 말한 바 강화의 다섯 가지 조건은 심유경과 소서행장 두 사람의 계책이라고 말한 것은 사리로 보아 이치에 맞지 않는 것 같다. 심유경이 명나라의 사람으로 결정코 감히 왜적이 구혼하는 등의 여러 가지 말을 모두 명나라 조정에 아뢰지는 않았을 것이기 때문이다. 이것은 반드시 가등청정이 스스로가 흉악한 말을 짓고 조작하여 화해를 해하려는 계략이었을 것으로 보인다. 그런데 왜국을 책봉하려는 사신이 왕명을 욕되게 한 후에 이런 말들이 일제히 전파되자 심유경의 죄가 백방으로 구하여도 용서받을 길이 없게 되었으니 매우 애석하고 애석한 일이다.

또한 서애 유성룡(4도 체찰사)의 징비록을 상고하여 보면 거기에 수록된 심유경이 김상국 명원에게 보냈다는 서신에서 말씀한 바는 사명대사의 설과 약간 다르다.

8도를 베어준다는 말과 국왕이 바다를 건너갔다 라는 등의 말은 또한 한층 더하였고 스스로 극구 변명하였다. 그러나 대개 당시의 사정의 일을 논한다면 소서행장으로 보면 평양에서 한 번 패하고는 풍신수길에게 돌아가 보고할 면목이 없었으므로 왕으로 책봉한다는 한 가지 일을 얻어 공으로 삼고자 하였던 것이다.

 심유경으로 보면 왜병을 철군하게 하였으므로 이것을 공적으로 삼고자 하였는데 요행으로 그것이 혹시나 성공할 것만 생각하였던 연고로 미쳐 왜적의 정세를 자세히 아뢰지 못하였던 것이다.

 그러나 가등청정은 사람됨이 본래 맹렬히 사납고 용맹스러운 영웅으로 일을 좋아하는 왜장일 뿐이다. 그는 스스로 그 용맹을 믿고 말하기를, 내가 향하는 곳마다 대적할 사람이 없다 라고 하였는데 소서행장의 무리들이 행하는 바에 소이 괘씸하고 분개하여 이 다섯 가지 패악하기 짝이 없는 말로써 우리나라 사람의 마음을 위협코자 한 것 같다. 그러므로 내〔四溟〕 뱃속의 마음은 심유경과 더불어 소서행장과 뜻이 다르다 라고 말한 것이다. 이러므로 심유경의 일이 이루어지지 않는다고 말하면 얼굴에 희색으로 움직이는 모습을 관찰할 수 있으니 사명대사로 하여금 왜적의 진영 속에 세 번이나 들어가게 하였다 하더라도 어찌 한 가지 좋은 소식인들 가히 얻을 수 있었겠는가라고 기록한 것이다.

 또한 내가 일본에 갔을 때에 왜적의 대관들을 보았지만 모두 글을 잘 알거나 짓지 못하였다고 했다. 그래서 흔히 필답으로 그들을 상대하여 보았으나 천하고 유치하여 말이 두서가 없고 글을 읽으려 하여도 무슨 말인지 능히 알아 볼 수가 없었다 하였다.

이제 부장 희팔랑이 써준 바의 여러 가지 힐문을 관찰해 보면 글이 이리저리 지속되지 않고 끊어지며 분명하지 않아 전혀 문맥이 통하지 않고 조리가 없으니 이것이 정말 왜적 관인들의 문자의 본색이란 말인가. 가등청정이 장막 아래인들 어찌 칙륵가(勅勒歌 : 신가요사)의 수단이 있으리요. 문장의 행위를 보면 한 번 크게 웃음이었다 할 것이다.

3. 갑오년(1594) 5월 유독부를 가서 만나다.

지난 갑오년 5월 24일 원수부는 경남 의령을 출발하였다. 〔원수부는 의령에 주둔해 있었는데 계사년(1593) 6월에 진주가 함락된 뒤 권율을 김명원 대신 도원수에 명하였기 때문이다.〕 그의 행렬이 28일에 남원에 도착하였는데, 이날은 날씨 관계로 비를 맞아 의복과 행장이 모두 다 젖었으므로 유독부에게 나아가 아뢰지 못하고 또한 초탐기(哨探記)와 더불어 가등청정의 답서도 또한 유독부에게 올리지 못하였다.

다음날 5월 29일 날이 밝아오자 먼저 빈객을 대접하는 접반사도에게 나아가 함께 간 지휘자에게 부탁하여 초탐기와 더불어 가등청정의 답서를 가지고 독부에게 바치게 하였다. 유독부는 차례대로 초탐기와 더불어 왜적의 괴수 가등청정의 답서를 두세 번 읽어 본 후 이겸수를 돌아다보면서 말하였다.

"그대들은 이리와 호랑이 굴을 왕복하면서도 몸이 오히려 건강하고 탈이 없었으니 내 마음이 어찌 기쁘지 않을 수 있겠는가. 사명대사께서도 또한 같이 돌아왔는가?"

"네, 함께 와서 밖에 있습니다."

이어 공양과 술과 좋은 음식을 대접하라고 명령하고 말하였다.

"그대들은 잠깐 물러가 쉬도록 하라. 천천히 쉬고 있으면 내가 얼마 후에 불러들여 서로 만나 계책을 의논하겠다."

그래서 우리들은 물러나와 성서의 대국사(남원)에 숙소를 정하고 묵게 되었다.

그런데 6월 초3일이 되어도 들어오라는 명이 있지 않기에 이겸수로 하여금 통사 유의빈을 통하여 은근히 돌아갈 뜻을 말하고 곶감 두 접과 잣 두말을 갖추어 가지고 조그마한 단자에 기록하여 유독부에게 친히 바쳤더니 유독부가 직접 받고 통사 유의빈에게 명령하여 말을 전했다.

"내일 날이 밝으면 들어오도록 하라."

다음날 6월 초4일 다 함께 독부에게 나아가서 통사 이희빈을 통하여 만나기를 청하였더니 바깥 대청마루에 머물러 있으라고 명하여 그곳에서 공양(밥)과 음식을 대접 받았다. 그러나 들어오라는 명령이 없어 저녁 공양 때가 되고 해가 저물도록 여러 장수들과 모여 술만 마시고 있었으므로 나아가 만나보지 못하고 물러 나와 오늘은 산성사(남원)에서 잤다.

이튿날 6월 초5일 유독부가 사람을 시켜 사명대사와 더불어 이겸수를 부른다 하기에 독부에 나아갔으나 아직 들어와 만나자는 명령이 없어 밖에 머물러 기다리는데, 먼저 유첩(諭帖)과 더불어 왜적에게 답하는 서찰 등을 보이니 얼마 후에 자리에 들어오라는 명령이 있었다. 사명대사와 이겸수가 같이 자리에서 예배하고 들어가니 유독부가 자리에 앉기를 권하였다. 그리고 간곡히 말했다.

"그대들은 어렵고 험난함을 무릅쓰고 왜적의 소굴에 들어갔다가 무사히 잘 돌아왔으니 그 노고가 어찌 크다 하지 않겠는가. 그래서 그대들을 가상히 여겨 치하를 보내는 바이다."

사명대사는 대답하기를,

"왕사로서 왕복하여 오갔을 뿐인데 무슨 수고라고 할 것이 있겠는가. 나 같은 승려는 본래 산인으로 묻혀 살고 수행하는 것이 본분이지만 마침 임진왜란을 당함에 병세를 도울 뜻을 가지고 감히 생사의 위험을 무릅쓰고 위태로운 곳으로 간 것이로다. 비록 부처님 제자의 도리에는 맞지 않는 바가 있으나 다만 우리 임금을 위하는 마음이 간절하였을 뿐이기 때문이다."

유독부가 말했다.

"때마침 시대가 매우 큰 어려움을 당하여 급박할 때에 사명대사께서는 승려인 한 신인으로서 나라의 일에 근념하여 승려와 속인의 길이 다른 데도 헤아리지 않고 분연히 일어나 왜적을 무찌르고 설명하였으니 그 아니 어진 사람이며 군자의 마음이 아니겠는가. 남아의 의지와 절개는 진실로 마땅히 이와 같아야 할 것이다. 그리고 승려와 속인이 무슨 관계가 있으리오."

엎드려 사의(謝意)하고 말씀드렸다.

"나〔四溟〕는 일찍이 조정에서 벼슬한 일도 없고 또한 중국을 구경한 일도 없는데, 하물며 독부와 더불어 조그마한 친분이나 일면도 있을 리가 있겠음인가. 그러나 그 왜놈들과 서로 나눈 말 가운데는 거짓말을 많이 하였으니 독부에게 우러러 그 죄를 기다릴 뿐입니다."

"그때의 형편에 따라 이와 같이 적당하게 처리한 것이니 어찌 족히 허물이 되리요. 그대가 잘 응대하여 주었음에 대하여 기쁘게 여기는 바요."

하고 유첩을 보이며 말했다.

"옛날에 우리 중국에 요대사(姚大師 : 廬孝)란 승려가 있었는데 그대와 같이 나라 일을 잘 도모하였다. 그러므로 중국이 그를 힘입어 그 풍성한 공과 훌륭한 절의에 의지하게 되므로 지금에 이르도록 사람들의 이목에 빛나고 있다. 그대가 나라 일을 잘 도모하는 것도 또한 마땅히 이와 같이 한다면 포상하는 은전에 있어서 중국과 외국이 어찌 다를 바가 있으리요."

"심유경이란 사람은 어떤 사람입니까? 첫째, 천자와 결혼한다, 둘째, 조선 땅을 쪼개어 일본에 소속시킨다 한 두 가지 일은 비록 나무하고 풀 베며 소 먹이는 목동이라도 오히려 차마 입에 담을 수 없을 일이거늘 하물며 신하된 직분으로서 그것이 옳은 일이겠습니까. 저는 그것이 옳은 줄을 알지 못하겠습니다. 명나라 조정의 위상이 혁혁한 터에 위령으로 그 사람이 악한 마음으로 여기에 도모할 줄은 몰랐습니다"

"그대의 말씀이 모두 옳은 말씀이요. 저 심유경이란 사람은 또한 다만 풍신수길을 왕으로 봉하고 조공을 허락한 다는 조건으로 화해만 주고 받을 뿐이다. 첫째, 혼인을 청구하고, 둘째, 조선 땅의 4개도를 베어 준다 라는 것은 천자의 뜰 앞에서 감히 입 밖에 내지도 못하고 있는 형편입니다. 그러면서도 그가 와서 왜인과 더불어 하는 말은 이와 같다고 하니 마침내 그 결과가 어찌 될지 알 수가 없다. 심유경이란 그 사람됨이 한낱 소인일 뿐입니다. 혼인을 청구하는 등등의 일은 비록 용렬한 사람과 걸식하는 사람과 더부살이 하는 딸이라 하더라도 경솔하게 허락하는 것은 도리에 만무하거늘, 더구나 천자의 성녀를 어찌 왜놈의 나라에 보낼 수 있을 것인가. 이것은 절대로 천만 부당하거늘 그런 도리는 있을 수 없습니다."

"우리나라는 소국이라 대국에 소속되어 군사를 만 리에서 수고롭게 하니 그 환란을 구하여 주는 은혜는 자손의 나라와 같습니다. 그런데 왜놈의 잔당들은 아직도 바닷가에 숨어 있으면서 흉악하고 교활한 짓을 마음대로 지행하고 있습니다. 이런 때를 당하여 독부께서 만약 철병하는 일이 있다면 우리나라의 남은 백성들은 도대체 어디에 의지하여 살 수 있을 것이며, 한갓 이리와 호랑이의 입에 피와 고기가 될 뿐이니 이것은 우리 종묘사직을 생각하여 통곡할 일입니다."

"기세에는 강약이 있어도 그러나 의병에는 다소가 없는 법이요. 나의 병사 5천여 명으로 가히 교전할 수 있다면 싸워서 승리하고 패하고 간에 한번 결전하여 결단을 하겠으나, 그러나 나는 주장에게 결제를 받아야 하므로 주장의 명령이 있지 않으면 감히 경솔하게 군사를 움직일 수 없다. 내가 당연히 7월과 8월 사이에 군사를 돌이킬듯 하오니 그 전에라도 다행히 일이 결정되는 것이 있으면 이것은 모두가 그대들의 공적이니 힘써 노력하시오."
하고 청포 비단과 명주 몇 단을 사명에게 주었다.
"내가 그대들이 먼 길을 다녀온 것을 위로함이다."
우리들은 하사품을 받고 사례로 말했다.
"우리들의 수고와 노력은 모두 신자로서 당연히 할 바를 한 것뿐인데 이제 대인께서 주시는 하사품을 받고 보니 포상을 받은 것과 같아 어찌 우리들의 마음에 매우 부끄럽습니다."
도리어 미안하다 하면서 답하였다.
"내가 사명대사와 그대들의 뜻을 가상하게 여겼을 뿐이요. 어찌 내가 주는 물건이 그렇게 대단한 것이 있단 말이요."
이에 도독은 곧 유첩(諭帖)과 왜놈에게 보낼 답서를 주면서 말했다.
"그대 사명대사의 책임이 매우 중대하니 삼가며 경솔하게 출입하지 마시오."
또 이겸수를 가리키며 지적하여 말했다.
"지금 이 서찰은 수재 이겸수가 잘 전하라. 내가 의논하고 도모할 일이 있으면 스님을 부를 것이요. 그대들은 마땅히 와서 다시 왜적의 소굴로 들어갈 것인지 마땅히 가부 의논하도록 합시다."
우리들은 예배하고 사례하면서 말했다.
"독부의 명령은 지당하고 완전하오니 삼가 가르침을 받을 것입니다."

또 독부는 다시 명하여 백미 세 말과 말 먹이 콩 다섯 말을 주면서 말하기를,

"그대들이 거느리고 온 사람들에게 공양(밥)을 지어주고 돌아가도록 하는 것이 옳을 것이다."

하고 다시 명하였다.

"힘써 노력하고 힘써 노력하기를 부탁합니다. 내가 만약 왜적의 군사를 돌려보내게 된다면 그대들의 공적을 선조 임금에게 자세히 말씀드려 각각 특별한 포상을 하도록 할 것이니 아무쪼록 더욱 노력하고 십분 힘써 노력하기 바랍니다."

우리들은 제삼 절하고 사례하였다.

"신하된 도리로 다만 마땅히 그 마음을 다할 뿐인데 감히 포상을 바랄 수 있겠습니까."

하고 숙소로 물러 나와 산성사에서 잠을 잤다.

이튿날 6월 초6일에 다시 독부에게 들어가서 식량과 콩을 하사한 것에 사례하고 이에 접반사에게 나아가서

"돌아갈 준비를 해 달라."

고 부탁하였다. 그리하여 다음 날 6월 초7일 비로소 출발하여 돌아왔다.

사명대사와 더불어 유독부 사이의 문답에는 심유경에게 책임을 돌리지 않음이 없었다. 첫째, 혼인을 청구하고, 둘째, 땅을 베어준다 라는 말 등이 어찌 정말로 심유경의 입에서 나왔겠는가. 심유경은 우리나라 일을 처리함에 있어서 공은 많으나 죄는 적다. 단기로 왜적의 진영에 달려 들어간 것이 세 번이나

되며 능히 몇 마디의 말로써 왜적의 병사들을 천리 길 밖으로 물리쳐 퇴각하게 하였으니, 다만 왜왕을 책봉하려는 일이 한 번 실패한 연후에 왜적이 다시 바다를 건너왔기 때문에 그 죄는 심유경에게로 돌아가고 말았다. 심유경에 관한 일은 유성룡의 징비록 가운데에 자세히 실려 있다.

4. 갑오년(1594) 7월에 두 번째로 청정을 만나다.

갑오년 7월 초6일 울산군수 군관 장희춘으로 하여금 먼저 통지하여 보내어 알리게 하고 사명은 자병사 군관 북부주부 이겸수와 충청도방어사 군관 판관 최복한과 경상도 방어사 군관 주부 김언복과 수문장 김사식과 지방 출신 임언호와 김유엄과 더불어 아병 37인과 함께 동행 하였다.

갑오년 7월 7일부터 비가 많이 내려 조수로 말미암아 길이 막혀 움직이지 못하고 갇혀 갑오년 7월 9일에야 강물이 빠져 강을 건너고 이튿날 10일에는 바로 왜적의 진영에 도착하였다. 때마침 적장 가등청정은 부산에 가서 아직 돌아오지 않았고 부장 희팔량도 또한 가등청정을 마중하러 나갔다가 얼마 후 가등청정과 함께 돌아왔다. 부장 희팔량은 우리들을 보고 반가워하고 기뻐하며 위로하고는 글로 써서 우리 일행에게 보이면서 말했다.

"사명대사는 어찌하여 서울에 다녀오는 것이 이렇게도 더디고 늦었는가."

"대상관께서 기다린 것은 몹시 괴로웠습니다."

공손하게 대답하였다. 부장 희팔랑은 밤이 깊은데 안으로 들렸다가 가등청정을 만나보고 나오더니 가등청정의 말로써 사명대사와 우리 일행에게 전하였다.

"장맛비로 땅이 흙탕물인데 오시느라고 노고가 많았고, 대단히 미안합니다. 당장 서로 만나 의논함이 마땅하지만 피차가 모두 피로할 터이니 내일 날이 밝으면 서로 논의하도록 합시다."

이튿날 7월 11일 아침 조반을 마치고 나니 부장 희팔랑이 물었다.

"독부가 마음에 두고 있는 심정을 자세히 잘 알고 왔음인가."

"잘 알고 왔습니다."

"사명대사는 서울에 갔으니 국왕의 마음도 또한 알고 왔는가."

"임금의 마음도 독부의 마음과 같았습니다."

"도독부가 가장 높은 상인인가 그렇지 않으면 별도로 상관이 또 있는가?"

"독부는 대장군이요. 대소사의 일을 막론하고 모두 스스로 결정하여 명나라 천자에게 품신합니다."

"심유경이란 사람은 어떤 벼슬을 가진 관원인가?"

"이제독(李提督 : 이여송)의 아래 관직입니다."

"어찌 이제독(이여송)의 하관이 되면서 소서행장과 더불어 강화의 일을 추진할 수 있는가?"

"그러므로 이루어지지 않는다는 것입니다."

"지난 달 6월 25일에 명나라 관원이라고 칭하는 사람이 소서행장의 처소에 와서 화의가 이미 결정되었다고 말하였는데 그러한 것이 사실인가?"
 "그런 말은 들은 바도 없으며 전하는 사람이 잘못 전한 것이라 생각합니다. 화의는 이루어지지 않는다는 것을 소서행장은 잘 알지 못하오나 나는 잘 알고 있습니다."
 "내가 영안에 있을 때 명나라 사람 풍숙 빙숙굉(憑淑紘)과 병부 원노야(袁老爺)가 함께 찾아 와서 나를 만나 보았는데, 이 존귀한 두 사람은 어느 곳의 사람인가?"
 "이들은 모두 명나라 사람인데 우리들은 자세히 알지 못합니다."

 이날 저녁 무렵에 부장 희팔랑이 가등청정의 처소로 들어가서 우리들을 청하여 서로 만나게 하려고 하였으나 때마침 나의 심기가 불편하였으므로 사양하였다. 어언 밤은 깊었는데 희팔랑이 나와서 가등청정이 사명대사의 심기가 불편함이 어떤한가 라고 하며 위로하여 드리라는 말을 전하고 좌병사 군관 이겸수를 청해 부장 희팔랑의 개인 처소로 들어오게 하여 통사 김삼근을 통하여 가등청정의 말을 전했다.
 "그대들이 전날 이곳에 왔다가 돌아간 후로 어찌하여 이와 같이 오래되어 늦게 돌아왔는가. 반드시 소서행장과 더불어 비밀히 상통해서 왕래한 연후에 가등청정을 유인하여 속이고자 해서 고의로 이제 돌아온 것이 아닌가. 그리고 또한 사명대사께서 지난 4월에 찾아와서 우리들을 안심시켜서 겨우 보릿고개를 무사히 넘겼는데 이제 또 찾아와서 나를 달래는 것은 가울 추수를 하려는 의도일 뿐 어찌 진심으로 강화하려는 것이 있겠는가."
 "그렇지 않습니다. 그대들이 감히 우리나라를 침략하게

된 단서는 모두가 소서행장과 의지(義智 : 일 소금장수) 등에게서 나온 것이라는 것을 우리나라 사람이라면 삼척동자라도 다 알고 이를 갈고 그 살을 떠서 씹고자 합니다. 비록 우리나라가 그대들의 손에 의하여 다 멸망된다 하더라도 소서행장과 더불어 강화 할 일은 만에 하나라도 결단코 없을 것입니다. 그대들은 마땅히 생각하여 그렇게 알아야 하며 우리들이 상관과 더불어 회의하고자 하는 것은 대개 상관이 우리나라에 와서 함부로 명령되게 사람들을 죽이는 것을 즐거워하지 않았고 또 왕자와 대신들을 예우로써 돌려보낸 은혜가 있기 때문에 우리 임금께서도 또한 이것을 치사하시고자 하였으나 지금의 형편으로는 나라 대소사의 일을 모두 명나라 장수가 결정하지 않는 것이 없기 때문에 짐짓 그렇게 실행하지 못하고 있는 것 뿐입니다. 어찌 상관의 뜻에 대하여 무심하겠습니까."

부장 희팔랑은 마음속으로 기뻐하면서도 그러나 말로는 거슬리게 해서 또 말하기를,

"독부가 이미 명나라이 장수라면서 심유경과 소서행장 사이에 화의가 이루어지고 이루어지지 않음을 어찌 알지 못하는가. 독부가 비록 이미 화의가 성사될 줄을 알면서도 우리의 마음을 편안하게 안정시키려고 짐짓 그렇게 하는 것이 아닌가."

사명대사가 말하였다.

"심유경과 소서행장의 일이 이미 이루어졌다면 독부에게 무슨 신기한 공이 있다고 나를 도리어 보냈겠는가. 또한 독부는 심유경과 소서행장의 일들이 이루어지지 않을 것을 짐짓 자세히 알고 있으므로 상관과 더불어 화해란 명분으

로 의논하고자 한 것 뿐입니다."
　"지난해(1593) 3월 15일에 서울에 있을 때 판관이라고 칭하는 사람을 시켜 화의할 뜻을 보내왔고, 그보다 앞서 평안도에 있을 때에도 명나라의 사신 두 사람이 우리들을 찾아와 만나보고 돌아갔으나 돌아간 연후에는 아직까지 소식이 끊어지고 없으니, 지금 그대들이 출입하는 것도 이와 같이 헛된 것에 지나지 않겠는가."
　"그때는 소서행장이 가등청정보다 지위가 아래에 있었기 때문에 일이 이루어지지 않았을 것입니다. 그래서 서로 통하지 못하게 하였을 것으로 생각합니다. 그러나 지금은 소서행장의 일은 이미 이루어지지 않았으니 우리들의 출입이 어찌 헛된 일이 되겠습니까?"
　좌병사 군관 이겸수가 또한 가등청정의 병장기를 돌리게 할 실마리를 꺼내어 일으키려고 말을 만들어 물었다.
　"상관과 더불어 관백은 같이 군사를 일으켰는데 관백은 무슨 덕이 있어서 왕이 되고 가등청정은 무슨 악함이 있어 신하가 되었습니까?"
　"가등청정과 관백은 한 마을 사람으로 가등청정은 나이가 젊은 연고로 관백이 되지 않았다."
　"대상관은 이제 이미 대장부가 되었고 그 병세가 관백과 더불어 대략 상하가 없게 되었는데 어찌하여 동해의 수장인 총대장이 되지 못하셨습니까?"
　그때 부장 희팔랑이 말하였다.
　"우리 일본나라의 법에는 왕자는 곧 만세토록 바뀌지 않으며 관백은 왕이 아니고 이는 무관의 수장이다. 가등청정은 곧 관백의 부장이니 어찌 왕이 될 수 있겠는가."

사명대사는 글로 써서 보이면서 말했다.

"상관은 비록 왕은 되지 못하였다 하더라도 어찌 관백이야 될 수 없으리오. 내가 지금 청하건댄 심유경과 소서행장이 일이 이루어지지 못할 연유를 말할 터이니 그대들은 잘 들어 보시오."

하고 다음과 같이 말했다.

"대저 관백이란 사람은 마을 사람의 하인으로 요행히 세력을 얻어 그 임금을 죽이고 권리를 빼앗았으니 그 죄가 죽음의 법을 면하지 못할 것이요. 그러데 지금 또한 군사를 일으켜 일본의 여러 섬과 대마도 사람들을 다 죽이고 해독이 이웃 나라에 까지 파급되었으니 천하가 관백을 미워하고 원망하기를 원수와 같이 여길 뿐만 아니라, 그렇기 때문에 관백의 화의는 이와 같아서 누구도 관백의 화해로 청함을 듣지 않습니다. 만약에 다른 사람이 관백을 대신하여 화해하기를 청한다면 어찌 어려움이 있겠습니까. 또한 가등청정은 대대로 작록을 받았고 백성들을 사랑하여 왕자의 기상이 있는데 어찌 관백의 아랫사람이 되었단 말이요. 독부가 가등청정을 위하여 애석하게 생각하고 있습니다. 이제라도 가등청정이 만약 관백을 도모하고자 한다면 독부도 힘써 담당할 것이요. 쉽기가 마치 손바닥 뒤집음과 같은 것인데 이 일을 어떻게 생각하십니까?"

부장 희팔랑이 묵묵히 오래 있다가 말했다.

"그것은 가히 옳지 않는 일이요. 관백은 이미 관백이 되었고 가등청정은 부하 장수가 되었으니 우리나라의 법으로는 아래 사람이 상관의 자리에 올라 갈 수가 없습니다."

"그렇다면 관백은 본래 아랫사람이었는데 지금은 어찌하

여 윗사람이 되었습니까. 만고 이래로 제왕도 바꿀 수 있는데 하물며 관백이라고 바꿀 수 없다는 것이 말이 됩니까. 가등청정이 관백이 될 수 있는 것은 바로 지금 이때입니다."
 "옳지 않음이요."
하고 얼굴에 불편한 빛을 보이면서 조금 있다가 숙소로 물러가 자도록 하였다.

 이튿날(1594) 7월 12일 아침 조반을 마친 연후에 왜승 일진과 재전, 천우 등이 우리들을 찾아와서 보고 나란히 앉아 모두 심유경과 소서행장이 화해가 이루어질 것인가 이루어지지 못할 것인가, 그리고 우리나라가 화해할 것인가 화해하지 않을 것인가 하는 등의 일에 대하여 문답으로 주고 받았다.

 정오가 되었는데 가등청정이 총애하는 한 어린 왜병이 찾아 왔다. 그는 사명대사를 보고 글씨를 청하여 받고자 하여 옷소매 속에서 부채와 붉고(紅) 누른(黃) 두 색깔의 종이 10 첩을 끄집어내고 또한 두 첩을 내 놓으면서 말하기를,
 "이것은 왕자군의 필적입니다."
 하며 우리들이 손수 받아 살펴보니 거기에 쓰인 글은 선시였다.

 "대전위의 곤룡포는 밝기가 일월과 같은데
 멀고 먼 길에서 동쪽과 서쪽의 안부를 누구에게 물으리오."

그리고 두 절구(絶句) 하단 아래에 또 쓰기를, 계사년 (1593, 癸巳) 4월 일(日) 임해군(臨海君)이라고 이름이 쓰여져 있었다.

그리고 또 다른 종이에는

"잔잔한 두 줄기 물이 집 주위를 소리치며 흐르는데
햇빛이 향로에 비추어 자줏빛 연기를 내고 있구나."

써져 있고 두 절구 밑에는 계사년(1953. 癸巳) 정화(淸和) 의 계절 호군(護軍)이라 쓰여져 있었다.

날이 저물 무렵이 되자 부장 희팔랑이 사명대사와 좌병사 군관 이겸수와 울산군수 장희춘과 통사 김인복 등을 인도하여 가등청정의 처소로 들어갔다. 가등청정은 대청 가운데 먼저 자리 잡고 일본 승려 일진과 재전과 천우와 대화를 나누고 있다가 우리들을 맞이하여 자리를 나란히 앉게 하였다. 사명대사는 독부의 서신을 가등청정에게 내어 주었고, 가등청정은 일본 승려들로 하여금 서찰을 개봉하게 한 연후에 붓을 잡더니 일본말로 글을 써서 일본 승려에게 주니 일본 승려는 이것을 한문으로 써서 우리에게 보였는데 그 내용은 다음과 같다.

  첫째, 전일에 천자와 더불어 결혼한다는 일은 어떻게 되었는가?

  둘째, 조선의 왕자 한 사람을 일본으로 들려 보낸다는 일을 어떻게 되었는가?

  셋째, 조선의 4개 도를 쪼개어 일본에 소속시킨다는 일은 어떻게 되었는가?

　넷째, 조선의 대신을 일본에 인질로 보낸다는 일은 어떻게 되었는가?

　다섯째, 전과 같이 사이좋게 교류한다는 일은 어떻게 되었는가?

그리고 또 두 조항을 더하여

　첫째, 명나라의 한 사람을 인질로 보낸다는 일은 어떻게 되었는가?

　둘째, 명나라는 무슨 물건으로 일본을 위하여 성의를 표할 것인가?

여기에 대하여 답하였다.

　"앞에 다섯 가지 조항의 일들은 전일에 왔을 때 분명히 글로 써서 대답하였다. 또 이번에 가지고 온 독부의 서찰 가운데서도 또한 전일 내〔四溟〕가 답한 것과 같이 그대로 대답하였으니 다시 논의한다는 것은 옳지 않다. 그리고 또한 심유경과 소서행장의 일이 성사되지 않는 것도 또한 이런 일 때문이다. 어찌 모름지기 다시 논하겠는가. 그리고 아래 두 가지 조항은 우리들이 마음대로 논의하여 결정할 수 없다. 다만 독부가 어떻게 하든 처리할 수 있을 뿐이다."

가등청정이 물었다.

　"일본이 명나라와 더불어 화의하려는 것은 또한 이 다섯 가지 일인가?"

　"전일에 왔을 때 대상관께서 말하기를 '우리가 하고자

하는 바는 심유경과 더불어 소서행장 등과 같지 않다'라고 말하였기 때문이요. 그러므로 우리들은 이런 뜻을 가지고 독부에게 아뢰어 고하였고, 그래서 독부께서도 또한 이런 뜻으로 답하였으며 오늘 보내온 사찰은 대상관의 본뜻을 알고자 한 것입니다. 이 다섯 가지 조항은 심유경과 소서행장이 이루지 못하는 바이거늘 어찌 다시 논의할 필요가 있겠습니까."

가등청정이 또 말하였다.

"그렇다면 독부가 일본과 더불어 화의하고자 하는 것은 무슨 일인가?"

"독부가 생각하는 일은 앞에 다섯 가지 조항과는 전혀 같지 않음이요."

하고 마침내 종이 쪽지에 글을 써서 보이면서 말하였다.

"독부의 심정을 말하면 상관은 호걸스러운 사람으로서 단지 관백의 아랫사람이 되었으니 실로 개탄스럽다고 한 연후에 천자에게 아뢰어 상관을 일본 관백으로 봉하고 군사를 내어 돕고자 할 뿐이다."

하였다.

일본 승려들이 서찰을 개봉하여 읽으면 가등청정은 가만히 귀를 기울여 듣기만 하고 묵묵히 침묵을 지키고 잠자코 아무런 말을 하지 않았다. 일본 승려 일진이 붓으로 표시하여 지적하니 가등청정은 말했다.

"① 지난번에 안변과 더불어 서울에 있을 때 명나라에서 온 사신 풍숙 빙숙굉(憑淑紘)과 병부 원노야가 첩문을 가지고 화의를 구하려고 왔다가 한번 다녀간 연후로는 가부

간 검다 희다는 아무런 말이 없었으니 일본이 속아 피해를 입은 것은 그 첫째다.

② 심유경 등이 화의한다고 스스로 서원하고 나로 하여금 물러가게 하고서는 명나라에 출입한 지 이제 여러 해가 되었으나 아직까지도 아무것도 결정한 바가 없으니 일본이 속아 피해를 입은 것은 그 둘째다.

③ 조선의 왕자군을 돌려보낼 때 여러 가지 약속한 바가 있었으나 한번 돌아간 연후는 소식이 없으니 일본이 속아 피해를 입은 것은 그 셋째다.

이와 같이 세 가지의 불신의(不信義)한 일이 있는데 그대들도 또한 나를 속이고자 하여 이렇게 온 사람인가."

하였다. 사명대사가 대답했다.

"나로 말하면 산 속에 묻혀 수행하는 승려의 몸으로 세상을 버린 바가 되어 이미 오랫동안 산속 사찰에서 좌선하고 있었을진댄 감히 거짓말을 하려고 하여 여기까지 왔겠는가. 그리고 또한 왕자군이 약속했다는 글을 보고자 바랄 뿐이요."

가등청정은 말하였다.

"그대들의 나라에서는 사명대사란 한 승려만이 거짓이 없고 그 나머지는 모두가 남을 속이고 있다. 그대들은 모두가 말하기를, 앞은 다섯 가지 조항은 모두 다 이루어지지 못한다고 말하였는데 그렇다면 어떤 조건으로 화의를 성공시킬 수 있다고 생각하는가. 그리고 왕자군의 글을 가히 내어 보이려고 생각하겠는가."

이에 우리 일행들은 상의하기를,

"항상 다섯 가지 조항을 굳게 반대만 하다가는 왜적들이 의심하여 그 현실을 다 말하지 않을까 염려가 되므로 서로 사이좋게 지낸다고 한 조항을 들어 그의 심정을 알아보자."

하고 말하였다.

"앞에 교린이란 한 가지 조항은 장차 상의할 여지가 있으나 그 밖의 네 가지 조항은 심유경이 명나라 조정에서 감히 거론 할 수 없는 바이니 지금 어찌 감히 다시 논의할 수 있겠는가."

가등청정이 물었다.

"지난 해에 심유경과 소서행장이 강화한다고 한 것은 거짓이므로 또한 진실로 가히 이루어지지 않았다. 그러나 이제 내가 논의하는 것은 적실하고 거짓이 없으니 감히 어찌 이루어지지 못하겠는가."

이에 우리들은 답하기를,

"소성행장이 일이 이루어지지 않은 것은 진실로 당연한 일이다. 그러나 상관이 하고자 하려는 바도 또한 이 다섯 가지 조항의 일을 내세우려 한다면 심유경과 더불어 소서행장의 일과 다를 바가 없을 것이다."

"이 다섯 가지 조항은 관백의 명령이니 불가불 성사시키지 않을 수 없다.

사명대사가 대답하였다.

"비록 관백의 명령이라 하더라도 다만 명나라 조정의 뜻에 맞지 않을 뿐만 아니라 또한 그 뜻으로는 매우 불합리하니 설사 천지가 뒤집히는 일이 있다 하더라도 이 화의로는 마침내 이루어지지 못할 것이다."

"그렇다면 무슨 일로써 화의가 이루어 질 수 있겠는가?"

"만약 다른 좋은 소식이 있으면 옳을 것이나 오히려 그렇지 않고 다섯 가지 조항을 그대로 말한다면 앞에서도 이미 모두 말하였으므로 우리들이 다시 논의할 바가 아닙니다. 다만 돌아가 독부에게 보고하여 처리하게 할 따름이다."

"화의에 관한 일은 사명대사께서 깊이 생각하여 글로 써서 전달하여 주시오."

"나는 별도로 생각할 것이 없으며 독부의 서찰 가운데에 이미 다 쓰여 있는데 또 한 무슨 말을 하겠는가."

"이 다섯 가지 조항이 이루어지지 않는다면 무슨 일을 가지고 강화를 한다고 말하겠는가."

"앞에 말한 다섯 가지 조항 가운데 교린에 관한 한 가지 조항이라면 비록 군부의 원수라 할지라도 오히려 용서할 수 있는 일이지만 그 나머지 조항은 가히 의논할 만한 것이 못된다고 생각하니 난들 어떻게 하겠는가."

"만약 교린하는 문제를 가지고 의논한다면 어떻게 하면 옳겠는가."

"조선은 오랫동안 서로 가진 물건을 교화하며 원시(源氏)와 더불어 서로 상통하여 토산물도 있고 없는 것은 서로 교역하고 왕래하여 서로 사이좋게 지냈을 뿐이니 다시 무엇을 어찌 더하리요."

"이와 같은 것뿐이라면 3년 동안 군사를 일으켜 싸운 수고로움은 마침내 아무런 공이 되는 것도 없으니 어찌 하라는 말인가?"

"일본이 비록 군사로 10년 동안 싸운다 하더라도 명분 없는 군사를 일으켜 이 나라 백성들을 소란스럽게 하였으니 이것은 스스로가 군사를 일으키고 스스로가 수고로움을 당하였으므로 어찌 우리들과 더불어 무슨 관계가 있으리요. 한사(漢史)에 말하기를, 군사가 교만한 자는 멸망한다 하였으니 일본이 스스로 그 멸망할 것을 취한 것이니 우리들과 무슨 상관이 있으리요."
가등청정이 성질을 발끈하며 말하였다.
"소서행장과 일본인 의지 등은 멀리 떨어져 있는 고립된 섬 가운데서 소금을 판매하던 사람에 지나지 않았다. 처음에 평안도를 침범하였을 때 가는 곳 마다 오래 머물면서 시간을 연장시키고 날짜를 끌었기 때문에 이에 자씨(玆氏)의 국왕이 거처할 곳을 잃게 되었고 수많은 날짜를 허비하면서 오래 기다리다가 마침내는 평양에서 패전을 당하게 되었고, 또한 다시 명나라 사람에게 속임을 당하여 군사를 후퇴시켜 남쪽으로 내려오지 않았는가. 그러나 나는 곧 위엄을 떨쳐 가는 곳마다 싸워서 이기지 못한 곳이 없었으며 함경도에 이르러서는 앉아서 왕자와 여러 대신들을 사로잡았고, 함경도 주변의 모든 장수들이 내 수중에서 능히 벗어 나간 사람이 누가 있는가. 호지에 깊이 들어가 사로잡아 죽이고 무찔러 죽이면 이루지 못하는 바가 없었으며 한 사람도 감히 빠져나가지 못하였다. 그리고 지난해 여름에도 소서행장 등이 진주성을 공격하여 함락시키려 하였으나 얼마 안되어 거의 스스로 후퇴할 뻔하였으나 나는 단번에 공격하여 즉시 이겼다. 그대들은 진주성을 함락시킨 자가 누구라고 들었는가. 만약 나의 군사로 하여금 서쪽으로 향하게 하였다면 마땅히 곧 평안도에 도착하여 날짜를 배로 더하여 늦게 추적하였을 것이니 곧 그대들 나라의 대신과 백성들이 비록 충의심이 태산과 같다 하더라도 아마 능히 그대들이 임금을 보호하지 못하였을 것이다. 내가 지금은 울산 서생포 바닷가에 와서 주둔하고 있지만 그대들의 나라를 이기지 못해서가 아니라 다만 그대들 나라의 백성들을 불쌍하고 가련하게 생각했기 때문이다. 그리고 억지로 주둔하고 나아가지 않는 것은 그대들의 나라가 하는 바를 짐짓 기다리고 있을 뿐이다."

사명대사가 대답하였다.

"그대들 일본에서 우리나라와 더불어 서로 강화하고자 한다면 어찌 위력을 가지고 될 수 있겠는가. 우리나라의 병졸들은 싸움에 익숙하여 매우 날래고 용맹스러워 그 정미롭고 통솔함이 그대들의 병졸에 견줄 수 없을 뿐만 아니라 또한 명나라 군사와 더불어 그 세력을 합세한다면 웃고 담소하는 사이에 그대들의 병사를 가히 제압할 수 있을 것이다."

"교린은 비록 할 수 있다 말하더라도 먼저 말한 4개도 가운데에 2개 도를 베어주고 왕자를 인질로 보낸 연후에야 가능할 것이로다."

"땅을 베어주고 왕자를 인질로 보내면서 가히 교린이라 할 수 있겠는가. 왜적 무리의 기세에 어떻게 할 수 없으면 병력의 힘으로 결판을 낼 것이다."

"교린하겠다면 전날 대마도에 주겠다던 물품의 목록을 써서 보여 줄 수 있겠는가?"

"그 물품의 품목을 말하라면 우리들은 감히 알 수 없다. 내가 조정에 돌아가 보고하여 처리하도록 하겠다."

이때 왜놈들의 얼굴 표정을 살펴보니 기뻐하는 마음이 안색에 나타났다. 술을 더 권하고 숙소로 물러나와 잠을 잤다.

이튿날 7월 13일 아침 공양을 마친 연후에 부장 희팔랑이 가등청정의 명령을 받아 사명대사와 좌병사 군관 이겸수와 울산군수 장희춘과 경상군관 김언복을 인도하여 가등청정의 처소에 들어가서 방 가운데에 단란히 앉았으나 가등청정은 즉시 나오지 않고 잠깐 동안 부장 희팔랑으로 하여금 글을 써서 보이면서 말했다.

"옛날부터 조선은 일본에 소속되었거늘 사람들이 어찌 숨기겠는가."

사명대사가 말했다.

"만고 이래 우리들은 이런 말을 듣지 못했다."

가등청정이 또 글을 써서 보이며,

"옛날 2백년 전에는 대마도를 일본에 소속시키게 하였는데 그것도 그러한 것이 아닌가?"

"대마도는 바다 가운데 있는 고독한 외딴 섬이라 비록 일본에 속한다 할지라도 그만두고 묻지 않았지만 조선이 일본에 속하였다는 말은 아직 듣지 못했다."

가등청정은 또 글로 써서 보이면서 말했다.

"일본 병사로 하여금 다시 북쪽으로 향하여 나아가 병력으로 칼과 창 등을 동원하여 싸워서 빼앗아 취한다면 어떻게 하겠는가?"

이때 또 가등청정은 문을 열고 나와 앉아서 통역관 김삼근(金三斤)에게 전하여 다시 말하였다.

"우리들이 병사를 이끌고 한번 나아가기만 하면 조선 사람들은 그 먹는 바의 식량을 혹은 풀 속에 숨겨 두었다가 도난을 당하기도 하고 혹은 흙 땅속에 묻어 두었다가 썩기도 할 것이며, 우리 군사가 한번 주먹을 치면서 휩쓸고 지나가면 토적이 또한 따라 일어나 사납게 굴며 길이 막히게 될 것이다. 그렇게 되면 조선에 식량을 잃은 백성들이 혹은 우리 일본에게 소속하거나 혹은 굶어 죽게 될 것이니 그 형세가 반드시 그렇게 될 것은 필연지사 아닌가. 그리고 우리들은 그렇게 될 줄을 알기 때문에 억지로 참고 군사를 거두고 감히 참으면서 그대 나라의 행하는 바를 짐짓 기다라고 있는 것 뿐이다."

"병가의 승패는 가히 알 수 없는 일이다. 옛날 항우는 백 번 싸워 백 번 이겼으나 마지막에 한 번을 이기지 못함으로써 나라를 잃었고 한나라 고조 유방은 백 번 싸워 백 번 패배하였으나 마지막에 한 번을 이김으로써 나라를 얻었다. 모든 사람들의 욕심이 이와 같이 되기를 서원하더라도 하늘의 진리는 그러하지 아니함이니 어찌 그 쪽[倭賊]만이 혼자 이기고 이쪽[朝鮮]은 이기지 못한다는 하늘의 진리가 있겠는가. 대저 군사는 덕으로 살아야 하고 감히 힘이나 무력으로 하지 않는 법인데 구태여 병력의 무기를 가지고 승패만을 감히 논할 수 있겠는가. 그리고 또한 심유경과 더불어 소서행장이 상의한 것은 단지 왕으로 책봉하는 일과 조공을 평등하게 인준하는 두 가지 일을 가지고 명나라 천자에게 나아가서 아뢰었으니 천자께서 허락하지 않았기 때문에 독부가 대상관과 함께 힘을 같이 하여 성공시키고자 하여 우리들을 보내어 상관의 말을 듣고 돌아가서 일을 결정하려 하는데 항상 병력으로 강하고 약함을 비교한다면 되겠는가."

"그렇다면 독부가 말하는 바의 강화에 관한 조항은 무엇인가?"

우리들은 서로 의론하였다.

"저 왜놈들이 글을 잘 모르는 사람이라, 그래서 먼저 기록해 준 일을 반드시 자세히 알지 못한 것 같다."

그래서 사명대사가 통역자와 더불어 귓속말로 일러 통역으로 하여금 가등청정에게 말을 전하도록 하고 말하였다.

"독부는 능히 천상을 관찰하고 또한 인사를 살피는 사람이요. 일찍이 상관이 평안도에 있을 때부터 천문을 살펴보았더니 정기가 상관이 머물고 있는 곳에 모였음으로 상관을 도와 일본의 국왕을 삼고자 하는 것이니 무릇 조근(朝覲)과 상공(賞功)의 예로써 한결 같이 중국의 제도와 같이 하여 일본과 조선과 명나라와 다 함께 화합하여 오래도록 영원히 변하지 않고자 함이다. 이것은 상관의 마음에 있어서도 또한 쾌하지 않겠는가."

가등청정은 이 말에 노하지도 않고 대답도 하지 않고 주위를 돌아보면서 다른 말을 하면서 또 말하기를,

"교린하는 일을 이루고자 하면 반드시 모름지기 독부가 경주에 와서 얼굴을 보고 논의한 연후에 가히 이루어질 것이다."

"우리들이 돌아가서 아뢰어 처리하도록 할 생각이다."

가등청정은 모든 왜승들과 더불어 오래도록 상의하다가 말하였다.

"그렇다면 사명대사는 이곳에 남아 있고 좌병사 군관 이겸수 등이 가서 이 뜻을 전하고 돌아오는 것이 옳겠다."

사명대사가 거짓으로 좋아 기뻐하는 체하면서 말했다.

"나는 이곳에 남아 있는 것을 진실로 원하는 바이다. 그러나 다만 염려하는 것은 독부가 이것을 의심하고 무릇 오고가며 왕래하는 사자들도 또한 이를 의심함으로 하여금 일을 쉽게 이루지 못할까 두렵다."
가등청정이 말했다.
"지금에야 비로소 그대들이 하는 일이 거짓임을 알겠다. 사명대사가 여기 있다고 해서 일이 무엇 때문에 이루어지지 않을 것이란 말인가."
"나 같은 한낱 용렬한 산승이 비록 여기에 있다 하더라도 진실로 우리나라에 있어서는 손실될 것이 없다. 만약 서로 왕래하여 통하고자 한다면 한갓 오늘뿐만 아니라 영원히 의심함을 끊게 한 연후에야 상통하는 것이 옳을 것이다. 옛날 우리나라 사신들이 일본을 왕래하였고 또 일본 사신들이 조선에 왔으나 조그마한 일에도 서로 방해됨이 없었음은 그 모두가 의심하는 바가 없었기 때문이다."
가등청정은 웃으면서 말하였다.
"사명대사의 그 말이 옳다. 내가 그대들이 마음을 살펴보려고 해서 한 말이다. 그러니 그대들은 마땅히 의심할 것이 없다. 또한 그대들도 생각하여 보라. 일본 의지등은 전일부터 경극전(京極殿)이라는 벼슬자리를 빙자하고 그대들의 나라와 왕래하여 교통하면서 재물을 취한 것이 이미 많았으며, 그리고 그대들의 조선을 속이고 또한 일본도 속여 왔음을 알겠다. 관백이 그 소식을 듣고 의지 등을 불러 추궁하고 힐문하는 그 즈음에 이 사람들이 대답하였다. '우리들은 조선과 더불어 상통하였더니 조선은 우리나라 사람들을 본래부터 박대하는 습성이 있었다. 지금이라도 만약 군사를 일으켜 징발하여 항복 받는 것이 좋게다'고 하였으므로 관백은 군사를 일으켜 의지 등으로 선봉을 삼아 바다를 건너게 된 것이다. 그리하여 우리들은 오직 이것을 따라서 여기에 왔을 뿐이다. 지금 소서행장 등이 명나라와 강화를 조약한다는 명분을 삼아 바닷가로 병사를 퇴진하여 주둔하고 있는데 일본에 죄를 받을까 두려워하여 항상 이곳에 오래 머물러 있고자 한다. 또 나〔淸正〕는 고국을 떠나온 지가 이미 오래 되어 항상 돌아가려고 하였으나 군사를 일으킨 지가 3년이나 되었는데 무슨 일을 이루었다고 바다를 건너 돌아갈 수 있겠는가. 이제 그대의 나라에서 만약 교린하기를 원한다면 신속히 이 일을 결의하여 주면 내가 곧 바다를 건너 돌아갈 것이다."

좌중에 있던 모든 왜적들은 그 교린하겠다는 말을 듣고는 모두 안색에 기뻐하는 빛이 있으므로 종일토록 그들과 더불어 논의하였는데 조금도 서로 어기고 거슬리는 기색이 없었으며 하루해가 어두워질 무렵에 그들은 떡을 만들어 우리에게 대접하였다. 이런 일이 있은 연후로부터는 항상 독부가 경주로 올 것이냐 오지 않을 것이냐 하는 것과 또 천자가 혼인과 더불어 허락할 것이냐 허락하지 않을 것이냐, 그리고 우리나라에서 일본으로 보내는 다소의 물품은 무엇이며 얼마나 되느냐 하는 등의 사실에 대하여 물었다.

여기에 사명과 더불어 우리들은 혹은 순응하기도 하고 혹은 반대하기도 함으로써 이렇게 하루 종일 해를 보내고 날이 어두워져서 저녁 밥상을 준비하여 놓았는데 주위를 살펴보니 모두가 정결하고 극진한 정성으로 이미 다 갖추어 차렸으며 그리고 저녁 밥상을 물리치고 나서 얼마 후 숙소로 물러나 잠을 자도록 하였다.

이날 밤이 매우 깊있는데 왜적의 부장 희팔랑이 통사 김삼근으로 하여금 비밀히 좌병사 군관 이겸수를 불러 인도하여 자기들의 숙소로 데리고 가서 통사 김삼근을 시켜 말을 전하였다.
"교린하는 그 일이 그대들의 생각에는 이루어질 것으로 생각하는가?"
좌병사 군관 이겸수는 대답하였다.
"우리가 돌아가서 독부에게 고하고 또한 우리 성상께 아뢰옵고 난 연후에 가히 결정될 따름이다. 우리들이 어찌 미리 결정할 수 있겠는가."

부장 희팔랑이 또 말하기를,
"우리 대상관이 이곳에 있으면서 일을 도모하면 이루어지지 못할 일이 없다. 그러니 그대들은 아무쪼록 부지런히 왕래하면서 신속히 결정하는 것이 옳을 것이로다. 만약에 일이 이루어지게 되면 나[喜八郞]는 그대들 나라에서 벼슬을 받아 영원토록 서로 사이좋게 지내는 것이 또한 옳은 일이 아니겠는가."
라고 말하고 또한 통사와 더불어 귓속말로 가만히 말하였다.
"관백이 만약 왕자를 요구한다면 교린도 또한 반드시 이루어지지 못할 것이다. 그대들 나라에서 만약 다른 사람의 아들로 나이가 8세나 9세 되는 아이를 취하여 거짓으로 속여서 왕자라고 하여 들여보낸다면 곧 일이 속히 이루어질 수가 있을 것이니 그대들은 돌아가서 처리하도록 하라."

하고 또한 편지에 기록한 것을 보이면서 말했다.

"이 일은 그대들이 서찰을 가지고 돌아가서 주선하도록 하라."

하였다.

이제 그 편지에 적힌 글의 사연을 보면 이렇다.

"심유경과 소서행장이 화의는 이루어지지 못할 것이다. 그러므로 명나라와 조선의 사람들이 가등청정과 더불어 함께 세 나라가 화합하려고 한다는 것을 조만간 일본 대합전하께 상주하여 빨리 아뢰어 이 화의가 성립되기를 간절히 바라는 바이다. 그 나머지 일은 생략한다."

고 하였다. 그리고

첫째, 조선으로부터 해마다 대마도에 쌀 얼마씩을 보낸다.

둘째, 대마도에 조선의 국서를 보낸다.

셋째, 대마도에 조선 사람 몇 사람씩을 보낸다.

라고 하였기에 좌병사 군관 이겸수는 대답하였다.

"다른 나머지 일들은 내가 돌아가 조정에 보고해서 처리하도록 하겠지만 그러나 왕자에 관한 일은 반드시 말할 수가 없으며 기약할 수가 없다."

부장 희팔랑이 말했다.

"지난날에는 비가 연속하게 내려서 속히 왕래할 수가 없는 형편이었는데 지금은 비가 내리지 않으니 마땅히 속히 우리의 계획을 전하도록 하라. 나〔喜八郎〕는 날짜를 헤아리면서 손꼽아 기다리고 있을 것이다."
하였다. 좌병사 군관 이겸수가 대답하였다.
"내가 돌아가서 독부에게 보고하면 독부께서는 명나라 주장에게 품신한 연후에야 이 일을 가히 결정할 것이다."
"독부에게 또 주장이 있는가?"
"주장이신 고시랑은 군사를 거느리고 서울에 주둔하여 머물고 있고 손시랑은 병력을 거느리고 평양에 주둔하고 있으며 또 왕경략은 군사를 거느리고 요동지방에 주둔하고 있다. 독부는 이 세 장수의 결제를 받아야 된다. 내가 돌아가서 독부에게 보고하면 독부는 반드시 경성에 나아가서 고시랑에게 품신하여 허락을 받은 연후에 경주에 오라고 하는 것이 옳을 것 같다."
"그렇다면 독부가 서울에 온다 안 온다 가부를 그대들이 먼저 통지해 오면 우리들은 날짜를 손꼽아 기다리겠다."
사명대사와 이겸수는 숙소로 돌아와 잠을 잤다.

다음날 7월 14일은 우수(雨水)로 비가 내려서 그곳에서 체류하여 머물고 있었는데, 이때 그들이 무릇 대접하는 예절이 은근히 극진하고 몹시 정성스러웠다. 이튿날 7월 16일 아침에 조반을 마친 부장 희팔랑은 답서 세통과 부채 한 상자를 우리에게 친히 주면서 말하기를,
"무릇 이 일이 이루어지는 것은 앞으로 10월을 기약으로 하고 기다리겠소."
이에 우리들은 그 곳을 곧 출발하여 돌아왔는데 이때 희팔랑은 친히 우리들을 울산 공수곶 큰 길까지 호송하여 준 연후에 돌아갔음이로다.

나 사명은 후일에 일본에 갔을 때 여러 일을 가지고 자세히 논의한 바가 있다. 대개 천지창조로 개벽한 이래로부터 이 세상의 토지와 인민들이 어느 하나도 중국의 제도를 본받지 아니한 것이 없으며, 그리고 천황은 스스로 그 나라의 임금이 되고 그 나라 신하는 스스로 세습한다는 것은 곧 만고에 흘러가더라도 바꿀 수가 없다. 이제 살펴 보건데 부장 희팔랑이 말하는 바를 보면 일본의 왕이라는 자가 만세토록 바뀌지 않는다 라고 말함은 이에 진실로 거짓말이 아니고 사실이다. 하늘이 풍신수길을 낳아서 한 시대를 참탄하게 어지럽히고 한 때를 요란하게 한 바로써 정녕 사해의 인민에 대하여 크나큰 겁살을 하도록 하는 운수다. 이것은 힘으로 구족하여 그 나라를 소유할 수 있었던 것이다. 이때에 가강이 아직도 동쪽 변두리에 웅거하여 점령하고 있었으나 또 일본 민족들은 다만 원씨(源氏)만 있음을 알고 있었다. 설사 풍신수길로 하여금 진실로 중국 천자의 명을 받아서 벼슬을 승진하고 왕이 되게 되었다 하더라도 그는 능히 통하지 못하며, 중국이 후왕(候王)이 대대로 그 국토를 전하여 가지지 못한 것처럼 풍신수길도 스스로 또한 알고 있었을 것이다.

그런데 저 가등청정이란 더벅머리 망나니는 특별히 풍신수길의 사주를 받아 집을 지켜주는 개처럼 걸왕(桀王 : 憂王)과 같은 풍신수길을 도와서 포악한 짓을 한 것은 하늘이 그로 하여금 그 혹독한 죄를 더욱 짓게 하여 멸망시키고자 한 연고로 사납고 강폭해서 자기 마음대로 가히 백성들을 죽일 수 있었던 것이다. 그러나 근본적으로 유총(劉聰 : 형을 죽이고 皇帝가 된 趙王)과 더불어 석륵(石勒 : 후조의 고조)과 모용수(慕容垂 : 선비족. 後燕武帝)와 같은 무리들이 중국 땅을 분할하여 점령해서 제왕의 자리를 서로 다투고 왕의 자리를 서로 다투는 것과는 그 습성이 같지 않다. 이들은 처음부터 중국의 황제가 얼마나 존귀한 것을 알지 못하였다. 또한 그들은 스스로 말하기를 중국 황제의 힘이 나에게 무슨 상관이 있으랴라고 할 정도였다. 그러나 비록 괴통(蒯通 : 楚漢의 대 전략가)으로 하여금 그 무리들을 잘 달래게 했더라도 반드시 장차 그 말이 통하여 들어갈 말한 틈이 없었을 것이다.

나 사명이 한 사람의 승려이나 가리왕의 세계를 따르는데 갑자기 천상(天象)을 말해 본들 어찌 무엇으로 가등청정이 마음을 뒤집어 놓을 수 있었으리요. 이것은 유도독이 중국땅에서 나고 생장해서 술책이 많은 영웅이기 때문에 일본 사람들을 회롱한 것이라 하겠다.

여기에 이르러서 볼 때 바야흐로 지난번에 말한 바가 있는 다섯 가지 조항의 화친이 사실은 심유경과 소서행장이 계책에서 나온 것이 아니고 바로 이것이 가등청정의 말이라는 것을 알 수가 있다. 풍신수길의 수족 같은 심복인 사람으로는 가등청정 보다 더 깊은 자가 없다. 가등청정의 말은 곧 풍신수길의 마음이다. 이런 일로 하여금 화친하려는 일이 제대로 되지 않는다면 왜적의 칼날이 다시 처들어 오게 된다는 것은 지혜로운 사람의 생각을 기다리지 않더라도 알 수 있다. 다만 내가 이해할 수 없는 바는 갑오년(1594) 4월에 사명대사는 이 말을 가등청정의 진영에서 들었고 왜적의 심정이 몹시 사나운 것은 오직 우리나라 사람만이 알 뿐 아니라 동쪽으로 정벌을 나온 중국 장수들도 또한 이미 익혀 들었을 것이며, 그리고 이해 9월에 명나라에서 풍신수길을 왕으로 책봉할 것을 허락한다는 명이 있었으니 그렇다면 심유경의 안중에는 다만 소서행장만이 있을 뿐이고 가등청정이 있는 줄을 알지 못했단 말인가. 한번 크게 웃을 일이로다.

내가 강호 어느 객관에 있을 때 어떤 왜적 한사람이 사명의 필적 몇 장을 가지고 와서 말하기를,
"이것은 내가 백년 동안 보배스럽게 간직해 오든 보물이다."
그것은 붉고 누른 종이인데 색이 변하여 검으스레 하였다. 그리고 글씨 크기는 갈가마귀 만큼씩 하고 짙은 먹으로 행조로 썼는데 그 초서의 법이 중후하면서도 힘이 있고 질박한 데가 있었다. 그리고 종이 끝에는 모두 "송운서(松雲書)"라는 석 자가 써 있었다.

내가 "이것을 어떻게 해서 취득하게 되었느냐"고 물었더니, "옛날 일이라 자세히 알 수는 없지만 대개 전쟁 중에 왕래할 때와 또한 을사년(1605)에 명을 받들어 사신으로 왔을 때 남긴 필적이 심히 많아서 지금까지 이르러서도 일본 사람들은 보물로 알고 사들여 간직하고 있는 자가 비단 이와 같을 뿐만 아니다."

나는 가만히 탄식하며 말했다.
"차오산 천로(天路 : 임란 때의 문장가)는 명성이 높아 문장가로 자부하였다. 그는 만력 신묘년(1591)에 통신제

술관으로 일본에 갔으니 그때 필연 선시묵(禪詩墨)을 휘둘러 반드시 풍우와 같이 써 주었을 것이다. 그러나 지금의 왜인들이 그 이름을 아는 자가 없어 그 당시 조그마한 말이나마 알려고 하여도 가히 얻을 수가 없었다. 그런데 사명의 필석이 유독 해외에 까지 전하고 있으니 세상에 이르는 바로 영원히 썩어서 없어지지 않고 전하는 것은 오직 사람에게 있을 뿐이지 예술의 능함에 있는 것이 아님이라 하겠다.

이제 탐정기를 살펴보니 가등청정의 진영 속에 그가 사랑하고 총애하던 귀여운 소년 왜인이 있었는데 붉고 누른 종이에 글씨를 받았다는 말이 있으나 내가 본 바는 그때 옛날 종이가 비록 그 당시에 나온 것인지 알 수는 없으나 지난 일들이 어제와 같아서 이를 부기 한다.

또한 살펴보건댄 왜인 관리로 부귀하고 호걸스러운 집에는 반드시 사내아이를 기르는데 얼굴을 아름답게 단장시켰다고 한다. 그 중에 몸이 아름답고 고운 자는 여색보다도 더 탐스럽고 매혹적이었다고 하며, 그들은 때때로 부채를 우리나라 사람에게 가지고 와서 선시를 써 달라고 구걸하여 이것을 얻는 것을 영광으로 삼았던 시대였다. 가등청정은 악돌이 소년이었는데 싸움이 끊이지 않는 전쟁터에서도 희소(憘素:摩僧)의 초서를 얻어 장막 속에 있는 어린 소년을 위하여 영광(嬋娟)되게 하고자 하였다. 이것이 역시 왜적 본토의 풍속과 습성에서 나온 것이니 진실로 그윽히 우스운 일이라 하겠다.

7. 갑오년(1594) 9월 서울로 달려가 왜적을 물리치고 백성들을 보전할 일을 임금께 올린 상소문 :

신 사명은 풍천임씨의 후예로서 저의 증조부 효곤께서 영남의 밀양시 고라리로 이적함을 인연해서 이에 밀양 고을의 백성이 되었습니다.

그러나 신 사명이 15세에 먼저 어머니를 잃고 16세에 계속하여 아버지를 잃어 사고무친 혈혈단신이 되어 외롭게 눈을 뜨고 주위를 살펴보고 돌아봐도 의지할 곳이 전혀 없고 부모형제 없는 홀몸이 되어 몹시 외로워서 드디어 부친도 없고 임금도 없는 한 죄인 되었으며 부평초와 쑥대 같은 이 신세는 마치 뜬 구름과 날으는 새와 같이 정처 없는 생애를 보내면서 혹은 산속에 들어가고 혹은 숲 속에 들어가면서도 오히려 더 깊은 곳에 없을까 두려워할 따름이었습니다.

신 사명은 나이가 이제 이미 51세가 되었는 바 지나간 세월을 생각하면 이 모두가 임금의 덕택이었습니다. 하오나 감히 먹물 옷을 입는 승려가 되어 스스로 속세를 버리고 소외되었으나 한 끼의 공양(밥)을 먹을 때마다 어찌 한시라도 군부를 잊을 수 있었겠습니까. 통탄스럽게도 이 독사의 훼갈(虺蝎 : 지네)과 같은 무리들이 우리 나라에 함부로 독을 쏘아 온 백성들이 짓밟혀 어육(魚肉)이 됨은 실로 말을 할 수 없습니다. 더구나 종묘사직이 몽진을 만나고 어가가 다른 곳으로 파천하기에 이르기까지 되었으니 무릇 혈기 있는 사람이라면 누구라도 팔뚝을 걷고 분개하지 않음이 없을 것인데 하물며 신 사명은 비록 행동함은 고라니와 들 사슴과 같사오나, 그러나 다소라도 지각이 있는 사람이라면 어찌 팔을 걷고 나아가지 않을 수 있겠습니까. 임진왜란이 처음 일어났을 때 신 사명은 강원도 금강산에 있었습니다. 이때 큰 변란을 당하여 두 번이나 왜적의 진영 속에 들어가서 왜적과 더불어 문답하였고 드디어 의병승들을 잘 타일러서 겨우 백여 명의 승병을 얻었습니다. 바야흐로 이 의병승들을 데리고 가서 춘천 원주에 있는 왜적을 토벌해서 맹세코 왜적과 더불어 같이 살지 않으려고 서원하였더니 때마침 도총섭의 관자(關字 : 문서)를 받았습니다. 그 관문 속에 군민을 잘 깨우치는 성지가 있었으므로 사명이 성지를 받아 보니 두 눈이 눈물로 앞을 가리고 어두워져서 글자마다 피로 물들어 차마 끝까지 읽지를 못하였습니다.

신 사명은 본래 거느리고 있은 의병승 150명 외에 60여 명을 더 얻어 거느리고 서쪽으로 향하여 급히 달려서 순안관아에 도달하였습니다. 다시 간절히 행재소로 달려가서 전하를 뵙고자 하였사오나 당시에 왜적들은 평양에 웅거하였기 때문에 감히 그대로 버리고 떠나 갈 수가 없었으며 이에 그대로 머물면서 체찰사와 도원수 밑에서 그 지휘를 받았습니다.

이때 신 사명을 의승도대장으로 삼고 도총섭을 제수함으로써 이때 의병승과 더불어 모두 2천여 명의 순사를 거느리고 대동강 남쪽을 건너 평양과 중화를 왕래하는 왜적들의 허리를 차단하여 끊고 막았습니다.

신 사명은 본래 산 속에 숨어사는 고라니와 들 사슴을 벗하는 승려의 신분으로서 병가의 일에 대하여는 알지 못하였습니다. 그러나 한 명의 왜적이라도 더 죽여서 성상의 망극한 은혜를 갚고자 하는 마음은 어찌 의관하는 출신에게 뒤질 바가 있겠습니까. 만약 스스로 의병승의 군량을 마련하자니 군졸들을 계속 보존하기가 어려워서 태반이나 주려서 흩어졌습니다.

신 사명은 또한 늙고 병들었으므로 이제는 옛 산천으로 돌아가 죽은 몸둥이를 그 속에 묻을까 하였습니다. 그러나 싸움을 피하려 한다는 누명을 들을까 두려워서 공연히 싸움터에 오래 머물러 있었습니다. 이 산승은 한 가지도 이룬 일이 없으며 나라를 저버린 죄를 또한 용서받을 수 없사옵니다. 그리고 지난 4월 그믐께 신 사명은 유독부의 분부와 더불어 도원수의 절제에 의하여 곧 바로 울산 서생포의 적진 속에 들어가서 왜적의 정세를 탐색하여 왔사옵고, 10월 보름에는 또한 독부의 지휘와 도원수의 명령에 의하여 두 번째 다시 왜적인 진영 속에 들어가 왜적의 정세를 자세히 초탐하고 왔습니다.

그러나 신 사명은 용렬하고 우매하므로 의혹만 더할 뿐이었습니다. 그래서 조정에 아뢰는 것을 조금이라도 늦출 수가 없으므로 이 달 초순에 경상도 의령의 본진으로부터 출발하여 가장 빠른 일을 말미암아 달려왔사오나 해는 짧고 길은 험준하여 하루 종일 해가 저물도록 쉬지 않고 달려와도 얼마 오지 못했습니다.

이 달(1604) 9월 21일에야 비로서 서울에 도착할 수가 일었습니다. 이로써 신 사명은 아는 바로써 왜적의 정세를 살펴보건대 왜적을 토벌하고 백성들을 보전할 뜻을 아래에 기록하여 한두 가지를 진술하겠습니다.

　신 사명은 삼가 엎드려 바라옵건대 굽어 살펴주옵소서. 대저 왜적의 다소에 대해서는 신 사명은 좌병사 군관 이겸수와 울산 군수 장희춘 등과 더불어 두 번이나 왜적의 소굴에 들어가서 수 일 동안 머물렀습니다마는 왜적의 정세에 증감을 알 수 없었습니다. 그러나 마침 왜승 일진과 더불어 대화하는 도중에 좌도에 있던 적진의 군대수와 우도에 있던 왜적의 추장 소서행장과 의지 등이 거느리고 있는 군대의 수 에 대한 말이 나오자 왜승 일진이 글로 써서 우리에게 보이면서 말하기를, 가등청정은 사람됨으로 보아 그 성품이 매우 거만하고 포악하여 사나워서 아래 거느리고 있는 사람들이 좋아하지 않는다고 하였습니다. 그래나 그 군사는 겨우 1만 8천명이 되고 그리고 포수는 5천여 명이나 되니 이것으로써 자부하고 있었습니다.

　그리고 동래 부산의 모든 장수들이 거느리고 있는 군사는 아울러 도합 5만명이요 또한 우도의 김해와 웅천과 천성과 부산 가덕도에 있는 군사도 또한 4만 6천여 명 이하로는 내려가지 않을 것이라 하였습니다.

　그러나 신 사명은 그렇지 않을 것이라고 하여 또한 왜적의 승려 원용과 더불어 대화를 하였사오나 역시 일진 스님이 글로 써서 보이는 말이 같아 조금도 증감이 없었으며, 이때 마침 부장 희팔랑의 처소에서 군수총록을 얻어 보았더니 곧 왜승 일진이 말한 바와 같이 또한 증감이 없었습니다. 아울러 좌우도의 왜적 군사 수를 모두 계산하니 거의 9만여 명에 이르렀습니다.

또한 신 사명은 경주 싸움에 있어서 우리에게 항복해온 왜적의 병사에게 물어 보았더니, 그는 다만 좌도에 왜적 1만 8천 명이라고 말하고 우도 왜적의 수효는 얼마인지 다소를 알지 못한다고 하였습니다. 만약 그러하다면 앞은 10만이라는 군사의 수효는 가히 다 믿을 수가 없을 것입니다.

　신 사명의 생각으로 말씀드리면, 가등청정의 군사가 그 중에서 가장 강한 군사라고 말하지만 그 수가 불과 1만 8천 명에 지나지 않는다면 모든 왜적의 군사 수를 도합하여도 반드시 4만 내지 5만여 명에 지나지 않을 뿐입니다. 어찌하여 10만여 명이란 많은 병사에 이를 것이겠습니까. 그렇지만 우리나라는 필요한 군수물을 모두 탕진하였고 백성들의 생활이 거의 다하였으므로 원문(轅門：陳門)에서 변이 있을까 대기하는 군사는 2천여명에 지나지 않으며, 그리고 적군과는 강약이 현격하여 너무나 다른 것으로 복수하기에는 쉽지 않는 기세이오니 어떻게 하면 좋을지를 알지 못하겠습니다.

　신 사명의 생각이 여기에 이르므로 계책이 다하여 오직 통곡함을 이기지 못하겠습니다. 왜적의 정세를 관찰하여 보건댄 오고 가고 머무르고 있는 상황에 이르러서는 흉학하고 음특해서 신 사명으로써는 헤아리기가 매우 어려웠습니다. 다만 저놈들이 스스로 과시하는 모습을 헤아려 볼 것 같으면 소서행장과 의지 등은 스스로 선봉이 되어 종요로이 크게 이길 것을 기약하고 바다를 건너와서 방화하고 살인하여 죽이고 재물을 약탈만 하여 왔을 뿐인데, 마침내 평양에서 왜적의 군사가 크게 패하는 것을 보고는 어찌할 바를 몰라 엎어지고 자빠지면서 도망하여 돌아가다가 저들이 처형 받는 것을 모면하기 위해서 진주성을 함락시키겠다고 도모하였으나 그러나 도리어 가등청정에게 공을 빼앗긴 것이 되었으며, 또한 비록 중국과 더불어 화의를 도모한다고 하지만 그것도 또한 이루어지지 못하였으나 가등청정은 처음에는 전쟁터에 후속부대로 나와서는 그리고 위세를 드날려 가는 곳마다 어느 한 사람도 그이 앞을 마땅히 대적할 사람이 없으니, 왕자와 대신들을 따라가 잡았고 길게는 호지에 까지 몰고 쳐들어 가서 호인까지 참살한 바가 있고 또한 진주성을 공격하여 함락시켰으니 그 공으로 또한 수장에까지 올라 으뜸에 있습니다.

이제 교린한다는 명분을 얻고자 해서 병사를 철군하여 돌아가려는 생각은 있으나 이것은 다른 뜻이 아니옵고 소서행장과 의지의 무리들로 하여금 패전한 죄목으로 형벌을 받게 하고 그리고 스스로 그 공을 독점하려는 것이니 그 일의 정세는 반드시 그러한 것입니다. 그러나 왜적의 계책을 도모함은 헤아리기가 매우 어렵고 이것도 또한 가히 알 수 없으므로 이것을 생각하면 더욱 분하고 통탄하지 않을 수 없습니다. 이때를 당하여 가장 급하게 우선하여야 될 일은 다만 두 가지가 있습니다.

첫째로, 왜적을 토벌하여 원수를 갚는 계책을 말씀드리면, 남쪽과 북쪽이 아직 징발하지 않은 백성들을 노소를 물론하고 모두 징발하고 평안도와 함경도와 황해도와 경원도 등의 여러 군사는 그 도의 병사와 감사에게 명령하여 모두 수개월 동안 먹을 군량을 준비하게 하고 정한 날짜에 싸움터로 모이게 하는 것입니다.

그리고 노력한 군사는 외병으로 구성함으로써 군대의 위세가 성대함을 과시하여 보이고 정예군 3만 5,6천명을 가려 뽑아서 그들로 하여금 모두 중국군사〔折江〕 보병군의 군장(軍裝)을 하게하고 대장으로 하여금 손에는 날랜 취모검을 잡고 후면에 서서 독전하여 전쟁에서 물러서거나 퇴전하거나 흩어지지 못하도록 하여 사졸들에게 살아서 돌아갈 마음이 없다는 것을 보이면, 비록 추한 왜적의 종자들을 모두 소탕하여 없애지는 못한다 하더라도 또한 국가의 수치에 조금이라도 씻을 수가 있을 것이며 또한 국가의 종묘사직의 원수를 조금이라도 갚을 수가 있을 것입니다.

그렇게 하지 않고는 조개와 도요가 서로 버티어 가지려 하듯이 오늘도 또한 이와 같고 내일도 또한 이와 같아서 이것은 무정한 세월만 꿈속에 날듯이 지나가고 하루 살이와 같은 백성들은 한순간에 모두 없어져 버릴 것이며 2백년 내려오던 예악과 문물의 나라가 가만히 좌초되어 잠깐 사이에 초목이 우거져 여우와 토끼가 날뛰는 풀밭이 장소가 되고 말 것입니다. 비록 그릇된 연후에 후회하고 탄식한들 어찌 되돌릴 수 있겠습니까. 신 사명의 심정이 여기에 이르고 보니 통곡함을 이길 수 없습니다. 만약 혹시라도 우리 형세는 막아둔 방천의 시냇물과 같아서 한번 무너져 막지 못할 것 같으면 산더미로써도 막을 길이 없음과 같이 매우 위태로울 뿐이라, 아무런 계책도 베풀 수가 없을 것이니 가히 미리 염려하여 방비하지 아니할 수 없습니다.

이제 저 왜적들이 돌아갈 것을 생각하고 훗날을 당하여 월왕이 힘으로 날뛰며 2천년 동안 백성들을 교훈하고 생취(生聚)하던 계획과 같이 거짓으로 교린을 허락하여 돌려보낸다면 이것은 비록 오래 가지는 못할 계책이라 하더라도 백성들은 틈타서 조금이라도 쉴 수 있을 것입니다. 이렇게 한 연후에

    첫째, 사람이 없는 경계가 있다면 유민들을 타이르고 모아서 힘이 따르고 미치는 바로 그들로 하여금 둔전을 일으켜 밭을 갈고 씨앗을 뿌려 경작을 하도록 하여 제대로 살게 하고 그들로 하여금 농업에 힘을 다하도록 하면, 군수에 가히 계속하여 군량이 될 수 있을 것이며, 또한 병기를 계속 준비할 수 있도록 하는 것이 옳을 것이며, 백성들의 힘을 가히 보존할 수 있도록 완전하게 할 것입니다.

    둘째, 또한 산성을 쌓아 험준하게 보완하여 설치하고 수리하는 일도 거의 이를 수가 있을 것이요, 그리고 또한 가히 종묘사직의 원수를 조금이라도 갚을 수 있을 것이며, 따라서 국가의 중흥도 당장에 가히 이를 수 있을 것입니다. 이 두 가지 계책을 어긴다면 일의 승패를 가히 알 수가 없을 것입니다.

    사명은 엎드려 원하옵건데 성명(聖明)께옵서는 이것을 재량하시고 또한 헤아리시어 한 가지 계책만이라도 가히 윤허하여 주시면 신 사명은 비록 늙고 병들었사오나 다시 남은 군사의 무리들을 거느리고 전쟁터에 나아가 싸워서 맹세코 왜적들과는 한 하늘 아래에서 함께 같이 살지 않도록 하겠습니다. 혹은 국사(國使)의 뒤를 따라 다시 교린의 힘을 의논하기 위하여 신 사명을 보내주신다면 마땅히 일을 결정한 연후에야 맡은 소임을 마칠 뿐입니다.

신 사명이 정신이 혼미하고 감정은 넘쳤으나 문사(文詞)가 모자라 자못 미진하여 다 말씀드리지 못한 바가 있사오니 엎드려 바라옵건대 잠시 금마문(金馬門 : 조칙을 기다리는 분) 아래에 나아가 낱낱이 진계로 아뢰옵기를 엎드려 바라옵니다. 엎드려 성명께서 굽어 살피옵기를 바라오며 삼가 죽음을 무릅쓰고 이 글을 사뢰옵니다.

  임금께서 하교하시니 이에 소를 비변사에 내리고 전교하시기를, 소 가운데 보면 금마군 아래에 나아가 일일이 아뢰기를 서원한다고 하였으나 진영중의 서찰을 개봉해 보시고 이르기를, 그러나 그를 만날 수는 없나니라. 다만 이 승려 사명은 다른 승려와 다른 점이 있으니 차비문에 불러들여 자세한 것을 다 물어 보도록 하여라 라고 하심이라.

  또 임금께서 전교하시기를, 승병장 사명대사는 산에 사는 승려로서 의병을 일으켜 왜적을 토벌하였으니 그 병사가 자못 용맹스럽게 정예로워 왜적의 목을 많이 벤 공을 세웠으며 왜적을 추격하여 남쪽으로 내려갔고, 지금 바야흐로 적군과 더불어 대루(對壘 : 진지)하고 있는 동안에 심지어 여러 번 왜적의 진영 속에 출입해서 적장과 더불어 변론으로 싸웠으니 이것은 사람마다 능히 하기 어려운 바이로다. 비변사에서는 마땅히 더욱 두텁게 하고 가히 위로하여야 할 줄 알며 또한 그들의 군중에 공이 있으면서도 상을 받지 못한 사람이 없지 않을 것이니 사명대사의 말을 자세히 묻고 들어서 알리면 일일이 상을 내릴 것이로다. 또한 만약 나에게 꼭 해야 할 말이 있다 하거든 그 승려에게 자세히 물어서 그 일을 채택하여 시행하도록 말하라고 하심이로다.

또한 임금께서 전교하시기를, 왕자는 군부의 원수인 왜적에게 서찰로 왕래하여 통할 뜻이 없음이라. 그러나 대중들의 의견이 만약 논의를 하지 않으면 가히 안 된다고 한다면 내가 어찌 반드시 이것을 억지로 막을 수 있겠는가. 그러나 나는 굳이 말리고자 하지는 않을 것이로다.

군대의 병기와 화기의 수를 넉넉하게 속히 사명대사에게 주어서 진영으로 가지고 가게 하고 그 수를 기록해서 아뢰도록 하여라. 다만 당화약(唐火藥)은 내가 미리 가지고 와서 시험해 보았더니 가히 사용할 수 가 없었으니 마땅히 우리나라에서 만들었던 화약으로 공급하도록 하여라. 군대의 공은 또한 사명대사의 말을 들어서 일일이 급속하게 거행하여 그로 하여금 선과도첩(禪科度牒)을 가지고 가서 반포하도록 하여 그들의 군사를 격려하게 하도록 하라고 말씀하셨음이라.

또한 선조 임금께서 사명대사를 차비문(差備門)에 불러들이고 하교하여 말씀하시기를, 그대는 산에 사는 승려로서 대의에 분발하여 의병을 일으켜 왜적을 토벌해서 많은 전공을 세웠으며 지금도 왜적과 대루하여 대진하고 있으면서 때로는 왜적의 소굴에 출입하여 모든 위험을 모두 겪었으니 나라를 위하여 충성이 지극함이로다.

내〔宣祖〕가 그대를 가상히 여기는 것은 바로 이것이라. 그대의 가계는 상인(上人)의 출신인가 그렇지 않으면 사인(士人)의 출신이 아닌가. 또한 송운(松雲)이란 이름은 이것이 별호인가 그렇지 않으면 왜적의 진영 속에 들어가기 위하여 가칭으로 사용한 것인가. 임진왜란이 있기 전에는 어느 산에 항상 주석하고 있었던 것인가. 그렇다면 묘향산이 이름 있는 선사이신 서산 휴정대사를 스승으로 섬겼는가. 그렇지 않으면 벗으로 사귀었는가. 황해도에 있는 의엄이란 승려를 아는가. 의엄이란 승려는 어떤 사람인가. 그 사람도 또한 이름있는 승려인가. 임진왜란이 일어났을 때 무슨 인연으로 의병을 일으켜서 장수가 되었는가. 군사 속에서 말하고자 하는 말과 또한 가등청정의 적진 속에서 일어난 일들을 모두 말해보도록 하여라. 지금 나라의 정세가 위급하니 어떻게 하면 저 흉측한 왜적을 토벌하고 소탕하여 나라의 평정을 찾을 수 있겠는가. 그리고 계책은 앞으로 어떻게 나오겠는가. 그대가 거느리고 있는바 군사의 군량과 병기는 어디로부터 갖추어 나와 사용하였는가. 그대가 거느리고 있는 의병의 군사는 얼마나 되는가. 그리고 부장은 누구이며 진중에서 공이 있는 장수는 누구며 활 잘 쏘(射士)는 군사는 몇 사람이며 또한 포수도 있는가. 군대의 화약과 기계는 군기사(軍器寺 : 병기제조청)에 명령하여 공급하라고 하였는데 나온 것을 이미 받아 갔는가. 또한 받지 못했는가. 진중에 군사의 공이 있으면서도 아직 상을 받지 못한 사람은 비변사로 하여금 낱낱이 논의하여 상을 전하도록 전교하였는데 이미 그것을 낱낱이 적어 문서를 작성하여 보고를 올렸는가. 또한 올리지 않았는가. 옛날 우병충(劉秉忠 : 元僧)과 요광효(姚廣孝 : 燕僧)는 산에 사는 승려로서 남다르고 특수한 공훈을 세워서 그의 이름을 후세에 전하고 있음이로다. 이제 나라의 정세가 이와 같으니 그대가 만약 환속하여 속인이 된다면 마땅히 백리를 다스릴 지방관의 직책을 맡길 것이라. 그리고 삼군의 장수를 제수할 것이니 또한 이것이 아름다운 일이 아니겠는가. 그대의 생각은 어떠한가라고 말씀하였음이로다.

　선조 임금께서 권고하심과 포상하고 장려하심의 융숭함이 이와 같으니 이것을 아래 조목별로 대답한 말씀들은 반드시 볼 만한 것이 가히 있었을 것일진댄 병란으로 말미암아 피난 도중에 바랑 속에 간직한 문부가 태반이나 소실되고 없어져서 후인들로 하여금 수습하려 하여도 수습할 수 없게 되었음이로다. 돌돌! 가히 아아! 참으로 애석한 일이로다.

　◎유독부의 명령에 의하여 두 번째 왜적의 진영 속에 들어가서 왜적의 정세를 깊이 살펴본 연후에 독부가 부탁하여 기대하고 있는 바는 결단코 가히 이루어질 수 없으니 가등청정의 흉측한 칼날을 마침내 가히 막아 내지 못할 줄 알았다면 속히 조정에 달려가 고하고 먼저 계획했던 것을 빌려 헤아리고 다시 계획을 세우고자 이에 곧 신명을 받쳐 전력을 다하고 죽은 연후에야 그만 두겠다는 결심과 살아 있는 한 끝까지 노력하는 이외에는 다른 것이 없다 라는 그 상소문을 읽어보니 곧 그대〔四溟〕의 가슴에 가득하고 뜨거운 혈기가 모두 종묘사직과 백성들을 위한 지극한 정성과 통탄한 가운데서 쏟아져 나오는 바가 아님이 없음이로다. 그대〔四溟〕가 전달한 바도 또한 당시의 좋은 계책이었고 문장도 또한 웅장하면서도 진실하고 솔직하여 보통 서생들의 교만하고 꾸미는 태도로 글을 쓰지 않았음이로다. 그러나 비로소 이 우주 사이에는 문자를 모르는 호걸은 있을 수 없음을 알 수 있음으로 믿겠음이로다.

◎일찍이 듣건댄 석씨(釋氏)는 군신과 부자간의 얽힘을 두려워하여 산 속으로 도망하여 들어갔다고 하였는데 그러나 이 세상에 먹물 옷을 입은 사문의 승려들로 하여금 이 기록을 읽어보는 자는 이 늙은이의 가슴속에는 조금도 망령된 생각도 깃들지 않았고 또한 한 가락 털끝만큼의 어리석은 생각도 일어나지 않았다는 것을 볼 수가 있을 것이로다. 그러니 바야흐로 세간의 큰 의리에 입각하는 곳에 스스로 둘도 없는 무상의 반야바라밀이 있다는 것을 믿을 것이로다.

◎우리나라에 여러 임금께서 교화하고 진흙에 배양한 공덕이 임진왜란의 화액에 이르러서 크게 나타났다 하였으니 곧 의정부의 여러 성현들은 말할 것도 없거니와 중봉(重峰) 조헌(趙憲)과 제봉(霽峰) 고경명(高敬命)은 모두 벼슬을 하지 않고 물러나 집에서 공양 먹던 무리들로서 고향에서 창의(倡義)를 일으켰고, 망우당(忘憂堂) 곽재우(郭再祐)와 호익장군(虎翼將軍) 김덕령(金德齡)과 무수당(茂壽堂) 정기룡(鄭起龍)과 고언백(高彦伯) 등은 모두 초야에서 일어났으며, 그리고 사명대사와 의엄 곽수연과 뇌묵당 처영과 기허당 영규와 중관당 해안 등 모든 승려들은 또한 쌍수바라문으로부터 일어나서 문득 짐짓 이와 같이 충정을 쏟아 절개를 다하여 국가의 은혜에 보답하는 장부(丈夫)가 된 바로써 우리나라 국운이 억만년이 되도록 무강하게 될 것입니다.

◎왕자군께서 가등청정에게 회답한 서신을 부록한다.
"한번 진영을 떠나온 연후로부터 어느 해가 바뀌고 세월만 흘렀습니다. 비록 전쟁이 그치지 않고 여러 가지 사고가 많았음으로 말미암아 한 장의 종이에 서신을 보내어 사사로이 다소나마 사례를 할 기회를 얻지 못하였습니다. 그러나 오직 장군께서 나를 이미 물과 불 속에서 구출해준 은혜는 진실로 그것을 폐부에 모두 새겨서 감히 잠깐이라도 잊을 수 없습니다.

지난해에 돌아온 연후로 곧바로 명나라 황제의 명령에 의하여 오랫동안 명나라 서울에 있었고, 이제 겨우 수레를 돌려 돌아오는 도중 평양에 도착하였으며, 곧 손경략의 군문에 이르러 한양사람 좌병사 군관 이겸수를 만났더니 사명대사의 말씀을 전하고 겸하여 장군의 서찰을 받아 그동안의 동정을 알게 되었습니다. 진실로 멀리서 생각하던 마음이 위로가 되었습니다.

우리 조선과 더불어 일본은 여러 대대로 교린을 돈독히 해서 실 터럭 만큼도 틈이 없었는데 오늘날의 화(禍)는 특히 한두 사람의 불평한 무리들이 농간으로 난을 일으켜 이렇게 되었으니 이것은 하늘 땅 사이에 귀신까지도 또한 이를 이미 싫어할 것입니다. 그런데 장군께서는 홀로 능히 전쟁을 중지시키려는 마음이 있어 거듭 옛날부터 사이 좋게 지내던 것을 찾으려는 뜻이 있으니 매우 착하고도 잘하는 일입니다. 이런 일은 우리 나라에서는 모두 한결같이 중국 황제의 약속으로 명령에 따라야 하므로 감히 스스로 결정하지 못하는 바이며 그리고 또한 장군의 처분 여하에 달려 있을 뿐입니다.

대저 사물이 극도에 이르면 되돌아가는 법이요 너무 지나치게 이르면 위태로운 법입니다. 장군의 군사가 다른 이역만리

지역에서 군사를 수고롭게 움직여서 이슬과 비와 바람을 맞는 지 이미 오래되었습니다. 예로부터 항상 이긴다는 군사는 없는 법입니다. 만약 옛사람의 경계를 스스로 반성하는 도리로써 생각하며 두 나라의 백성으로 하여금 함께 도탄의 괴로움을 면하게 하신다면 곧 장군의 공덕과 뜻의 아름다움이 장래와 오늘날에 있어서 더욱 빛날 것입니다. 간략하오나 이것으로써 받들어 회답을 드리오며 말로써 뜻을 다 나타내지 못하옵니다."

사명대사 일행은 갑오년(1594) 11월 초6일에 서울을 출발하여 21일에 의령 원수부(元帥府)에 도착하여 거기에서 수일 동안 머물면서 우도에 있는 왜적의 정세를 자세히 탐지 하였다.

또한 갑오년 12월 초9일에 경주에 도착하여 12일에 좌병사 군관 이겸수와 울산군수 장희춘과 통사 김언복을 시켜 서찰을 왜적의 적장 가등청정에게 보냈다.

　　"나 사명은 서울에 있으면서 감기에 걸려 백 가지 병이 모두 발병하여 40여일 동안 신음하다 보니 이와 같이 더디고 늦어져서 여기에 이르러 장군으로 하여금 의심을 일으키게 하였으니 가히 한스러운 일입니다. 지난 동짓달(11월) 초6일에 이르러서야 겨우 완전하지 못한 병든 몸을 간신히 부축하여 돌아와 이제야 경주에 이르렀으나 병은 아직 다 치료되지 않아서 정신이 황홀하고 심지어 음식도 제대로 먹지 못하고 있으니 가히 걱정스럽고 애석합니다. 그래서 장군과 더불어 도중에서 만난 조용히 회포를 풀고자 하오니 오직 장군께서는 날짜를 정하고 장소를 지정하여 보내 주십시오."
20일에 이르러 회답이 왔다.
"이 달 21일과 22일 양일간에 울산 성황당이 있는 강어구에서 만나도록 합시다."

그래서 23일 좌병사 군관정 변익성과 주부 정희소와 방사군관 권응두와 지역출신 송인해와 사복 이학남과 주부 이겸수와 직장 장희춘과 통사 김언복을 거느리고 있는 정(正) 김사식과 김응진과 부정(副正) 안순장 및 호위병 등을 아울러 모두 30여명이 바로 좌병진영에 도착하여 성 동쪽 왜놈들이 복병하고 있는 처소로 갔더니, 왜적의 무리들이 우리들의 군사가 가는 것을 보라보고 저들의 장수에게 달려가서 보고하였다. 곧 부장 희팔랑과 왜승 일진이 각각 강하고 힘센 왜놈 10여명을 거느리고 맞아하러 나왔다.

드디어 우리들과 서로 만나서 가시를 헤치고 풀밭을 깔고 들판에 앉아 말했다.
"날씨가 매우 춥고 길은 멀어서 오시느라 얼마나 수고가 많으십니까?"
사명대사께 미안하다고 몇 번이나 하였다. 왜승 일진이 가등청정의 뜻을 글로 써서 보이면서 말하기를,
"우총병과 더불어 소서행장과 의지 등과 이미 강화를 맺었고 그리고 이것을 부산 동래 기장 등의 진영에 통보한 바가 이미 오래됩니다. 사명대사께서도 역시 소서행장 등과 더불어 강화를 맺어 그 일이 벌써 이루어진 것을 알면서도 또 다시 온 것은 우리들을 유인하러 온 것 아닙니

까?"

"내가 서울에서 병이 들어 40여일 동안 앓아 누워 있었고 도중에 이르러 고통이 더욱 심하여 20여일 동안 누워 있었소. 그래서 행보를 하지 못하였기에 견디지 못하면서도 장군과의 약속을 어긴 것을 걱정하여 이제라도 총총히 돌아오다가 원수부에 이르러서 잠깐 들으니, 소서행장 무리들이 김해부사를 통하여 우총병을 만나 보려고 요청했다는 말은 들었으나 아직 강화가 이루어졌다는 말은 듣지를 못하였습니다."

왜놈 부장 회팔랑이 말하였다.

"사명대사께서도 도리어 나를 여기에 이르러 속이기를 이와 같이 심하게 합니다. 가등청정이 와서 서로 만나보지 않는 것도 또한 이런 까닭이 아니겠습니까."

"나는 이에 부처님을 따르는 제자로서 어려서부터 거짓말을 하지 않고 또 살아있는 생물을 죽이지 말라는 계율을 지켜왔소. 그런데 어찌 사람을 속인단 말이요. 일찍이 들으니 왜장 소서행장의 무리들이 명나라 장수와 더불어 강화를 의논하였다고 하는 말을 들었지만 우리 조선과 강화하였다는 말은 듣지 못하였습니다."

이때 왜승 일진이 글로 써서 보이면서 말했다.

"내가 풍문에 전해들은 바에 의하면 사명대사께서는 승군의 도대장이 되었다고 말하는데 어찌 참으로 망령된 말을 하지 않고 살생을 하지 않았다고 말 하십니까?"

"나를 가리켜 장군이라고 하는 말은 어떤 사람의 입에서 나왔는가?"

부장 희팔랑이 말했다.

"이것은 모두 조선사람의 말로, 우리들이 어찌하여 이것을 알 수 있겠습니까?"

이런 말들을 다 못하고 날이 이미 저물었고 또한 날씨도 몹시 추웠다. 이때 부장 희팔랑이 말했다.

"사명대사와 변익성과 이겸수와 장희춘과 통사 김언복 등은 우리와 함께 강을 건너가서 강가 초막 속에서 잠을 자고 그 나머지는 이곳에서 머물도록 하는 것이 좋겠소."

그래서 사명대사 일행은 밤 이경(二更) 초에 왜적을 따라 그들이 만들어 놓은 초막 속에 도착하였다. 추위가 몸의 살과 뼈에 사무치고 손과 발이 얼어붙어 형세가 견디기 어려워 몸을 보전할 수가 없을 것 같았다. 그러나 왜적의 무리들이 숯불을 피워 조금이나마 숨통을 틔울 수 있었다. 다시 아무런 말도 서로 하지 않고 그리고 드디어 도반들과 더불어 머리를 마주대고 무릎을 맞대어 앉아서 날이 밝아 오기를 기다렸다.

부장 희팔랑이 말했다.

"사명대사께서는 곧 경주로 다시 돌아가고 이공 이겸수와 장공 장희춘과 변공 익성은 가서 우리 상관을 만나 보도록 하십시오."

그래서 사명대사는 말하였다.

"내가 여기에서 이대로 돌아간다면 반드시 장군과 더불어 쉽게 서로 만나볼 수 없을 것이요. 그러니 통신사를 보내어 글을 써서 올려서 장군에게 청하여 서로 만나보고 대화한 연후에 작별하는 것이 어떻겠는가 물어보시오."

또 희팔랑이 말했다.

"우도의 일이 해결되지 않으면 비록 백번 글을 써서 올려 청하더라도 가히 만나볼 수가 없습니다."

"그렇다면 당연히 나는 가겠소. 무엇 때문에 여기에서 머물러 기다릴 필요가 있겠소."

하고 곧 왕자군의 서찰을 이겸수 등에게 주어 그로 하여금 적장에게 준수히 통하게 하였다. 그리고 드디어 교린함의 가부에 대한 대의를 종이 한 장에 쓰고 거기에 주홍으로 인장을 찍은 연후에 말하였다.

"조선사람과 더불어 일본이 서로 교린하여 우호를 맺어 온 지가 어언 2백 년이나 되었으며 지금 저들이 본국에서 우리나라에 오면 우리 조선은 예경으로써 만나 대접하여 환영하고 수고로움을 위로하여 온 것이 또한 이미 오래 되었으며 이때마다 통신사에 이르러서는 의리가 금석과 같아서 추호도 틈이 없었는데, 그러던 터에 일본에서 스스로 장애로 트집을 잡아서 천하를 괴롭히고 어지럽게 하였으니 이것은 일본의 과실이 아니고 대체 누구의 과실이란 말이요. 만약 오히려 전과 같이 교린을 하고 싶으면 마땅히 군사를 철수하여 빨리 일본으로 돌아가야 할 것이니, 이러한 뜻으로써 관백에게 자세히 고하여 그 나라에서 예경으로 갖추어 보낸다면 우리나라에서 어찌 경솔하게 하겠습니까. 오직 장군은 취하고 버리는 것을 가려서 선택하기 바랍니다. 부처님께서 말씀하시기를, 모든 진리는 어떤 사람이 땅으로 인해서 넘어졌다가 도리어 땅을 의지해서 일어나는 것과 같다 라고 하였으니, 사람이 스스로 넘어지고 스스로 일어나는 것과 같을 뿐입니다. 땅으로 인해 넘어진 사람을 향하여 무슨 대책을 도모할 것입니까. 이 밖에 또한 무슨 말을 하겠습니까."

하고 사명은 사신(私信)을 만들어 가등청정에게 보내면서 말했다.

"사명은 왕자군의 서신을 받고 또한 조정의 명령을 받들어 장군과의 약속을 어긴 것을 중하게 여겨 들판에서 이슬에 노숙하고 비바람에 공양을 먹으면서 한 걸음 한 걸음 간신히 돌아왔습니다. 또한 장군의 글을 받아보니 울산 성 황당이 있는 강가 어귀에서 만나고자 내 놓고 이 늙고 병든지가 오래고 남은 목숨으로 쓰러지면서도 몹시 기뻐하여 왔는데 장군은 약속을 어김으로 늙고 병든 몸으로 하여금 혼자서 유숙하고 돌아가게 하니 가히 우스울 뿐입니다.

나 사명은 처음 뜻으로는 장군을 간세의 드문 영웅으로 생각하였더니 여기에 이르러 한 조그마한 동기로 인하여 약속의 기회를 저버리고 배신하니 인정에 진실로 이와 같을 수가 있습니까. 일이 이루어지고 이루어지지 않는 성패는 또한 운수에 관계되는 것으로 압니다. 그리고 우도의 왜장 소서행장과 의지 등과 모든 장수가 비록 명나라와 더불어 강화를 맺는다 하더라도 이것을 다 같이 일본의 신하이므로 지극히 좋은 일이라고 생각합니다. 하물며 명나라에서 조선에 왜왕을 봉작하는데 허락하였다 함은 나는 비록 그 전말의 자세한 내용을 알지는 못하지만 또한 우리 조선의 일이라면 무슨 일인들 알지 못하겠습니까. 다만 우총병과 소서행장의 무리들과 더불어 잠깐 담화하였을 뿐, 이것으로 강화가 이루어지고 이루어지지 않는 것을 기약함은 미리 알 수가 없는데, 오직 장군은 중간에서 일을 좋아하는 사람들의 마음대로 지껄이고 회롱하는 말을 듣고 사명의 공 있는 것을 저버려 이 지경에 이르렀으니 그윽히 여러 모로 생각해 보면 장군을 위하여 취할 바가 아니라고 생각합니다.

그리고 왕자군의 서신 한 통을 이겸수 등에게 주어 보냈으며 또한 조정에서 제일 좋은 매(鷹) 12련(連)과 해동청(海東靑) 1좌(坐)와 금문점호피(金紋點虎皮) 일령을 장군에게 보내고, 좋은 매(鷹子) 1련과 사금점표피(沙金點豹皮) 1령은 아장(亞將) 희팔랑에게 보냅니다. 또한 좋은 상황주(上黃紬) 1단을 왜승 인진선사에게 보내고 또 1단은 왜승 재전선사에게 보내며 백주(白紬) 1단은 왜승 천우선사에게 보냅니다. 이는 왕자와 대신들을 예경으로 돌려 보내준 후의에 두터운 뜻으로 감사하는 바입니다. 오직 장군은 받으시기를 바랍니다."

이와 같은 문서들을 모두 이겸수와 통사 김언복 등에게 주어 들려 보내고 왕자군의 서찰은 답서를 받아 오도록 하였다. 그리고 드디어 왜적들과 더불어 작별하고 돌아왔다.

28일 이겸수 등이 돌아와서 말했다.

"부장 희팔랑과 더불어 왜승 일진과 그의 무리들과 함께 큰 판옥선을 타고 부평초와 같이 바다로 가는데, 이 날 밤에 큰 바람이 불어 파도와 물결이 하늘에 닿으니 타고 있는 가벼운 배는 파도를 따라 올랐다 내렸다 했습니다. 그러나 여러 왜적들이 힘을 다하여 노를 저으니 그 배가 나는 것과 같이 빨라서 해가 지는 황혼 무렵에 왜적의 진영 아래에 배가 당도하였습니다.

이때 희팔랑이 조용히 말하기를, 이제부터 기밀을 요하는 일이니 그대들은 각각 매를 가지고 나와 함께 들어가면서 만약 곁에서 무엇하는 사람이냐고 물으면 매를 팔려고 온 사람이라고 대답하면 좋겠다 하고 부탁하였습니다. 그래서 이겸수 등이 답했습니다. '우리들이 전일부터 여러 번 출입하여도 일찍이 이런 일을 한번도 없었는데 이번이라고 출입하는 길에 어찌하여 이상한 일이 있겠습니까.'"

부장 희팔랑은 말했다.

"그대들이 출입한다는 기밀이 우도 사람들에게 알려질까 매우 두렵기 때문이오."

그러나 이날 밤이 깊은 연후에 비로소 희팔랑의 집에 도착하여 곧 저녁 공양(밥)을 가져와 먹었는데 우리를 접대하는 것은 전과 같았다. 부장 희팔랑이 가등청정의 집에 들어가서 우리 일행이 진영 속에 들어온 바의 연유를 자세히 들어가서 설명하니 가등청정은 사람을 보내어 우리들이 멀리서 온 것을 위로하고 또 매를 다룰 줄 아는 사람을 보내어서 매를 팔뚝에 얹고 들어갔다.

25일 아침 공양을 마친 연후에 가등청정은 희팔랑을 보내서 말했다.

"내가 그대들을 불러서 서로 만나보지 않으려는 것이 아니라 그대들의 나라에서 바야흐로 소서행장의 무리들과 더불어 강화를 맺고 있으니 저 사람들에게 혐의를 받지 않을까 염려하고 두려워한 까닭이다. 이제 여기에 왜승 재전과 천우와 더불어 두 고승을 보내는 바이니, 이 두 스님은 나와 더불어 뜻이 같은 사람이다. 그대들이 만약 하고 싶은 말이 있으면 마땅히 이 승려들에게 다 말하고 가히 숨기지 말도록 하라."

그리고 얼마 후에 왜승 재전과 천우가 와서 말했다.

"그대들이 상경하였다가 무사히 돌아왔으니 기쁘고 반가

운 일이다."

하고는 왜승 재전이 글로 써서 보이면서 말했다.

"조선은 가등청정과 더불어 화의를 맺는 일은 이미 결정이 되었는가 아니 되었는가?"

"우리 조선이 가등청정과 더불어 화의를 맺는 일이 비록 어려운 것은 없으나, 하지만 명나라의 명령이 없으면 결정하기가 어려움이 있기 때문에 우리 조선은 모두 유독부에게 통지하였으니 독부는 반드시 명나라 황제에게 품신하여 아뢰었을 것입니다. 또한 그 사정은 왕자군의 서찰과 조정에서 보낸 서실 속에 모두 갖추어져 있을 것이니, 그 밖에는 별다른 일이 없다 생각합니다.

왜승 두 사람은 글로 써서 보이면서 말했다.

"조선 사람이 하는 일이 거짓과 허위가 많았기 때문에 가등청정이 와서 보지 않는 것이오."

"우리 조선이 속이는 것이 아니라 그대들이 중간의 낭설에 미혹되어 우리들을 만나지 않고 화의를 끊으려 하는 것이 아니오. 대장부가 되어 일을 하는 것이 어찌 진실로 이와 같단 말이오."

왜승 두 사람은 또한 글로 써서 보이면서 말했다.

"조선이 바야흐로 우도에 있는 사람들과 화의하고 있는데 가등청정이 무엇 때문에 저들이 하는 바를 빼앗아서 스스로 할 수가 있겠습니까."

우리들은 통사를 통해 말했다.

"우도에서 하는 일은 곧 화의가 아니라 다만 소서행장과 의지 등이 우총병을 만나보고자 요청하였으므로 부득이 한 자리에서 서로 만나 보았을 뿐이오. 여기에 무슨 다른 뜻이 있겠습니까. 다만 명나라 사신이 내려 왔다고 말하니 그대들이 이에 소식을 듣고 반드시 우리들을 소홀히 하는 모양이나, 그러나 그것도 또한 일본에 관계되는 일인데 어찌 가히 미워할 수 있으리요."

왜승 두 사람이 또 글로 써서 보였다.

"명나라에서 조선의 봉작을 허락하는 일이 비록 아름다운 일이지만 관백의 마음에는 좋아하지 않으니 어찌 무슨 소용이 있으리요. 전일에 말한 다섯 가지 조항 중에 한 가지 일이라도 성사가 된다면 반드시 관백의 마음에 합당함이나 그렇지 않으면 비록 봉작하는 일을 허락한다 하더라도 우리와는 아무 관계가 없습니다."

그들은 또한 글로 써서 보였다.

"조선에서 임해군의 아우인 순화군과 사신 두세 사람을 보내오면 가등청정도 또한 가히 믿을 만한 사람을 시켜 배행하여 관백이 있는 처소에 모시고 나아가게 한다면 하루 아침에 화의가 결정되어 이루어질 것입니다. 만약 이것을 믿지 못할 것 같으면 가등청정의 아들도 또한 조선에 보내어 서로 인질을 삼는 것도 옳은 것입니다. 만약 그렇게 되지 않을 것 같으면 비록 천만 가지 계책을 쓴다 하더라도 끝내 일은 이루어지지 않을 것입니다."

"장군과 더불어 화의를 의논하여 출입한 지가 이와 같이 오래되었는데 항상 불의로써 논의하니 비록 천지가 번복된다고 할지라도 이는 마침내 이루어지지 않을 것입니다. 우리나라에서는 원수를 갚겠다는 생각으로 오나라와 월나라와 같이 창과 칼을 베개 삼고 짐승의 쓸개를 맛보고 있으면서 영웅의 눈물이 밤낮으로 마르지 않는 터인데 어찌 왕자를 보내어 교린으로 강화할 뜻이 있겠습니까. 그리고 하물며 일이 이루어질 수 있는 것은 명나라에서 조종하는 것이 달려 있으니 어찌 그리 하겠습니까."

왜승들은 은연중에 글로 써서 보이면서 말했다.

"산승은 거짓말을 하지 않고 바른 말로써 하였는가. 저들 소서행장 등이 하는 일이 비록 우리 일이 아니라고 하더라도 그 일이 만약 속히 이루어지면 그만이려니와 만약 화해가 지연된다면 3월과 4월 사이에 반드시 군사를 일으켜 큰 공격이 있을 것입니다. 그리고 그대들은 내 말을 듣고 돌아가서 우리가 응보하러 갔을 때 나의 말이 거짓이 아님을 징험하여 가히 알 것입니다."

이와 같이 문답하기를 하루 종일 하다가 밤이 깊었다. 희팔랑은 우리가 가지고 간 호피 등의 예물을 가지고 가등청정의 처소로 들어갔다.

26일에는 왜승 일진과 재전과 천우 등이 서로 번갈아 출입하면서 가등청정의 아들을 인질로 삼고 그 교환 조건으로 우리 왕자군을 일본에 바꾸어서 들여보내자는 일에 대하여 서로 문답하다가 날이 저물었으며, 왜승 일진이 우리들을 인솔하고 사찰로 돌아 갔는데 손에 시전 10권과 주역 10권, 황산곡시집 20권을 가지고 나와 우리에게 보이면서 말하였다.

"이것은 우리들의 보물입니다."

우리들이 이것을 열람하고 관찰하며 살펴보니 시전의 풍과 아와 송의 장귀의 체가 우리나라의 시전과 더불어 조금은 같으나 다른 것이 많았다. 그래서 우리들은 물었다.

"그대가 갖고 싶은 물건이 있으면 바꿀 수 있겠는가?"

왜승 일진은 머리를 흔들면서 말했다.

"비록 만 냥의 은자(銀子)를 준다 해도 나에게는 필요하지 않습니다. 다만 요긴한 것은 사명대사와 함께 조선 땅을 유람하기를 바랄 뿐입니다. 그때를 당하여 전사(傳寫)하여 가도록 하십시오."

하면서

"나는 사명대사에게 마음을 허락한 지 이미 오래 되었습니다. 그를 따라 함께 유람하기를 서원하는 바입니다. 그리고 전일에 이 뜻으로 가등청정에게 고하여 청하였더니 가등청정이 '조선 대장이 반드시 너의 목을 벨 터이니 어찌하려고 가려 하는가'라고 하였으나 2월 사이에 혹시나 갑자기 내가 사명대사와 더불어 같이 나아가서 함께 유람할런지 알 수 없습니다. 모름지기 사명대사로 하여금 와서 나를 데리고 가도록 해 달라고 부탁해 주십시오."

그는 국수와 술을 몹시 은근한 뜻으로 지극히 대접하고 뜻을 나타내었으며 작별할 무렵에 우리 귀에 대고 말했다.

"모든 일이 3월 안으로 속히 이루어지도록 하십시오. 그렇지 않으면 이 무리들이 군사를 일으킬 계획은 이미 정해진 바이니 모름지기 속히 이루는 것이 옳을 것입니다."

우리들은 회팔랑의 집 처소로 돌아와 잠을 잤는데 밤은 깊었으나 회팔랑이 우리들을 부르더니 일본 무명베 5필씩을 각각 내 주면서 말했다.

"왕자군 전하에게도 해외의 신물을 가히 올려야 하고 사명 대사의 처소에도 또한 인정으로 표하는 신물을 보내야 할 것이나 우도의 사람들이 만약 이 말을 들으면 반드시 우리들이 조선에 뇌물을 바치고 화해를 구했다고 운운할 것이니 천천히 마땅히 형세를 보아서 우리들은 사람에게 물건을 보내도록 할 계획입니다. 지금 이 선물은 잠깐 여기까지 오신 수고로움을 위로하고자 할 뿐이니 감히 선물로 주었다고 할 것이 못됩니다. 그대들이 서울로부터 우도에 돌아와 총병으로 하여금 먼저 왜장 소서행장 등을 접견하게 한 연후에 다시 우리들에게 달래러 온 것은 우리들로 하여금 군사를 일으키는 일을 조금이라도 늦추고자 하는 것에 지나지 않을 뿐이니 다시 무슨 일이 성사됨이 있겠습니까. 그러나 피차간에 일을 속히 이루기만 한다면 그 기쁨을 말할 수 없을 것입니다.

우리들이 바라는 바는 대저 하루 속히 바다를 건너 돌아감에 지나지 않을 뿐입니다. 그러므로 그대들은 돌아가서 조정에 아뢰어서 속히 이루도록 하는 것이 옳을 것입니다. 명나라 사신이 내려온 연후에 무슨 일을 결정하고 이루어졌는지를 반드시 모두 찾아서 봉하여 우리들의 처소가 있는 곳으로 보내 줄 것이며 그렇지 않으면 고총병 고언백과 사명대사와 그들의 비록 명나라의 가장 깊숙한 곳으로 들어간다고 하더라도 반드시 추적해서 서리 같은 분풀이를 한 연후에 그만 둘 것입니다."

대저 장희춘과 이겸수 등과 더불어 마음을 같이 하고 힘을 함께 하여 왜적의 진영 속에 출입한지가 이미 오래되었다. 그러나 말이 지극히 평범하여 긴요한 점을 분명하게 얻은 바가 없다. 이번에는 마침 변익성과 더불어 함께 들어가서 자세히 정탐하여 왜적의 정세를 지극히 명백하게 알아온 것이다. 또한 왕자군에게 답하는 왜적의 서찰 한통과 사명대사에게 답하는 서신 한 장과 아울러 모두 감시하여 봉한 것을 올리니 잘 아뢰어 주시기를 바란다고 하였다.
　위의 기록은 바로 비변사(備邊司 : 국방부)에 올린 글이다.

　이에 이르러 가등청정이 분노가 깊어졌으나 사명을 보고 만나 주지 않는 것은 진실로 당연한 일이로다. 그러면서도 오히려 또한 군사를 거두어 둔 채 해가 지나도록 그대로 어영부영 하여 머물고 있음으로써 소성행장이 하는 일의 성패를 살펴보고 있었다.

　그러다가 병신년(1596) 5월에 이르러 명나라의 사신들이 또한 부산에 도착한 연후에 곧 병사의 울타리를 불태워 버리고 군사를 철수하여 바다를 건너갔다 이런 까닭으로 보아 명나라 사신들이 화의를 맺으러 온 것을 방해하려는 심사가 있었음이로다.

　정유년에 왜적들이 두 번째 침략을 일으킨 것은 모두가 가등청정이 중국 걸(桀)과 같은 관백에게 권유한 꾀에서 나온 것이다. 만약 풍신수길이 그 이듬해에 죽지 않았으면 인가가 모두 없어져서 봄 제비가 숲에 집을 지어(春林燕巢) 불타 없어지는 바가 되는 참혹한 지경에 이르렀을 것이니, 지금 생각하면 머리털이 곤두서고 소름이 끼쳐 마음과 몸에 찬 기운이 돌게 한다.

　왜승 일진의 무리들이 사명대사에게 연연하여 반드시 사명대사를 따라 함께 유람하고 싶다는 말을 한 것을 보면 이것은 실로 본마음에서 우러나왔을 것이다. 왜인들의 습성은 본래 경박하기 때문에 비록 그 독한 창자와 성질을 잘 내어 괴벽스러운 가슴으로 쉽게 남을 원망하고 노여움을 잘 타서, 말 한 마디라도 자기 뜻에 거슬리면 바로 칼을 빼들고 날뛰며 죽음을 두려워하지 않는다.

그러나 다른 사람으로 더불어 서로 사랑하고 친밀하게 잘 지내게 되면 마주 앉아 서로 술잔을 다정하게 나누고 눈물을 질질 흘리면서 마치 부녀자와 같은 태도를 잘 나타내는 바가 있으니 가등청정과 같이 지독한 사람으로서도 또한 그 말하는 것이나 다른 사람을 접대하고 선물하는 것을 보면 때때로 친밀하여 정성의 뜻을 잘 나타내는 면도 있음을 알 수 있다.

일본 서점에 있는 옛 사람들의 시문은 모두 남경으로부터 무역하는 장사꾼들에 의하여 가지고 와서 판매한 것이었다. 그러므로 경적이나 백가의 책이 우리나라와 더불어 다를 바가 없었다. 이겸수의 무리들이 왜승 일진의 수중에 있는 책을 보았는데 풍(風) 아(雅) 송(頌)의 장귀의 체가 우리나라의 서전(書傳)과 대동소이 하다고 말한 것은 실로 이것은 뜻밖의 말이로다. 황산곡 시집도 또한 어찌 30권이나 된단 말인가. 그 날은 사명대사께서 그 자리에 없어서 다만 노(魯)나라 원거(鶢鶋: 海鳥)로 하여금 새삼 놀라게 한 것이 이것은 어리석은 사람이 꿈 이야기를 하는 것과 같을 뿐이다.

5. 유도록첩문(劉都督諭松雲帖) (1594. 5.)

그대 사명은 속세를 떠난 승려로서 나라 일에 마음을 두고 있으니 한결같은 그 충성에 힘쓰고 부지런한 생각이 깊어서 가상히 여겨 포상하는 바이다. 다만 이 기밀에 속하는 비밀스러운 일을 이루도록 도모하고자 하면 비밀히 이것을 중요하게 다루어야 할 것이다. 만약 능히 때를 보고 정세를 헤아려서 만전의 계책으로 이룬다면 곧 중국 요대사(姚大師:廣孝)의 장렬한 공과 같이 행한 것이니 또한 앞으로 함께 빛나는 그 빛을 다툴 것이다. 동쪽에 힘있는 것이 어찌 적다고 할 수 있으리오. 더욱 힘쓰고 힘쓸지어다. 이것을 나의 소망이니 이 유시로 하고자 한다는 말을 다 하지 못함이 있도다.

6. 유제독의 답서(劉都督答 淸正三書)

사명대사(松雲)께서 돌아 왔으므로 그대의 서신을 받아 읽어보고 그대의 뜻을 자세히 알았음이로다. 대장부 하는 바는 마땅히 진실로 이와 같아야 할 것이다. 다만 때를 살펴보고 정세를 헤아려서 만전을 다하도록 하는 것이 옳을 것이다.

지난번에 보내온 서찰에 말하기를, 특별하게 의논 할 것은 없다고 한 것은 대개 전일에 사명대사께서 말씀한 바의 다섯 가지 조항에 대하여 답한 말을 자세히 살피시기 바람이며, 다시 다른 뜻은 있을 수 없다. 다만 본 도독부는 서로 거리가 자못 멀리 떨어져 있으므로 그대가 만약 마음에 있는 일이 있거든 가히 고총병 고언백을 만나서 자세히 말하도록 하면 옳을 것이다. 고총병 고언백도 또한 조선의 정식 관원이다. 또한 반드시 이름을 숨길 필요는 없도다. 대저 호걸의 하는 일은 귀함이요 기밀의 중요함이 있으며 이것을 마음으로 서로 헤아림에 있으나 그것을 종이나 붓으로 모두 형언할 수는 없음이로다. 그대가 만약 시종 의식하지 않는다면 본부에서도 힘을 다하여 마땅히 이를 담당하고 결정코 서로 배신하지 않을 것이로다.
갑오년 (1594. 甲午) 7월   일

마침 보내온 서첩을 받아보니 그대의 노력한 성의를 알겠다. 본부가 마침 국왕을 만났더니 말씀하기를, 그대는 충적한 좋은 사나이라 하더니 이제 우리에게 귀순하러 온다 하니 매우 기쁘다 하였습니다. 다만 중요한 것은 진실한 마음으로 귀순하여 시종으로 한결같이 할 것이다. 본부와 더불어 조선과 함께 황제에게 아뢰어서 그대에게 높은 벼슬을 주고 대대로 영토를 지키게 할 것이다. 소성행장은 마음속에 질투심을 품고 그대를 몹시 원망하여 여러 차례 그대를 죽이려고 품신하였으나 그러나 본부는 평소에 그대의 용맹하고 굳센 힘을 알고 있기 때문에 이제 조선과 더불어 화의하여 결정코 그들의 참소하는 말을 들어서 좋은 사람들을 헤치지는 않을 것이다. 만약 그대가 반드시 본부와 직접 만나고자 한다면 의논이 결정되는 날을 기다려 필마를 타고 부산지방 동래로 온다 해도 또한 어려울 것이 없지 않겠는가. 보내준 부채는 잘 받았으며 사명대사는 병으로 인하여 아직 도착하지 않았으니 그가 와서 만나보기를 기다린 연후에 또 다시 마땅히 자세히 알리겠다.

위에 있는 글은 본고에 기록된 것인데,

첫째, 제1의 서찰은 사명대사께서 처음 왜적의 진영에 들어갔을 때에 가등청정의 서신이 있으므로 독부가 그에 대하여 화답한 것이다.

둘째, 제2서찰은 날짜가 기록하지 않았으나 그러나 사명대사께서는 병으로 인하여 아직 도착하지 않았다는 말이 있음을 살펴보면 이것을 마땅히 갑오년(1954) 9월에 사명대사가 상경한 연후에 가등청정이 또 서찰을 독부에게 통하여 보냈왔으므로 또 회답한 것일 것이다.

대개 그때 가등청정은 독부와 더불어 사신을 서로 자주 보내어 교환하기를 바랐는데 왕래하는 서신이 잇달아 줄을 이었지마는 이 기록에서 빠진 것이 또한 많을 것이다. 생각하여 보면 가등청정은 행장의 무리들을 매우 미워하고 질투하여 매양 특별한 조건으로 독부에게 바라고 요구하는 것이 있었으나, 독부가 대답하는 바는 안부나 위로하는 말은 없고 또한 마음속에 생각을 털어놓거나 이해관계에 대한 것을 말한 바도 없으니 마치 산국궁(山鞠窮 : 藥草)의 은어와 같다 하겠다.

그 서찰 중에 말하기를, 국왕을 만났더니 국왕이 말씀하시기를 그대가 충직한 좋은 사나이로 우리에게 귀순하려 한다면 매우 기쁘다 라는 말과 또 진실된 마음으로 귀순하여 시종여일하게 하라고 권면한 말은, 이것은 반드시 가등청정이 명나라에 귀순하려는 뜻이 있었던 것으로 보이는데 애석하고 아깝게도 가등청정의 서신이 한 장도 기록되어 있지 않아 후인으로 하여금 그 본말을 갖추어 서로 비교할 수가 없게 되었다.

두 번째 서찰 중의 고총병이란 것은 필시 고언백을 말한 바인 것이다. 그리고 고언백은 사람됨이 민첩하고 기밀함이 있어 왜적의 경계를 잘 탐정하였으며, 당시 고언백은 군사를 거느리고 경남 의령에 주둔하고 있으면서 사명대사와 더불어 함께 왜적의 진영 속에 있었으므로 독부가 또한 고언백으로 하여금 함께 왜적을 정탐하여 왕래하도록 하였고 그리고 가등청정에게 말하기를 이와 같이 한 것일 것이다.

7. 을미(1595) 파병(罷兵)에 대하여

아뢰어 말씀드리옵니다. 의병승 대장 사명대사는 최근에 경상도로부터 올라 왔으나 그가 거느린바 군사 60여 명은 처음부터 끝까지 한결같이 왜적의 진영 속을 출입하여 모두 다 정미롭고 용감하여 전쟁에도 익숙하였으나 그들은 본래 한 곳에 정착함이 없는 사람들입니다. 이제 만약 그들을 흩어 돌려보낸다면 후일에는 두루 운집하기가 어렵습니다. 하오니 사명대사로 하여금 그대로 그들을 거느리고 남한산성에 들어가 있도록 하여 긴급한 일이 있을 때에 대비하여 쓰도록 할 것이오며, 그들에게 지급되는 양곡과 또한 그들의 지휘에 관한 일을 도체찰사로 하여금 헤아려 생각해서 시행하도록 하시옵시고, 또한 그들의 관하에 군사들이 공이 있는 자들은 모두 대개 승려의 이름으로 직책을 받았사온대 그러나 지금은 모두 머리를 기르고 속세로 돌아와서 속명으로 고쳤으니 바로옵건대 병조로 하여금 명백히 조사하여 직첩(職帖)을 다시 발급하도록 하심이 어떠하오리까. 이에 대하여 선조 임금께서 윤허하여 대답하시기를, '장계대로 행하라' 하였다.

8. 을미년(1595) 상소(上疏)

신 사명은 들에 있는 사슴처럼 산에 사는 미천한 몸으로서 인륜의 저버림을 받은 사물과 같습니다. 오히려 부자간의 큰 은혜도 알지 못하는데 하물며 군신의 의리를 알 수 있겠습니까. 지금 변란이 하늘에 닿았으며 혈기가 있는 사람은 모두 움직여서 높은 산이나 깊은 골짜기에 있는 사람이라도 또한 가히 누워 있을 처지가 못되므로 나무를 베어 깎아서라도 칼을 만들어 가지고 일어나는 것은 정세가 부득이한 일이었습니다.

성은이 하늘을 덮고 임금의 윤명(綸命 : 王命)이 땅에 내리시니 이 어찌 고목과 같은 미천한 신하로써 감히 명령을 받기는 하였으나 화살을 짊어지고 전쟁에 나아간지 4년이나 되었어도 아직 조그마한 공적도 없는 바이오니 그것은 국가를 욕되게 하고 나라를 저버린 죄로 만 번 죽어도 가히 속죄할 수가 없습니다. 항상 송구스러운 마음을 품고 날짜를 세워가며 죄책이 내리시기를 기다리면서 아직도 이 남은 목숨을 보전하고 있었더니 이제 다시금 은총을 입게 되었으나 자신을 돌아보니 마음이 송구스러워서 진실로 성세에 무슨 면목으로 대면하여야 할지 알 수 없습니다.

다만 죽음을 하늘에다 빌고 축원할 뿐이나 하늘의 꾸지람이 과연 여기에 이르러서 병마(二豎 : 病魔)가 침노하고 백 가지 질병이 번갈아 차례로 공격하여 일어나니 스스로 생각하건대 생명을 보전하기 어려울 것을 스스로 알겠습니다. 그리하여 원하옵건대 갑옷을 벗고 다시 고관(松冠)을 쓰고 물러가 깊은 산골짜기에서 죽을 것을 원하는 바입니다. 그러나 구구한 나라를 근심하는 미천한 마음을 무시 이래로 가히 잊어버릴 수가 없으며 목격한 시사(時事)의 눈으로 보니 어찌 감히 신 사명이 그 자리에 있지 않다고 해서 한 말씀도 드리지 않고 한스러움을 구천과 황천에까지 안고 가겠나이까. 하오니 삼가 지금의 상황에 거리낌에 저촉되어 죽음을 무릅쓰고 우러러 아뢰옵나이다.

엎드려 바라옵건대 성명께서는 굽어 너그럽게 용납하시옵소서. 신 사명이 듣자오니 나무 심고 기리는 것에 힘쓰고 농사를 짓는 일을 가르치는 것은 위나라 문공이요, 백성들을 모아 교훈함은 월나라 구천이라고 하였습니다. 저 월나라와 오나라 두 임금님에게 있어서도 나라를 회복시키려는 근본 대책이 오직 백성들을 기리는 일 이외에는 아무것도 없다는 것을 알았는데 이제 성명께서 위에 계시면서 어찌 그들보다 못하겠습니까?

아아! 슬프고 슬픈 일이옵니다. 2백년 동안 편안하게 길러온 우리 백성들이 모두 살육되어 다하였습니다. 왜적의 흉측한 칼날이 향하는 곳에 살아 남은 자가 그 얼마나 있겠습니까. 거칠고 황폐화 된 빈 유지(遺址)로는 혹은 봄날의 제비가 집을 지어 새끼 칠 곳이 없어 찾아다니게 되었음이로다.

그리고 그 수령이 되어 백성들을 어루만지는 자들이 옛날 한나라의 순리(循吏) 공수(龔遂)와 황패(黃霸)와 더불어 한나라의 소부와 같은 사람인 줄 알았습니까. 그리고 전한의 소부와 후한의 두모가 지방 태수로서 착한 정치를 베푼 것을 알지 못하고 때를 타서 이익만 탐하여 대낮에 사람을 속이고 교만만 더하여 염치도 없고 의리도 없고 기세만 부리는 사람이 태반이 넘습니다. 백성들의 심장의 살을 깎아 굶주린 호랑이와 이리떼처럼 자기들만이 배를 채우고 있으므로 백성들의 괴로움의 고통은 물같이 더욱 깊어지고 불같이 더욱 뜨거워져 흩어짐과 같습니다. 그리고 사방으로 굴러가게 되오니 그 누구에게 농사를 가르치며 또한 백성들을 모으는 것은 어느 때에 하겠습니까.

신 사명은 바라옵건대 수령의 선임을 소중히 가려 쓰고 출척(黜陟)하는 법을 더욱 엄정하게 하시어 모든 정치는 한결같이 백성들을 아끼고 사랑하는 것을 최우선으로 하시옵고, 재물을 탐하고 음식을 탐내는 염치없는 무리들로 하여금 우리의 남은 백성들을 어육으로 삼지 못하게 하옵소서. 그렇게 하신다면 국가는 억만년의 중흥을 할 것이고 근본도 여기에서 벗어나지 않을 것입니다.

신 사명이 듣자오니 융적(戎狄)은 개나 돼지와 짐승들과 같다 하였습니다. 그래서 가히 어진 사람으로써 맺을 수가 없으며 가히 의리로써 교화할 수 없다 합니다. 하온데 어찌 가히 강화라는 한 가지 일로써 백 년동안 근심이 없다고 보장하며 근심이 없다고 볼 수 있겠습니까. 저 전송(前宋)과 후송(後宋)이 모두 강화한다는 한 글자 때문에 오명을 남긴 것이오니 분명히 그 전례를 경계로 삼음으로써 성명께서도 밝게 통촉하시기를 바라는 바입니다.

오직 저들은 표범이나 이리떼와 같아서 인(仁)과 의(義)는 부족하고 흉악하며 교활함만 남음이 있아오니 신 사명은 그 망령된 생각으로는 알지 못함이나 오늘날 명나라와 강화하는 것이 전일에 우리나라와 교린함만 같지 않을 줄을 어찌 알겠습니까. 임금의 원수나 아비의 원수는 한 가지이고 백성들이 굴욕을 당하는 것은 균등하니 나라의 정세가 꺾이고 약하여 굴욕해져서 비록 흉악한 무리들을 제거하여 우리의 부끄러움을 능히 씻지는 못하였을 망정 오나라와 월나라가 와신상담(臥薪嘗膽)하는 그 생각을 어찌 잠깐 동안인들 잊을 수 있겠습니까. 그런데 지금 보니 또한 강화라는 고식적(姑息的)인 계획에 편안할 뿐이요, 영원토록 왜적을 막고 방비하는 좋은 계책에는 어두움이 있습니다. 아아! 슬프고 슬픈 일이옵니다. 옛날 성왕은 마땅히 사방의 오랑캐들이 조공하여 오는 날에는 오히려 근심이 없는 때를 경계하였는데 하물며 더구나 지금 이때가 어떠한 때이옵니까. 그런데 감히 변방의 방비를 소홀히 할 수 있겠습니까.

　신 사명은 바라옵건대, 한 사람의 중신(重臣)에게 위임하여 군사를 강가에서 보살피게 하도록 하면, 비록 옛날의 염파와 이목과 같은 조나라의 명장이나 한신과 백기와 같은 장수는 얻지 못한다 하더라도, 그중에 다소라도 장차 군졸들을 불쌍히 여기게 하고 기계를 사용하는 재주가 남보다 뛰어난 사람이 있으면 이들을 곧 포상하여 장려해야 할 것입니다. 또한 허무맹랑하여 실적이 없으면서 다른 사람의 재물을 탐하거나 권세를 믿고 방자하고 교만하여 남에게 이기기를 좋아하는 사람이 있으면 이것을 곧 물리쳐 징계하는데 힘써야 할 것입니다. 무릇 이렇게 함으로써 모든 대책을 세워 일을 처리하는데 계획이 빠짐없이 된다면 옛날의 훌륭하고 어진 장수들을 혹시나 오늘날에 다시 얻어 볼 수가 있을 것이며 변방을 방비하는 그 일이 마침내 어린애의 장난으로 돌아가지 않을 것입니다. 그렇기 때문에 백성들의 힘을 사랑하여 힘을 아껴 기르고 군정을 잘 닦아서 밝게 하는 것은 모두가 사람을 얻는데 있다고 할 것이라 하겠습니다.

신 사명이 듣자오니, 옛날에 사람들을 쓰는 데는 또한 그 사람의 문벌을 논하지 않았고 허위에 미혹되지 않았으며 오직 어질고 착한 사람만을 뽑아 등용하였다고 합니다. 그러므로 세상을 피하여 숨어 있는 고도(鼓刀)속에서도 사람들이 있으면 천거하여 등용하는 일이 있고 고반(考槃)하는 속에서도 천거하여 발탁하였으며, 또한 도둑질하는 속에서도 개과하면 추천해서 등용하였으며 관고(管庫)하는 속에서도 사람들을 등용하였다고 합니다.

그런데 지금은 그렇지 않아서 얼룩소의 새끼(牛之子)는 비록 붉은 털과 반듯한 뿔이 있어도 이것을 버리고, 천리마(汗血)의 새끼는 둔하고 작아도 또 못나고 절룩거려도 말과 같이 대우하여 타고 다닌다고 합니다. 그리고 멀리 떨어져 궁박한 두매산골 구석진 땅에는 비록 명당을 세울 만한 좋은 재목이 있어도 또한 다른 사람들이 아는 바가 되지 못하며, 겉으로 꾸며 분칠하고 칭찬을 받으려고 공손하고 얌전한 척하는 무리들은 곧 개나 양의 몸뚱이에다 호랑이나 표범의 가죽이나 문채를 덮어씌우고 있다 합니다. 그리하여 이름 없는 사람은 우연히 한 번의 실수로 인하여 퇴진함을 받고 망령되게 공연한 명예를 탐하는 간사한 사람은 당시에 적당하지 않는데도 이 사람을 등용하여 나아가 진출한다고 합니다. 이와 같이 하고서야 어찌 뜻이 있는 양심적인 선비들이 능히 자기가 가지고 있는 포부를 펼 수 있겠습니까. 엎드려 바라옵건대 성명께서는 사방의 문을 활짝 열어 밝히시어 백성들의 소리를 들으시고 천지 도량으로 삼으시면 온 세상을 위하여 매우 다행한 일이 될 것입니다.

신 사명이 듣자오니 나라에 정치가 있는 것은 마치 그물에 벼리(網)가 있는 것과 같다고 하였습니다. 그물에도 벼리가 없으면 오히려 가히 통솔할 수 없음이온데 하물며 나라에 있어서 법과 규율이 없이 통솔할 수 있겠습니까.

신 사명이 그윽히 오늘의 폐단을 살펴보니, 만약 오늘의 폐단을 벼리를 세우고 기강을 떨치지 않는다면 무릇 백 가지 모든 시설이 다 위축되고 백성들은 게으르고 나태하고 안일함에 돌아가고 말만 있을 것입니다. 이것이 어찌 아래에 있는 사람들이 마음을 다하여 받들어 행하지 않아서 그러하다고 하겠습니까. 국가의 정령(政令)이 아침에 고쳐지고 다시 나와 저녁에 변경되고 달마다 달라지고 해마다 같지 않았기 때문입니다. 그러므로 사람들이 한 가지 나라의 정령이 내린다 하여도 그것은 일시적인 한때의 정령이라 말할 뿐입니다. 또한 듣자오니 한 가지 정사를 세우면 그것은 곧 일시적인 정사라 말하며 그래서 그것이 오래도록 쌓여 효력이 계속될 수 있을지 믿지 않으니 이것이야말로 이르기를 고식적인 까닭으로써 이루기 어려운 것입니다.

신 사명은 바라옵건대, 하려고 하지 않으면 그만이지만 하려고 한다면 반드시 그것은 성공하기를 기약할 것이옵고, 행하지 않는다면 모르지만 행한다면 반드시 그것은 오래가기를 기약할 것이며, 위엄은 귀신과 같고 믿음과 진실함은 사시 계절과 같아서 기강을 세워 백성들의 힘을 기르고 기강을 세워 군정을 닦으면 나라는 이것으로써 부유하게 될 것이요, 병사들은 이것으로써 강하게 되는 데에 충분하게 넉넉한 여유가 있게 될 것입니다.

신 사명이 듣자오니 나라는 백성들로 근본을 삼고 백성들은 먹는 것으로써 하늘을 삼는다 하였으니, 먹는 것에 근본으로 삼는 것은 또한 농사짓는 소에 있는 것입니다. 그러나 지금은 열 가옥 되는 마을에도 한 마리의 소가 없고 백 가옥되는 고을에도 한 마리의 소가 없습니다. 그런데 백성들을 사랑해야 할 수령이란 자들은 공공연하게 소를 잡아먹고, 거리에서 이익을 도모하는 무리들은 날마다 소 잡기를 일로 삼아 소 우는 소리를 들으니 통탄할 뿐입니다.

아아! 오호라! 슬프고 슬픈 입이옵니다. 소 한 마리 잡아 죽임으로써 백 사람의 목숨이 쇠잔하여지고, 소 열 마리를 잡아 죽이면 천 사람의 목숨이 손해가 있습니다. 명나라 사신들의 접대용으로 제공하는데 있어서는 비록 부득이한 일이라 할지라도 그 밖의 일은 어찌 부득이한 일이 아닌데도 불구하고 소를 잡는 것이 아니겠습니까. 신 사명은 바라옵건대 소를 잡아 죽이는 것을 금하는 법을 거듭 밝혀 사람 죽이는 죄보다 더욱 심하게 다스리는 것이 옳을 것입니다.

또한 산성에 요새를 험하게 설치하여 왜적을 방비하는 것은 조종조(祖宗朝)의 시대에 원대한 장래를 염려한 생각이었습니다. 그러나 저축하는 재물은 많지 않고 방비할 도구가 없사오며 장차 저 산성을 어떻게 쓰게 하시렵니까. 재물을 저축하는 계책으로는 둔전법을 쓰는 것보다 더 요긴한 것이 없으며, 둔전을 하는 계책으로는 반드시 군사를 주관하는 사람으로 하여금 또한 한편으로는 농사를 경작하면서 또 한편으로는 산성을 수호하여 지키도록 하는 것이 좋을 것입니다. 만약 그렇지 않으면 많은 백성들을 괴롭히고 많은 사람들만 동원시켜서 도리어 백성들로 하여금 생업을 잃게 하여 탁식하게 되어 민심만 혼란하다는 소리를 듣게 될 것입니다. 하물며 지리(地利)라 할지라도 인화(人和)만 같지 못함이요, 인화는 또한 사람을 얻는 것만 같지 못함인데, 신 사명이 아뢰고자 하는 것은 산성을 지키는 장수는 더욱 더 신중히 선택하여야 할 줄 생각되오니 중신으로 하여금 성공하여 책임을 완수하도록 함이 옳을 것입니다.

신 사명이 듣자오니 다른 사람은 침해하고 포악하게 행동하면 도둑이 날 뛰게 되고 다른 사람을 편안하게 하면 옳은 백성이 된다 라고 하였습니다. 무릇 백성들에 있어서도 오히려 그러하온데 하물며 각 사찰에 의지할 곳이 없이 수행으로 운집한 승려들은 어떻겠습니까. 지금 또한 백 가지 방법으로 사나운 침해를 당하여 그들로 하여금 편안히 살 수 없게 하고 있으니, 그러므로 신 사명은 바라옵건대 저들도 또한 백성이오니 특별이 편안히 운집할 방법을 세워서 장정들은 병법을 익혀 왜적을 토벌하게하고 늙고 병든 사람들은 본사에 적을 두게 하고 군수를 돕게 하여, 저들로 하여금 아울러 긴급한 변이 있을 때에는 함께 힘을 쓰도록 하고 자기가 맡은 이외의 여러 가지 일을 침해당하지 않도록 하신다며 국가를 위하여 크게 다행한 일일까 합니다.

아아! 오호라! 슬프고 슬픈 일이옵니다. 신 사명이 산에 있는 새들이나 들에 있는 짐승들과 같은 승려로서 이와 같은 말씀을 드리는 것은 진실로 성명의 조정을 더럽히고 욕되게 하는 것인 줄 아오나, 성명께서 신 사명을 산새나 들의 짐승과 같은 승려라 하여 버리지 않는 은혜를 입는다면 신 사명도 또한 감히 산새나 들짐승으로 자처해서 성명의 은혜를 저버리지 않을 것입니다. 하물며 지금 조정에 있는 신하나 장수들 중에는 백가지 공무에 분주한 가운데서도 혹시라도 충분하고 깊이 생각하지 못하는 바가 있을 것입니다. 그리고 신 사명과 같이 천하고 누추한 몸으로 하늘을 우러러보고 세상을 두루 굽어 살펴보건댄 쓸데없는 기인(杞人)의 근심이 없을 수가 없으므로 감히 추요(蒭蕘)의 말씀을 아뢰는 바이오니, 엎드려 바라옵건대 성명께서는 사람이 천하다고 해서 그 말을 버리지 마시옵고 조금이라도 생각을 기울여서 지금의 폐단에 있어서 또한 혹시 만분의 하나라도 도움이 될 수 있으면 신 사명은 비록 오늘 저녁에 죽더라도 후회함이 없을 것입니다.

성왕께서 하신 말씀이다.
을미년(1595)의 일은 명나라 조정에서 강화를 허락하는 명령이 있어서 잠시 동안 군사를 거두고 휴식할 수 있도록 임시로 얻었으나 그러나 국가에는 아침저녁으로 일어나는 근심을 마치 땔감으로 나무나 섶을 쌓고 그 위에 누워서 그 밑에 불을 지피는 것과 같음이로다. 이런 때를 당하여 조정에 있는 대신들은 계책을 세우느라고 밤낮으로 겨를이 없었을 것이로다. 이 야말로 참으로 말씀하신 바 고기를 먹는 자가 일을 도모하여도 또한 무슨 소용이 있으랴는 말과 같겠지만은 그러나 그때 사명은 한 늙은 대사로서 나물로 채식하는 창자의 생각을 모두 다 털어놓아 이처럼 소박하고 정직하고 진솔한 말을 아뢰었으니 진실로 성명이 위에 있으므로 말미암아 들에 버려질 계책이라 여기지 않은 연고이로다. 그렇게 함으로써 종사(宗社)의 신령이 우리들의 중흥의 공을 강하게 도왔기 때문이로다. 그 후에 열람을 하여 보는 사람은 마땅히 두자빛(杜紫薇)이 소릉을 바라보는 느낌이 있을 것이로다.

또 상소문 안에 승려의 무리들에게 병법을 가르쳐 익히게 하자는 계책은 그 당시 눈앞의 일에 위함에 불과하겠지만 지금 서울 밖의 산성에는 말하자면 총섭이 있고, 승장이 있고 의승이라고 말하는 사람들이 있는 것을 보면 대개 이 계책을 사용하는 것 같다. 그러나 평화스러운 시대이면 돈을 부과하는 폐단이 있고 난리가 일어나면 병법을 익히지 않는 병사가 될 것이라. 그렇게 되면 비록 백 명의 사명을 얻는다 하더라도 다만 승려들은 정전백수자의 화두나 관하여 알 뿐일 것이다. 만약 나라 안에서 부처님 법을 배운 승려의 무리들로 하여금 모두 병기를 만들어 칼 쓰기를 배우고 활쏘기를 배워서 변을 기다리는 장소에서 종사하게 한다면 끓는 가마솥에 물이나 백탄의 화로일지라도 회피하는 바가 없을 것이다. 이것을 보면 자기 몸을 보전하고 처자들을 보양하기만 하려는 병사에 비유하면 용맹하고 강하기가 백 배나 될 것이다. 그러하오니 진실로 위급한 일이 있을 때에는 족히 믿고 쓸 수 있겠지만 그러나 아마도 알 수 없는 것은 이 법을 한 번 실행하면 관음보살이 어느 곳에 있을지 심히 걱정이 된다 하였다.

9. 원광원길(圓光元佶)스님 장로에게 보낸 글

달마스님의 서래일곡자(西來一曲子)를 일찍이 노형과 더불어 함께 불던 것이 잠깐사이라 어제와 같거늘 벌써 두 번이나 봄과 가을이 바뀌어져 지나갔으니 무정한 세월이 석화와 전영과 같습니다. 길게 탄식한들 어찌하리요. 나 사명은 멀리서나 아득히 생각하건대 노형께서는 무위진인의 본래면목 위에서 능히 큰 광명을 발하여 여러 섬의 백성들을 제도하고 해탈시킬 것이오니 거룩하고 거룩함이로다.

지난번에 나 사명은 선사의 유명으로 남쪽 대마도에 유람하였을 때 먼저 귀국에 이르러서 원광노형과 서소장로와 더불어 오산의 모든 대덕스님들을 만나 임제의 광풍을 성대히 마음껏 토론하여 특별히 종지(宗旨)를 밝혔으니 또한 흐뭇하고 다행한 일이 아니었겠습니까.

나 사명의 본래 서원이라면 다만 긴요한 것이 우리 백성들이 모두 되돌아와서 이것으로써 선사이신 보제께서 백성을 널리 구제하셨다는 뜻에 부응코자 함이었으나 이 서원을 이루지 못하고 빈손으로 돌아오게 되었으니 면목이 없어 허전함을 달랠

길이 없을 따름입니다.

  나 사명은 서쪽으로 돌아온 후부터는 노쇠한 몸으로 질병이 더욱 심하여져서 이내 강원도 묘향산으로 들어와 스스로 몸을 지키고 조용히 이 세상을 다할 때까지 죽을 날을 기다리고 있을 뿐입니다. 그러나 마침 들으니 일본으로 사신의 행차가 있다는 말을 듣고 노형에게 곧 안부 편지를 전하여 멀리 계시는 노형의 봄날의 졸음을 깨워 놀라게 합니다. 오직 노형께서는 근본의 뜻을 어기지 말고 마땅히 백성을 두루 제도하시는 서원으로써 나아가 먼저 대장군에게 잘 말씀드려 우리 백성들을 모두 되돌려 보내시어 옛날에 맺은 맹세의 약속을 어김이 없으시면 매우 다행하고 다행한 것 같습니다. 보잘것없고 하찮은 물건이지만 웃으면서 거두어 주시기를 바라면서 이만 줄입니다.

    운손(雲孫) 1권   청향(淸香) 4봉
    진홀(眞笏) 6속   약삼(藥參) 1근
    관성(管城) 20병

10. 왜승 승태(承兌) 서로장로(西笑長老)에게 보낸 글

  해성(海城)에서 한 번 헤어지고 이별한 연후로 벌써 성상이 두 번이나 바뀌었나이다. 고래치는 험준한 물결이 하늘에 닿아 머리를 돌려 바라보니 난들 어찌하리요. 봄은 여러 섬나라에도 왔을 터이니 멀리서나마 생각하건데 노형께서는 시절에 순응하여 보배스러운 복을 많이 누리시고 도안이 더욱 높아지기를 바라마지 않음이라. 그래서 가는 곳마다 거꾸로 쓰거나 바로 쓰거나 곧장 서래의 법인으로

인가함으로써 해외에 있는 중생들로 하여금 모두 윤택함을 입게 하여 모든 부처님의 막대한 큰 은혜를 갚으실 것이니 경사스러운 일이라 사료 됩니다. 말씀하신 바 장차 이 깊은 마음을 가져 티끌 같은 혼탁한 세상을 잘 받드는 것이 곧 말씀하신 바 부처님의 큰 은혜를 갚는 것이오니 또한 이름다운 일이 아니겠습니까.

나 사명은 서쪽으로 돌아와서 쇠약한 몸에 질병이 더욱 침범하여 곧 강원도 묘향산으로 들어와 이 업보의 육신을 마치려고 기약하였으나 내가 들으니 바다를 건너가는 사신이 있다는 말을 듣고 이에 안부의 편지를 드리는 바입니다. 지난번에 사명은 선사의 남기신 가르침을 받음으로 인하여 널리 중생들을 제도하는 것을 임무로 생각하고 남쪽으로 대마도에 갔다가 드디어 귀국에 이르러서 오는 도중에 녹원 대장로와 서소사형과 더불어 원광장로와 오산의 모든 대덕들을 만나보고 종지를 성대히 의논하여 조사께서 서쪽에 오신 참 뜻을 밝힌 바가 있음이로다. 그래서 노형께서도 역시 선사의 정법안장을 욕되게 하지 않으시고 나 사명도 또한 같은 종문의 한 법맥으로 동쪽바다에서 크게 빛나는 것을 알았음이로다. 이것도 역시 전생의 인연이오니 대저 어찌 사람의 힘으로 이루어질 수 있으리요. 일찍이 나 사명은 이미 중생들을 널리 제도할 것을 소임으로 삼고 갔었는데 조선의 백성들이 이역만리에서 구렁텅이에 빠져 있는 것을 보니 마치 물에 빠뜨리고 불속에서 태우는 것과 같은 것을 구제하여 인도하지 못하였으니 나의 마음이 어찌 편안하다고 말하겠습니까. 장군께서 처음에는 그들을 돌려보내고자 하려는 뜻이 있었으나 마침내 그렇게 하지 않았으니 나 사명은 이에 빈손으로 돌아오게 되었음이로다.

　이제 사신의 행차가 일본으로 간다 하기에 그로 인하여 이런 말을 여기에 미치게 되었습니다. 바라건대 오직 노형께서는 대장에게 잘 말씀드려서 그때에 베풀어 돌려보내지 못하였던 백성들을 모두 돌려보내어서 일전에 한 약속을 저버리지 않게 하시기를 바랄 뿐입니다. 이것은 노승에게 관계되는 일이 아니오나 다만 전일에 사람들을 살리고 사람들을 구제한다는 생각으로 발원을 삼고 멀고 먼 일본으로 갔을 때 대장군과 더불어 여러 장수와 여러 대장로들을 만나 알게 되었으므로 감히 이런 말씀으로 진언함이오니, 오직 바라건대 노형은 원만히 두루 살피시고 보잘것없는 하찮은 물건이나마 웃으면서 받아 주시기를 바라오며 이만 줄입니다.

　　　운손(雲孫) 1권　　　청향(淸香) 4봉
　　　진홀(眞笏) 6속　　　약삼(藥參) 3근
　　　관성(管城) 20병

11. 왜승 현소(玄蘇)에게 보낸 글

　작별하고 돌아온 지가 어제와 같은데 벌써 성상이 두 번이나 바뀌었습니다. 서로 사모하는 한 생각은 한결같은 마음으로 항상 잠시도 잊을 수가 없습니다. 다만 백초두상(百草頭上)에 조사의 뜻으로써 스스로 마음을 너그럽게 위로할 뿐 그 나머지는 어찌 족히 말할 것이 있으리요. 옛날 대덕스님들이 혹은 망주정(望州亭)에서 서로 만나 보기도

하고 혹은 오석령(烏石嶺)에서 서로 만나 보는 것으로 위안을 삼았으니, 도인의 눈으로 관한다면 장로의 눈이 사명의 보는 것이요 사명의 눈이 곧 장로의 보는 것이니 어찌 별도로 다른 것을 가지고 시비로 생각하겠습니까.

나 사명은 서쪽으로 돌아온 연후로 몸이 쇠약하여 병마가 침범하여서 서쪽 강원도 묘향산에 들어가 스스로 죽기를 기다리고 있었음이로다. 그런데 마침 사신의 행차가 일본 진영으로 간다는 말이 들려오므로 생각하는 말을 붙여 노형의 안부를 만분의 하나라도 묻는 바입니다.

지난번에 나 사명은 선사께서 남기신 뜻으로 남쪽으로 유람 갔을 때 귀도에 이르러서 노형과 더불어 유천과 함께 일본에 가서 원광장로와 더불어 오산의 여러 대덕스님들을 만나 보고 성대히 종지를 크게 의논하여 불교가 서쪽에서 오게 된 바를 두루 밝혔으니 아름답고 심히 유쾌한 일이었습니다. 그러나 나 사명은 근본 서원을 이루지 못하고 돌아왔으니 꺼림칙함을 이기지 못하였습니다.

오직 바라옵건대 노형은 다시 마음과 힘을 다하여 우리 백성들을 모두 돌려 보내주시어 전일의 약속을 어기지 않는다면 심히 다행하고 다행이라 생각합니다. 그리고 보잘것없는 물건이나마 웃으시며 받아 주시기를 바라며 이만 줄입니다.

더불어 태수에게 문후를 드리오니 나 사명은 병으로 말미암아 멀고 깊은 산 속 강원도 묘향산에 가만히 엎드려 있어 편지도 하지 못하였으니 부끄럽고 죄송하게 생각하는 바입니다. 또한 늦게 들으니 유천께서 입적하셨다고 말하는군요. 그 사람 유천은 체구가 크고 골격도 풍부하고 강건하였는데 이렇게 쉽게 돌아가실 줄을 그 누 가 알았으리요. 그를 위하여 애통하는 바입니다.

풍전은 작별할 때 나에게 옛날 청기와와 옛 벼루 등과 약간의 물건을 부탁하였는데, 나 사명은 서쪽으로 돌아와 곧 멀고 깊은 산으로 들어와 질병으로 말미암아 않게 되어 아직 능히 출행할 수가 없었기 때문에 이번에 사신으로 하여금 준비하여 부처 드리지 못함이 부끄럽고 죄송한 일입니다. 이런 뜻으로 각각 말씀을 전해주시기를 바라는 바입니다.

    운손(雲孫) 1권   청향(淸香) 4봉
    진홀(眞笏) 5속   약삼(藥參) 1근
    관성(管城) 20병

12. 왜승 숙로선사(宿蘆禪師)에게 보낸 글

도에 형체가 없으니 어찌 막히는 바가 있으며, 마음은 자취가 없으니 누가 감히 가고 머문다고 말하리요. 가고 머무는 것이 없고 형체와 자취가 없음이니 흥이 일어나면 홀로 정신과 더불어 만나는 것입니다. 그렇다면 만 리 밖에 있을지라도 항상 서로 보는 것이니 선사와 더불어 내가 또한 어찌 소식을 그 사이에 기다린단 말이요. 선사께서도 또한 이 눈으로 비추어 보시기를 바람이로다. 보잘것없는 예물이지만 웃으면서 즐겁게 받아 주시기를 바라며 이만 줄입니다.

운손(雲孫) 1권   청향(淸香) 3봉
진홀(眞笏) 3속   관성(管城) 20병
약삼(藥參) 1근

위의 네 통의 서찰은 정미년(1607. 丁未)에 통신사가 바다를 건너갈 때 사명께서 왜승들에게 보낸 서찰이로다. 그리고 원광과 승태와 현소와 숙로 등 네 사람은 모두 일본에서 이름 있는 고승들이다.

일본 승려 법도 또한 먹물 옷과 가사를 착복하였는데 오산의 주지는 모두 명복이 있어서 자줏빛 옷과 누런 옷을 입고 호를 장로라고 부르는데 무릇 나라 안의 문사에 관련된 일에는 모두 이 장로들을 틀림없이 차송하여 보낸다고 하였다. 그리고 대마도는 우리나라와 인접하여 교신하는 곳이므로 별도로 암자 하나를 부(府)의 동쪽 종벽산(鐘碧山 : 대마도에 있는 산 이름)에 두고 일본에서는 장로승을 뽑아 보내어서 주지 소임을 맡게 하되 매월 쌀과 돈을 지급하여 30개월이 되면 주지를 교체시켰다 한다. 이 섬에서 우리나라에 보내는 문서와 우리 조정에서 답하는 서찰은 반드시 이 장로 앞에서 개봉하여 본 연후에 장계를 본국에 바치게 되어 있었다.

왜승 현소라는 자는 그들 중에서도 뛰어난 사람이며 글도 잘 지었으므로 풍신수길의 시대부터 이미 대마도를 관장하여 평의지(平義智)와 함께 우리나라에서 신묘년(1591)에 사신으로 갔던 우송당(友松堂) 황윤길(黃允吉)과 학봉당(鶴峯堂) 김성일(金誠一) 등과 사명이 왕래할 때 접대해서 함께 수작한 글들이 매우 많음이로다. 이때의 글들이 지금도 종벽산의 옛날 암자에 옛을 의지하여 그대로 남이 있으며 왜승 현소가 정유년(1537)에 태어났으므로 후인들이 이 사람을 추모하여 암자 이름을 이정암(以酊菴)이라 불렀다고 말하니 가소롭고 가소로운 일이로다. 내가 대마도에 이르렀을 때에도 현소 이정암 장로가 또한 일찍이 나를 초청하였으며 그 암자에서 한번 만나 불법에 대하여 간략히 논의한 일이 있다. 일본의 선교는 다만 임제종의 한 법맥이 있을 따름인데 우리나라 승법도 또한 임제종의 한 법맥이다.

지금 이에 사명의 서찰 가운데 혹은 임제의 광풍을 성대히 토론하여 말하였고 또한 동종의 일맥이라고 운운하여 말한 것도 있으니 그 도가 들어온 바가 짐짓 영원히 동일하기 때문일 것이다.

왜승 현소에게 보낸 서신 끝에 태수라고 칭하는 바는 대마도의 도주 현소를 말한 것이로다. 유천이라고 말하는 것은 대마도 섬 안에 있는 왜인 관리의 별호이로다. 풍전이라고 말하는 것은 왜국의 아무 고을의 이름인데 왜인의 직호에는 본래 거짓으로 아무 고을 태수라고 칭하는 것이 있으므로 이것도 모두 대마도 섬 속의 여러 관원으로서 사명이 그곳에 갔을 때 그들과 더불어 서로 깊게 사귀었기 때문에 이와 같이 말한 것 같다.

왜승 원광과 승태의 두 장로에게 보낸 서찰 중에 대장군이라고 칭하는 바는 즉 관백을 말한다. 관백은 국사를 모두 총괄하여 다스려서 나라 사람들이 우러러 보기를 국왕으로 삼음이로다. 일본의 장로승들은 모두 능히 입시하여 들어가 장군으로 모시고 받들며 정무를 의논한다고 한다. 사명대사는 포로된 백성들이 아직 돌아오지 못한 자가 많이 있고 또한 여러 장로들과 더불어 후일을 다시 청하겠다고 약속한 일이 있었으므로 서찰 속에 그것을 언급한 바가 있었다.

내가 사명대사의 서찰 속에 여러 가지 운운하여 말한 것을 관찰하여 보니 갑진년(1604)에 사명대사께서 일본에 간 것은 사신이 온 것을 보답하려는 뜻에서 나온 것이 아니었다는 것을 알 수가 있다. 대개 덕천가강이 나라를 세운 연후에 비록 교린하자는 청이 있었지만 그러나 조정에서는 아직 저들의 진실한 뜻을 믿지 못하였다. 따라서 사명이라는 큰 이름은 평소에 왜적의 추장들이 공경하고 복종하던 바이므로 특별히 명령하여 배와 준비물을 성대하게 지급하고 마치 옛날 달마선사께서 동쪽(중국)으로 건너오던 행차처럼 생각하도록 하여 그로 하여금 일본의 여러 고을을 유람한다는 핑계로 두루 그 지방의 지리와 인심을 살펴보도록 했던 것이다.

또한 그로 하여금 자비심을 가르침으로써 포로로 잡혀간 백성들을 모두 귀환시키기 위하여 전력을 다하게 하고자 저들의 부처님을 사모하고 복을 구하려는 풍속으로 하여금 사명대사께서 이르는 곳마다 그를 환영하여 손을 모아 이마에 닿으면서 부처님이라고 칭하고 또는 조사라고 칭하게 하였으니 정세가 진실로 그러하였다.

또한 덕천가강이 현혹시키고자 괴이한 돌솥을 만들어 그를 시험하고자 한 것도 역시 부처님의 일을 숭상한 까닭으로 말미암은 것이니, 사명대사께서 마침내 한두 가지 신령스럽고 신통한 법을 나타냄에 비(箒)를 들고 부지런히 사명대사를 존귀하게 받들어 시봉하여 마땅히 모시지 않는 바가 없었다.

필경 강화를 이루어 이웃 나라로서 화의를 결정하여 성립시키고 백성들의 목숨을 구제하게 되었으며 사명대사께서는 귀국하여 조정에 보고한 연후에 비로써 통신사를 보내어 예와 같이 친목함을 다짐하게 되었던 것이다. 그러므로 당시에 사명대사를 일본에 보낸 한 가지의 일은 진실로 상책이었다고 하겠다.

그러나 몇 번이나 전쟁터에서 죽을 고통을 무릅쓰고 전쟁을 끝낸 연후에 한 개의 돛대로 만든 배를 타고 바다를 건너가서 상어와 독사와 같은 왜인들과 더불어 함께 이마를 어루만지면서 그리고 즐겁게 이야기로 논하였으니, 사명대사처럼 담이 크고 마음이 신통한 사람이 아니고서야 어찌 마땅히 이와 같은 일을 능히 할 수 있겠는 가. 지금 이런 일들을 생각해도 두려워하지 않고 늠연한 바가 있었다.

정미년(1607)에 다녀온 사신의 일기 중에 살펴보면 비변사에서 관원을 보내어 사명대사께서 일본 승려에게 보내는 서찰과 예물을 가지고 뒤따라 왔다는 말이 있다. 사명대사께서 서신을 보낸 것은 조정으로부터 명령이 있었던 것이며 그들에게 보낸 예물도 역시 조정으로부터 마련하여준 것이며 관원들을 시켜서 가져가게 한 것도 조정에서 한 것이다. 그래서 이 서찰은 예조에 기록되어 있음이로다. 그러나 사신이 돌아올 때 왜승들이 보내온 답서에 무슨 말이 쓰여 있었는지는 알 수가 없으니 가히 한스럽고 탄식할 뿐이다.

제3편
사명대사에게 전별시(餞別詩)

사명대사에게 전별시(戰別詩)

1. 白沙 李公

    尺劍初揮雲水間 威名籍甚種楡關
    腥塵纔歇扶桑海 歸夢旋摧楓岳山
    勳業不煩三箭定 行裝終付一笻還
    他年萬二千峯裏 半日忙中半日閑

    백사 이공 이항복(李恒福) 지음

    일척장검을 처음으로 이 세상(雲水間)에 휘두르니
    위엄 있는 이름이 종류관(種楡關)에 높이 떨침이로다.
    싸움이 잠시 휴전하자 부상의 바다를 건너게 되었으니
    풍악산(楓岳山)으로 돌아갈 꿈을 바쁘게 재촉함이로다.

    공업으로 화살(三箭)을 번거롭게 하지 않아도 되고
    행장은 마침내 한 주장자에 부쳐서 돌아옴이로다.
    언젠가 다른 해에는 금강산 일만 이천 산봉우리 속에서
    반나절은 바쁘게 지내고 반나절은 한가로이 지냄이로다.

2. 漢陰 李公

    風塵擾擾未休兵 草木欣欣又向榮

猛士遲回猶惜死 老禪奔走獨傷情
固知忠節驚人世 能使倭奴識姓名
會待功成飛錫去 故山松月十分明

한음 이공(李德馨) 지음

임란으로 어수선하고 요란하여 병사들은 쉬지 못하는데
풀과 나무들은 다시 철을 만나
기뻐하면서 잎이 무성하도다.
날랜 용사도 머뭇거리며 오히려 죽음을 두려워하는데
늙은 선사는 동분서주하며 홀로 애쓰고 계십니다.

본래 그 충절로
세상 사람을 놀라게 할 줄 짐짓 알았으나
능히 왜놈들로 하여금 그 명성을 널리 알게 하였습니다.
공을 세우고 돌아와 다시 석장을 휘날려 돌아가니
고향 산천 소나무에 걸린 저 달이 더욱 더 밝습니다.

3. 月沙 李公

爲尋支遁隱 扶杖遠相過
白杜懸燈淨 靑山啼鳥多
飛泉響樹抄 淸磬出岩阿
雲物皆鄕思 其如歸未何

월사 이공 이정구(李廷龜) 지음

지둔스님이 숨은 곳을 찾기 위하여
주장자를 짚고 서로 멀리 갔음이로다.
고요한 사찰에 걸린 등불이 조촐하게 보이고
푸른 산에 우는 새소리는 많기도 합니다.

폭포는 나무 끝에 메아리로
맑은 경쇠소리가 바위틈 사이에서 들려옵니다.
산천의 경치가 모두 고향을 생각하게 하는데
스님은 마치 돌아가지 못함을 어찌 할 까 합니다.

4. 鵝溪 李公

   三十年前靑眼契 九重天上紫泥榮
   松因獨秀能全節 雲自閑飛却有情
   休道出家無事業 不應殉國爲功名
   秋風杖錫關東路 好向山中弄月明

   아계 이공 이산해(李山海) 지음

   삼십년 전에 푸른 눈(靑眼)으로 사귄 친구들이여
   구중의 하늘에서 내려온 조칙(朝勅)이 영광스럽씁니다.
   소나무는 겨울에도 홀로 푸르러
   능히 절개를 온전히 하였고
   구름은 스스로 한가로이 날아가니 도리어 정이 있음이로다.

출가한 승려에게 할 일이 없다고 한가히 말하지 말라
공명을 얻으려고 나라에 몸 바쳐 응대함이 아니로다.
가을 바람과 석장(錫杖)을 휘날리는 관동(關東) 길이니
즐겁세 산 속으로 향히여 밝은 달을 회롱함이로다.

5. 芝峯 李公

    盛世多名將 奇功獨老師
    舟行魯連海 舌聘陸生辭
    變詐夷無厭 羈縻事恐危
    腰間一長劍 今日愧男兒

지봉 이공 이수광(李晬光) 지음

성세에 이름난 장수들도 많았지만
기기한 공적은 늙은 사명대사께서 홀로 차지하셨습니다.
배는 노중련(魯仲連)의 바다를 건너고
혀는 육생(陸生)의 변설하는 말과 닮았습니다.

변덕스런 오랑캐는 하는 짓은 한이 없으니
강화로 화친하는 일이 위태로울까 두렵습니다.
나의 허리춤에 찬 한 자루의 긴 칼은
오늘날에 남아된 것을 부끄럽게 생각합니다.

6. 東岳 李公

當空白月了無生 解虎餘威七十城
齋難祗今浮海老 報恩從昔下山情
孤雲杳爾三千里 寸舌賢於十萬兵
肉食鄙謀吾有愧 艱危此路送君行

동악 이공 이안눌(李安訥) 지음

하늘의 흰 달과 같이 마음은 무생(無生)을 깨달았으니
호랑이 싸움 말리면
남은 위품은 칠십성을 회복하셨습니다.
국난을 구하고자 이제 바다를 건너는 노스님
은혜를 갚고자 함은 옛날 산에서 내려오던 그 마음입니다.

외로운 구름이 아득하여 저 삼천리 머나먼 길인데
한 치의 혀는
십만 명의 군사보다 오히려 더 훌륭합니다.
고기 먹는 벼슬아치의 비루한 꾀
우리는 부끄러워 함이요
어렵고 위태로운 험준한 길에
그대를 보내는 행차입니다.

7. 澤堂 李公

制敵無長筭 雲林起老師
行裝冲海遠 肝膽許天知
試掉三禪舌 何煩六出奇
歸來報明主 依舊一節枝

탁당 이공 이식(李植) 지음

조정에서 왜적을 제압할 좋은 계책이 없으니
구름 숲속의 늙은 사명대사가 일어났습니다.
행장은 멀리 바다를 건너 흔들리게 하였고
한없는 큰 간담은 하늘이 응당히 알아줍니다.

시험삼아 삼선(三禪)이 혀 끝을 한 번 휘날리니
어찌 육출(六出)의 기이한 계책이 필요하다 하겠습니다.
돌아와서 현명한 선조 임금에게 아뢰고 난 연후에는
옛과 같이 주장자 이끌고
산 속으로 돌아 갔을 뿐입니다.

8. 東溟 金公

辭却烟蘿帶甲兵 往來非是要恩榮
西城曉月歸時恨 南嶺梅花別後情
白首有身應許國 青山無地可逃名
他年倘遂同栖約 流水仙桃眼共明

동명 김공 김세렴(金世濂) 지음

고요한 산을 하직하고
갑옷을 입고 칼을 차고 나아가시니
분주히 왕래하는 것은
은혜와 영화를 구함이 결코 아닙니다.
서쪽 성곽이 새벽달은 돌아갈 때의 한스러움이요
남쪽 고개의 매화꽃은 이별한 연후에 생각납니다.

백수(白首)로 늙은 몸은 나라에 바칠 법신이 있고
푸른 산 어느 곳인들 이름을 피할 땅이 없겠습니다.
다른 해에 만약 함께 살자는 약속을 이룰 수만 있다면
흘러가는 물과
신선의 복숭아 꽃눈과 함께 밝을 것입니다.

9. 碧梧 李公

詩多三百笑諸生 險道方知仗化城
異地江山來客夢 一天滄海送君情
未應禦敵無長策 須信攻謀是上兵
佗拜莫遲奇計在 樓蘭古多選將行
벽오 이공 이시발(李時發) 지음

삼백 편의 많은 시가 있으나 모든 중생이 우습구나
험준한 길에 바야흐로 화성을 의지할 줄 알아도
낯 설은 이역 강산에는 나그네가 와서 꿈속에 들었고
하늘이 닿는 푸른 바다로 그대를 보내는 심정이로다.

왜적을 막는데 좋은 계책이 없지 않을 것이니
모름지기 꾀로써 공격하는 것이 상책인 줄 믿어도
조타(趙陀)의 절을 늦추지 말라 기이한 계책이 있으니
누란에는 옛날부터 훌륭한 장수를 많이 뽑아 보냈으니.

10 東溟 鄭公

　　慈航本欲濟群生　非錫飄然出漢城
　　蓮社襟期陸生舌　湯休別怨退之情
　　歸來不屑金盈橐　談笑應看海洗兵
　　疾病叨參大夫後　愧無籌策贊君行

　　동명 정공 정두경(鄭斗卿) 지음

　　자비의 배는 본래 중생들을 제도하고자 함이니
　　석장을 휘날리며 표연히 서울을 떠나옴이로다.
　　백련사(蓮社)에서 수행함은 육생(陸生)의 변설이요
　　탕휴(湯休)의 이별함을 원망함은 한퇴지이 심정이로다.

　　돌아오면 황금이 전대에 가득 찬 것을 좋아하지 않으니
　　담소하는 가운데
　　응당히 바닷물에 칼 씻는 것을 보았음이로다.
　　피로하고 병든 몸 외람되게도 대부의 관직에 있으니
　　스님의 행차에 도울 계책이 없음을
　　부끄럽게 생각합니다.

11. 都元帥 權公

　　手中節仗辭京月　身上袈裟拂海嵐
　　邂逅一杯千里別　赤間關外夢終南

　　도원수 권공 권율(權慄) 지음

　　손에는 주장자를 짚고 서울의 달을 하직하니
　　몸에 걸친 가사와 장삼은 바다의 안개속에 나부낍니다.
　　우연히 만난 자리에 한 잔의 술로 천리 길을 이별하니
　　척간관 밖에서 종남산(終南山)을 꿈꾸었음이로다.

12. 孤竹 崔公

　　暫出俄千里　新從日本歸
　　還山春夢罷　浮海此身非
　　養鶴今應乳　裁松已可圍
　　玆遊窮物相　三笑玩天機

　　고죽 최공 최경창(崔慶昌) 지음

　　잠깐 나왔다가 어느 덧 천리 길을 가더니
　　방금 이제 일본으로부터 돌아오셨습니다.
　　산으로 돌아갈 봄의 꿈은 깨어졌고
　　바다에 떠 있으니 이 몸이 아닌 것 같습니다.

기르던 학이 지금은 새끼 낳아 젖을 줄 것이요
심은 소나무는 벌써 자라서 아름드리가 됐을 것입니다.
이번 유람에서 모든 물과 상(物相)을 보았으니
삼소(三笑)로 천기(天機)를 희롱하셨습니다.

13. 竹陰 趙公

  五臺山中何所有 松下白雲如白羽
  師占松雲以自號 松雲亦與師有素
  鉢能莊龍杖解虎 高臥不出山前路
  底事往來戎馬間 蹤跡逼仄勞心官
  達者所見不規規 坐穴一榻徒爾爲
  廟堂豈無制勝筭 師有異術聊試之
  萬里風飄掣滄海 雲衲欲拂扶桑樹
  師曾氣壓虜萬衆 白刃交前色不動
  弘辯今憑一麈尾 國勢應措九鼎重
  佇聞談鋒破兇膽 俾彼甲兵長不用
  青松尙保歲寒姿 白雲堪臥師早歸

  죽음 조공 조희일(趙希逸) 지음

오대산 가운데에 무엇이 있었던고!
소나무 아래 흰구름이 마치 흰 날개와 같음이로다.
사명대사께서 송운(松雲)이라고 스스로 호를 삼으니
솔바람과 구름은 또한 대사와 더불어 뜻이 같음이로다.

발우에는 용을 감추고 주장자로는 범을 부렸으니
높은 자리에 누워 산 앞길에도 나아가지 않았음이로다.
무슨 일로 전쟁터에 왕래하였던가.
몸은 항상 고달팠고 마음도 또한 피로함이로다.

통달한 사람이 보는 바는 구애됨이 없으니
오래 앉아 책상에 구멍나게 함은 부질없는 짓이로다.
조정에 어찌 왜적을 제거할 계책이 없으랴만은
사명대사께서 괴이한 도술이 있어 시험해 보았음이로다.
만리이 나부끼는 바람에 험준하고 푸른 바다를 건너가니
운수 납자 한스님이 부상수를 흔들고자 함이로다.
대사께서는 일찍이 기세로
일만 오랑캐의 무리들을 눌렀으니
흰 칼날이 앞에 번쩍 닥쳐와도
얼굴빛이 변하지 않았음이로다.

능란한 말솜씨로 이제 한 자루의 불자를 휘두르니
나라의 정세가 응당히 구정(九鼎)보다 더 무거움이로다.
그의 말솜씨로 흉측한 왜적이 간담을 서늘하게 하니
저들의 갑병을 멈추어 영원히 쓰지 못하게 함이로다.

푸른 소나무는 오히려
차가운 겨울에도 자세를 보전하였고
흰 구름에 누울 자리가 있으니
대사여! 일찍 돌아오시오 함이로다.

14. 玉山 李公

瀛海東風別遠公　楚雲吳月夢西峰
師乎知我相思否　莫惜松窓一札封

영해의 동쪽 바람에 원공(遠公)을 작별하고
초나라 구름과 오나라 달에
서봉(西峰)을 꿈꾸었음이로다.
대사께서는 우리가 서로 사모하는 마음을
아는지 모르는지
송창(松窓)에 편지 한 장 보내는 것을 아끼지 마옵소서.

15. 右 詠松

羞將高節媚春陽　玉立亭亭百尺長
剩得風烟爲我有　滿山氷雪獨蒼蒼

소나무를 읊음

높은 절개를 가졌으니 봄볕에 아첨하랴
정정(亭亭)한 곧은 모습 백 척이나 됨이로다.
바람이 불고 안개가 나의 소유 되었으니
온 산이 가득한 빙설이라도 홀로 창창함이로다.

16. 右 詠雲(上人以松雲自號故云)

無思無慮又無牽 閑往閑來任自然
只得溪山何所事 好隨烟月度年年

구름을 읊음

생각도 근심도 없고 아무 구애됨이 없으니
한가히 가고 한가히 오며 자연에 맡김이로다.
다만 산골짜기에 머물러서 무엇을 얻을 것인가.
안개와 달빛을 따라 흐르는 세월만 보냄이로다.

17. 蘆灘 郭公 三吉

吸露餐霞臥碧山 半生長笑未雲閑
遙知腥海殘星夜 魂夢時尋水石間

노탄 곽공 삼길 지음

이슬을 마시고 안개를 먹으면서 푸른산에 누웠으니
반평생을 구름처럼 한가롭지 못함에 항상 웃음이로다.
아득히 알리라! 비린내나는 바다의 새벽별 비치는 밤에
꿈속에는 혼이 때때로 수석의 자연을 찾고자 함이로다.

18. 鳴皐 任公 鋏

鶴書天上飛 金剛訪名釋
瑞花自明滅 果得鳩摩什

去來遊行宮　君王許朝謁
是時獩貐滿　三都日出血
煩惱固已脫　慈悲豈虛擲
擧手揮金椎　英聲自此發
虎穴旣平湯　魔言亦凋歇
功成身不居　隱現任所適
遂令空門人　籍籍仰高跡

명고 임공 전 지음

임금의 교지가 천상으로부터 날아와서
금강산의 이름난 승려 사명대사를 찾았음이로다.
서화(瑞花)가 스스로 밝았다 꺼지는 곳에
과연 구마라습을 얻었음이로다.

오고가며 행궁으로 나아가니
임금께서 알현함을 윤허하여 허락함이로다.
이때에는 오랑캐들이 가득차 있으니
삼도(三都)에 날마다 피가 유혈함이로다.

번뇌는 본래부터 이미 벗어났으니
대자비를 어찌 헛되이 버리겠는가 함이로다.
손을 들어 철퇴(金椎)를 휘두르니
영특한 이름이 이로부터 스스로 떨쳐짐이로다.

호랑이 소굴은 이미 소탕하여 평정되었으니

마기의 언변도 또한 막혔으므로 쉬었음이로다.
공을 이루고도 그것(몸)을 가지지 않고
숨고 나타나는 것을 마음대로 하게 됨이로다.

드디어 공문(空門)하는 사람들로 하여금
그 높은 자취를 자자하게 우러러 보게 했음이로다.

19. 眞巖 孫公 起陽

山中蕭酒烟霞趣 世上尋常軒冕榮
鳥獸同羣非素志 君臣大義忍忘情
驅馳五載干戈際 樹立平生男子名
遙想舊林參念地 一方天月到今明

진암 송공 손기양(孫起陽) 지음

산 속이 깨끗하여 맑은 연기와 안개가 모이는데
세상은 심상하여 헌면(軒冕)이 영화스러움이로다.
새와 짐승과 더불어 벗함은 본래의 뜻이 아님이니
임금과 신하의 대의를 차마 잊을 수 있으리요 함이로다.

다섯 해 동안 창과 칼 사이로 전쟁터에서 달리니
한평생 남아로서 이름을 많이 세워 떨침이로다.
아득히 옛 숲 속에 참선하던 곳을 생각하니
한편 하늘에 높이 뜬 달이 이제 이르러 밝아졌도다.

20. 挽詞. 眞巖. 孫公. 起陽

久嗟坡老悼鄕緇 永樂文師只解詩
爭似松雲肝膽舊 能全草木姓名知
身輕義重傾朝著 首寶言狂襲島夷
慟哭不緣方外契 挽詞豈是爲吾私

만사. 진암. 손공. 기양 지음

오랫동안 파로가 고향 스님들을 위하여 슬퍼하였더니
영락의 문사들은 다만 싯귀만을 알 뿐이로다.
사명대사의 간담을 뽐내는 것을 다투는 것 같았으나
모든 초목들까지 그의 성명을 능히 알게 함이로다.

몸은 가볍고 의리를 무겁게 여기니
온 조정대신에게 알려졌고
네 머리를 보배로 삼는다는 사나운 말은
오랑캐를 승복함이로다.
통곡함은 방외의 사귐을 인연할 수 없음이니
만사(挽詞)가 어찌하여
이 내 한 사람을 위함이라 할 것인가.

21. 眞贊 豊原君趙 顯命

甁錫空山索然 若枯木死灰 何其靜也
一日杖釖而起 斫賊如麻 何其勇也

吾不信佛氏之有體而無用也

사명대사 진찬
풍원군 조현명(趙顯命) 지음

병석(甁錫)으로 공산에서 외롭고 쓸쓸함이요
마른 나무와 죽은 재처럼 아아! 고요하기만 함이로다.
하루아침에 칼을 짚고 용맹스럽게 일어나서
왜적을 삼대같이 쳐부수니 아아! 그 용감함이로다.
나는 이제부터 불교의 진리로 체(體)만 있고
용(用)이 없단 말을 믿지 않는다.

의승군 사명대사

印刷日 | 2009년 5월 6일
發行日 | 2009년 5월 10일

발행인 | 한 동 국
발행처 | 불교통신교육원
저　술 | 활 안 한정섭
편　찬 | 법왕궁 박현재

인　쇄 | 이화문화출판사
02-732-7096~7

발행처 | 477-810 경기도 가평군 외서면 대성리 산 185번지
전　화 | (031) 584-0657, 4170
등록번호. 76. 10. 20. 경기 제 6 호

값 12,000원